Ulrike Hensel

Hochsensible Mitmenschen besser verstehen

Unterstützung für Partner, Familienangehörige, Freunde, Kollegen und Vorgesetzte

www.junfermann.de

blogweise.junfermann.de

www.facebook.com/junfermann

twitter.com/junfermann

www.youtube.com/user/Junfermann

ULRIKE HENSEL

HOCHSENSIBLE MITMENSCHEN BESSER VERSTEHEN

UNTERSTÜTZUNG FÜR PARTNER, FAMILIENANGEHÖRIGE, FREUNDE, KOLLEGEN UND VORGESETZTE

Junfermann Verlag
Paderborn
2018

Copyright © Junfermann Verlag, Paderborn 2018

Coverfoto © Ulrike Hensel

Covergestaltung Junfermann Druck & Service GmbH & Co. KG, Paderborn

Satz satz&sonders GmbH, Münster

Bibliografische Information der Deutschen Nationalbibliothek

Die Deutsche Nationalbibliothek verzeichnet diese Publikation in der Deutschen Nationalbibliografie; detaillierte bibliografische Daten sind im Internet über ↗ http://dnb.d-nb.de abrufbar.

ISBN 978-3-95571-670-7

Dieses Buch erscheint parallel als E-Book.
ISBN 978-3-95571-752-0 (EPUB)
978-3-95571-753-7 (MOBI)
978-3-95571-754-4 (PDF)

Inhalt

Einleitung

Auf die Idee zu diesem Buch kam ich nach einem telefonischen Beratungsgespräch mit einem Mann aus Berlin. Er hatte den dringenden Wunsch, seine hochsensible Frau besser zu verstehen und Hinweise zu bekommen, wie er sich in wiederkehrenden heiklen Situationen am besten verhalten kann. Mir hat das Gespräch Spaß gemacht, denn der Mann war sehr aufgeschlossen für meine Erklärungen und Empfehlungen und stellte kluge Schlussfolgerungen an. Offensichtlich war es auch hilfreich für ihn, dass ich aus meiner eigenen reflektierten Erfahrung als hochsensible Frau berichten konnte. Das Feedback, das er mir am Ende gab, war ausgesprochen positiv. Inspiriert von diesem Beratungsanlass kam mir am nächsten Morgen bei einem Waldspaziergang in den Sinn, ein Buch zu schreiben, das genau auf diesen Blickwinkel eingeht: den der ‚anderen'. Daher die Wortwahl im Titel *Hochsensible Mitmenschen besser verstehen*. Ich zögerte nicht, dem Verlag meine Idee zu präsentieren, und bekam bald darauf grünes Licht für das Buchprojekt. Das Ergebnis halten Sie in Händen!

Schon des Öfteren wurde mir von Hochsensiblen berichtet, dass sie aus dem Wunsch heraus, besser verstanden zu werden, mein Buch *Mit viel Feingefühl* wichtigen Menschen in ihrem persönlichen Umfeld zum Lesen gegeben haben. Teilweise mit Erfolg. Teilweise auch nicht. Letzteres kann viele Gründe haben. Nicht jeder ist lesefreudig, und wer gedrängt wird, sich mit etwas zu beschäftigen, geht leicht in die Abwehrhaltung. Ein entscheidender Punkt ist meiner Meinung nach aber auch, dass *Mit viel Feingefühl*, wie alle mir bekannten Bücher über Hochsensibilität bei Erwachsenen, in erster Linie für die hochsensiblen Menschen selbst geschrieben ist. Das ist im vorliegenden Buch anders. Hier adressiere ich Leser, die den Blick von außen haben, die mit einer hochsensiblen Person zu tun haben, die mit ihr häufiger zusammenkommen, mit ihr zusammenleben oder zusammenarbeiten. Was davon trifft auf Sie zu?

Ich hoffe, es gelingt mir, Ihre Erwartungen an dieses Buch zu erfüllen, sei es, dass es Ihnen gegeben bzw. empfohlen worden ist oder dass Sie es auf der Suche nach entsprechender Lektüre selbst gefunden haben. Mein Ziel ist, Ihnen das Phänomen Hochsensibilität in umfassender Weise näherzubringen und Ihnen damit ein besseres Verständnis für die hochsensible Person, derentwegen Sie dieses Buch in die Hand genommen haben, zu ermöglichen sowie Anregungen zu liefern, wie Sie noch besser mit ihr auskommen können. Ich beziehe mich ausschließlich auf erwachsene hochsensible Personen. Was Kinder und Jugendliche angeht, verweise ich auf entsprechende andere Literatur.

Hinweise zum Sprachgebrauch in diesem Buch

HSP nutze ich als gängige Abkürzung für ‚Highly Sensitive Person' bzw. ‚Hochsensible Person' – in der Einzahl und in der Mehrzahl. Dabei ist ‚die HSP' zugleich die hochsensible Frau und der hochsensible Mann. Im Unterschied zu HSP spreche ich von Nicht-HSP, nicht von ‚Normalsensiblen' oder ‚Normalos' (was ist schon ‚normal'?). Im Übrigen verwende ich der Sprachkonvention folgend durchweg die grammatisch männliche oder weibliche Form (je nach Wort) für beiderlei Geschlecht, solange nicht ausdrücklich in einer Aussage das Geschlecht eine Rolle spielt.

Ich sehe im Hochsensibelsein ganz klar ein Minderheitenthema. HSP haben in Bezug auf die Ausprägung ihrer Sensibilität einen Minderheitenstatus, wobei sie zunächst meist nicht einmal wissen, dass sie in ihrem Sosein nicht allein sind, sondern einer Minderheit von circa 20 Prozent – was ja gar nicht mal so wenig ist – angehören. Ebenso wenig weiß die nichthochsensible Mehrheit üblicherweise von der Existenz dieser Minderheit.

Für HSP sind Selbsterkenntnis, Selbstfindung und Selbstmanagement zweifellos von größter Bedeutung. Wenn es jedoch um einen langfristigen Zugewinn an Lebenszufriedenheit geht, ist der adäquate Umgang mit sich selbst nur die halbe Miete. Die andere Hälfte betrifft das Miteinander – die soziale Kompetenz. Was nützt es, wenn ich besser weiß, wer ich bin und was ich brauche, dies aber den Menschen um mich herum nicht erfolgreich zu vermitteln vermag? Mit erfolgreich meine ich: in einer Weise, die sozial verträglich ist und die die Erfüllung meiner Bedürfnisse wahrscheinlich macht.

Beim Thema Kommunikation kommt dann auch der Kommunikationspartner der hochsensiblen Person mit ins Spiel. Sie! Gleich vorab möchte ich betonen, dass ich nicht etwa die Verantwortung für eine gelingende Kommunikation und ein gutes Verhältnis zur HSP ganz zu Ihnen hinschieben möchte. Bemühen, Einsicht, Dazulernen, Sich-weiter-Entwickeln braucht es zweifelsohne auf beiden Seiten. Wie schön, dass Sie Ihren Teil beitragen! In welcher Beziehung auch immer Sie zu der HSP, an die Sie denken, stehen: Sie tun einen wichtigen Schritt und setzen ein positives Signal, indem Sie sich Zeit für dieses Buch nehmen. Es können sich aus der Lektüre (vielleicht der gemeinsamen Lektüre) klärende, Nähe erzeugende Gespräche ergeben. Ich sehe sogar die Chance, dass die Beziehung, zumal wenn sie zuweilen schwierig ist, aufgrund neuer Erkenntnisse und Einsichten auf neue Füße gestellt werden kann.

Ich werbe um ein besseres Verständnis für Ihr hochsensibles Gegenüber, habe und bekunde aber auch Verständnis für Sie. Ich weiß durchaus, dass man es mit HSP wahrlich nicht immer leicht hat. Ich sehe mich nicht zuvorderst als Fürsprecher der HSP, sondern als Mittler zwischen den ‚Welten'.

Durch Gespräche, die ich mit Nicht-HSP über die Herausforderungen im Miteinander mit einer HSP geführt habe, ist mir noch mal so richtig bewusst geworden: Die HSP wünscht sich Einfühlung und Verständnis von der Nicht-HSP in einem Maße, das für gewöhnlich beim besten Willen nicht in deren Möglichkeiten liegt. Die Nicht-HSP soll sich einfühlen in ein Gefühlserleben, das sie nicht aus eigener Anschauung kennt, sie soll Verständnis aufbringen für etwas, was sie (verständlicherweise!) einfach nicht versteht, weil es außerhalb ihrer Erfahrungswelt liegt. Genau genommen beruht das Unverständnis ja auf Gegenseitigkeit. Das heißt, die HSP kann sich im Grunde genauso wenig in die Nicht-HSP hineinversetzen. Machen wir uns klar: Jemanden zu verstehen, der so anders ‚tickt' – wie herum auch immer –, kann immer nur ansatzweise gelingen. Niemand kann sich wirklich vorstellen, wie es ist, ein anderer zu sein. Das gilt es, als Fakt anzuerkennen.

Um eine solide Basis für wechselseitige Akzeptanz zu schaffen, bin ich um eine neutrale, sachliche und differenzierte Sichtweise bemüht. Und Sie lade ich zu einer ebensolchen ein, weil darin die beste Voraussetzung für ein konstruktives und erfreuliches Miteinander liegt.

Jede einseitige Beurteilung von Hochsensibilität bleibt unvollständig und unpassend, ob Hochsensibilität nun vor allem problematisiert oder vor allem hochgelobt wird. Insbesondere liegt es mir fern, HSP zu einer Elite zu erklären. Das veranlagungsbedingte Wesensmerkmal Hochsensibilität ist ein Gesamtpaket mit Licht- und Schattenseiten (wobei ich von einem Dramatisieren durch Formulierungen wie „Fluch und Segen" absehe). Es ist an sich weder gut noch schlecht, hochsensibel zu sein, Hochsensibilität ist sowohl Bereicherung als auch Einschränkung, kann sich als nützlich oder hinderlich erweisen – je nach Lebenslage, aktueller Anforderung, konkretem Vorhaben und persönlicher Zielsetzung. Zudem kann jede einzelne Charakteristik des Hochsensibelseins für sich genommen von Vor- oder Nachteil sein; es kommt einfach darauf an, was gerade gefragt ist und inwieweit es dem Einzelnen gelingt, sich darauf einzustellen und das Beste daraus zu machen.

Was macht mich zur Expertin für Hochsensibilität? Ich bin selbst hochsensibel – und lebe damit seit etwas über 60 Jahren. Dass man das, wie ich bin, ‚hochsensibel' nennt, weiß ich nun seit etwa zwölf Jahren; es macht vieles leichter und handhabbarer, was früher reichlich schwierig war. Seitdem setze ich mich intensiv mit dem Thema auseinander, zumal mich Psychologisches schon immer sehr interessiert hat. Durch die Arbeit an meinen Artikeln und Büchern über Hochsensibilität habe ich das Thema tief durchdrungen und Querverbindungen hergestellt zu all dem, was ich mir sonst noch aus unzähligen Quellen (Büchern, Vorträgen, Seminaren, Weiterbildungen) an Wissen, Lebensweisheit und Expertise erworben habe.

Mein Basisbuch *Mit viel Feingefühl. Hochsensibilität verstehen und wertschätzen* (Junfermann, 2013) informiert grundlegend und umfassend, lässt Hochsensible zu Wort kommen, enthält längere Passagen, in denen ich Persönliches von mir erzähle, und behandelt ausführlich das Hochsensibelsein in den verschiedenen Lebensbereichen. Mein zweites Buch *Hochsensible Menschen im Coaching. Was sie ausmacht, was sie brauchen und was sie bewegt* (Junfermann, 2015) ist ein Fachbuch, das sich an die Zielgruppe Coaches richtet. Das E-Book *Hochsensibel das Leben meistern* (myMonk.de, 2016), inhaltlich abgeleitet aus dem Junfermann-Fachbuch, gibt Hochsensiblen nützliche Bewältigungsstrategien an die Hand.

Seit 2010 arbeite ich als Coach für Hochsensible – neben meiner schon länger bestehenden selbstständigen Tätigkeit als Lektorin und Textcoach. Außer in Einzelcoachings erlebe ich HSP in Workshops, in Gesprächskreisen, in Facebook-Gruppen sowie im Austausch via Mail und Chat und bin mittlerweile mit einigen HSP, die ich so kennenlernte, gut befreundet. Durch all diese Begegnungen habe ich mir ein gutes Bild davon machen können, was HSP ausmacht, was sie brauchen und was sie bewegt.

Meine Interviewpartner, von denen Sie im Verlauf des Buchs im jeweiligen Kontext relevante Statements lesen werden, rekrutieren sich aus Teilnehmern des Gesprächskreises für HSP, den ich in Böblingen leite, und aus Workshops für HSP, die ich bei mir zu Hause in Aidlingen gebe. Mir ist bewusst, dass HSP, die in den Gesprächskreis und in die Workshops kommen, nicht vollständig repräsentativ für die Gesamtheit der HSP sind. Sie sind insofern anders, als sie aktiv Unterstützung, Orientierung sowie Austausch und Rückhalt in einer Gruppe ‚Gleichgesinnter' suchen. Ich denke aber nicht, dass sie unbedingt viel mehr oder ganz andere Probleme haben als andere HSP. Die Zitate sind Auszüge aus schriftlichen Antworten auf Fragen, die ich kapitelweise an den Kreis der Interviewpartner per Mail verschickt habe.

An dieser Stelle danke ich ganz herzlich allen, die so engagiert mitgemacht und dieses Buch mit ihren persönlichen Aussagen belebt haben. Ohne sie wäre das Buch nicht das, was es ist! (Hinweis: Die mit Sternchen gekennzeichneten Namen sind geänderte Namen.)

Vielleicht kommen Sie im Lauf der Lektüre darauf, dass Sie selbst ebenfalls zur Gruppe der HSP gehören – nur vielleicht in einem anderen Maße und in einer etwas anderen Ausprägung als die HSP, mit der Sie zu tun haben. Ist der eine weniger hochsensibel als der andere oder geht er ganz anders mit seiner Hochsensibilität um, sind die Herausforderungen in der Beziehung ähnlich denen zwischen einer Nicht-HSP und einer HSP.

Wenn Sie Aufschluss gewinnen wollen, ob Sie hochsensibel sind, verweise ich auf den umfangreichen, untergliederten Fragenkatalog, den ich für das Fachbuch erarbeitet habe (siehe am Ende dieses Buchs).

Unter denen, die zur Gruppe der HSP gehören, gibt es trotz ihrer Mannigfaltigkeit so viele Gemeinsamkeiten, dass sinnvoll ‚Typisches' beschrieben werden kann. Dennoch sind natürlich Pauschalisierungen im Grunde immer fragwürdig, und es bedarf der Einschränkung. Daher baue ich an vielen Stellen die Wörter ‚häufig', ‚meist', ‚in der Regel' usw. ein. Wo derartige Relativierungen um einer griffigeren Formulierung willen fehlen, denken Sie sich diese bitte hinzu.

Um einem Schubladendenken und allzu klischeehaften Vorstellungen schon eingangs entgegenzuwirken noch folgende Überlegung: Niemand ist mit dem Merkmal Hochsensibilität auch nur annähernd vollständig charakterisiert, und niemand sollte darauf reduziert werden. Wenngleich Hochsensibilität ein grundlegendes Wesensmerkmal ist, ist es dennoch nur eine von vielen Charaktereigenschaften, die die Individualität ausmachen. Jede HSP ist in erster Linie eine einzigartige Persönlichkeit.

Ich wünsche Ihnen eine erhellende und hilfreiche Lektüre!

Ulrike Hensel

1. Was genau ist eigentlich Hochsensibilität?

Schon zu allen Zeiten hat es diese Minderheit in der Bevölkerung gegeben, die deutlich sensibler ist als die Mehrheit, nur gab es dafür bis zum Ende des letzten Jahrtausends keinen Fachausdruck und kein Erklärungsmodell. Wahrscheinlich war eine gesteigerte Sensibilität auch zu keiner anderen Zeit ein so brisantes Thema wie in unserer modernen, leistungsbezogenen, konkurrenzorientierten, schnelllebigen, eng getakteten, multimedialen und reizerfüllten Welt.

Heute haben wir den Terminus Hochsensibilität und eine neurowissenschaftliche Erklärung. Beides erweist sich als sehr hilfreich – für die Hochsensiblen selbst sowie für die Menschen in ihrem privaten und beruflichen Umfeld, die mit ihnen in engerem Kontakt sind. Über das Phänomen Hochsensibilität gut Bescheid zu wissen ist meines Erachtens eine wesentliche Voraussetzung dafür, hochsensible Mitmenschen in ihrem Wesen und in ihrem Verhalten besser zu verstehen.

1.1 Sensibilität und Hochsensibilität

Sind wir nicht alle ein bisschen sensibel? Diesen Satz formuliere ich gern mit einem Schmunzeln in Anlehnung an den Werbeslogan „Sind wir nicht alle ein bisschen Bluna?“ aus dem Jahr 1995. Im Ernst: Bevor ich auf Hoch-Sensibilität eingehe, will ich zunächst mit Ihnen auf die Sensibilität schauen, also bei einer Gemeinsamkeit zwischen allen Menschen beginnen.

Sensibilität bezeichnet sowohl die physische als auch die psychische Sensibilität; und ziemlich sicher hängt das eine mit dem anderen zusammen. In der psychologischen Bedeutung meint Sensibilität sowohl die emotionale Verletzlichkeit, die Kränkbarkeit, als auch die soziale Fähigkeit, anderen empathisch und feinfühlig zu begegnen. In der physiologischen Bedeutung ist Sensibilität die Fähigkeit des Körpers, mithilfe von Sinneszellen unterschiedliche Reize (Informationen über die Umwelt und den eigenen Organismus) aufzunehmen, zu verarbeiten und auszuwerten und daraufhin entsprechende lebensdienliche Reflexe und Reaktionen auszulösen.

Damit Informationen überhaupt empfangen werden können, bedarf es der Sensibilität, der Reizbarkeit, der Irritabilität des Nervensystems. Sensibilität ermöglicht es jedem mit einem Nervensystem ausgestatteten Lebewesen, sich auf Gegebenheiten und Geschehnisse in der Umwelt einzustellen, sich von Gefahren fernzuhalten bzw.

sie abzuwehren und Nützlichem entgegenzustreben. Im Lauf der Evolution scheint es sich für den Erhalt einer Art bewährt zu haben, dass ein kleiner Teil (circa ein Fünftel) der Gesamtpopulation eine überdurchschnittlich hohe Sensibilität aufweist. Das ist bei Menschen so, und Forscher haben das auch bei zahlreichen Tierarten festgestellt.

Natürlich sind im einen wie im anderen Wortsinn alle Menschen sensibel, nur sind es die einen mehr, die anderen weniger. Eine Minderheit ist deutlich sensibler als die Mehrheit: die hochsensiblen Personen (HSP). Bei ihnen liegt genetisch bedingt eine außergewöhnlich hohe generelle Sensibilität vor (was nicht bedeutet, dass alle HSP in ihrer Kommunikation durchweg sensibel im Sinne von rücksichtsvoll, taktvoll und unaufdringlich sind).

Aufgrund seiner besonderen Eigenschaften ist das Nervensystem von HSP sehr leicht erregbar, das heißt, bei derselben Reizzufuhr ist bei ihnen das nervliche Erregungsniveau deutlich höher. Sie sprechen einerseits schon auf schwache Reize an, die für Nicht-HSP noch unter der Wahrnehmungsschwelle bzw. unter der Grenze für ein Störgefühl liegen, und erreichen andererseits bei anhaltenden und/oder starken Reizen deutlich eher als andere den Punkt, an dem sie überreizt sind – und oft auch sichtlich ‚gereizt' reagieren. Entsprechend länger dauert es bei ihnen dann, bis nach dem Wegfall des auslösenden Ereignisses die nervliche Erregung wieder abgeklungen ist und sie sich wieder beruhigt haben.

Den HSP eine überdurchschnittliche Sensibilität zuzuschreiben darf keinesfalls heißen, den Nicht-HSP Sensibilität überhaupt abzusprechen – was seitens der HSP gelegentlich geschieht, weil ihnen aus ihrem Blickwinkel eine geringere Sensibilität als ‚unsensibel' vorkommt. In meinen Coachings und Workshops für HSP betone ich deshalb immer, dass HSP die Eigenschaft Sensibilität nicht für sich ‚gepachtet' haben und sich auch nicht dazu verleiten lassen sollten, sich diesbezüglich in überheblicher Weise überlegen zu fühlen. Umgekehrt ist es natürlich unangebracht, jemandem sein hochsensibles Naturell zum Vorwurf zu machen. Viel passender ist es, wenn beide Seiten die Unterschiede wertneutral betrachten und sich um einen vernünftigen Umgang mit den Auswirkungen bemühen.

1.2 Das Konzept ‚High Sensitivity'

Das Konzept der Hochsensibilität, auf das sich alle Experten und Autoren heute beziehen, geht zurück auf Dr. Elaine N. Aron, eine US-amerikanische klinische Psychologin, Psychologieprofessorin und Psychotherapeutin in eigener Praxis (heute im Ruhestand, aber noch aktiv als Botschafterin für HSP). Ursprünglich gehörte sie zusammen mit ihrem Mann Dr. Arthur Aron (ebenfalls Psychologieprofessor) zu den führenden Wissenschaftlern, die sich mit der Psychologie der Liebe und enger Beziehungen beschäftigten. Anfang der 1990er-Jahre begann sie dann, sich eingehend mit dem angeborenen Wesenszug hoher Sensibilität auseinanderzusetzen.

In ihrem ersten Buch schreibt sie, wie bedeutsam es sei, dass sie aus eigener Anschauung die besondere Eigenschaft einschließlich der Vorzüge und Herausforderungen kenne. Sie erzählt von sich, sie habe über Jahre hinweg diverse Probleme ihrer Kindheit aufgearbeitet, wobei sich ihre Sensibilität zum zentralen Thema entwickelte: „Da war mein Gefühl, mit einem Makel behaftet zu sein. […] Und dann war da noch die Isolation, in die ich mich aufgrund meiner Empfindsamkeit zurückzog. Aber als ich Einsicht in alles gewann, war ich in der Lage, ins Leben zurückzukehren." (Aus *Sind Sie hochsensibel?*)

Aron führte selbst umfangreiche wissenschaftliche Studien durch und wertete zudem zahlreiche Forschungsarbeiten anderer Wissenschaftler aus, die sich ihrer Auffassung nach auf das Persönlichkeitsmerkmal ‚hohe Sensibilität' bezogen, wenn auch mit einem anderen Verständnis der Zusammenhänge und anderen Bezeichnungen (wie zum Beispiel ‚Hochreaktivität' bei Jerome Kagan).

Dabei kristallisierte sich durchgängig eine Minderheitsgruppe von 15 bis 20 Prozent der Menschen heraus – zu der gleichermaßen Jungen / Männer und Mädchen / Frauen gehören –, die eine deutlich höhere Sensibilität aufweist als die Mehrheit. Für den ‚Trait' (angeborenen, unveränderlichen Wesenszug) der hohen Sensibilität prägte Elaine Aron den allgemeinsprachlichen Begriff ‚High Sensitivity' (Hochsensibilität) bzw. den präziseren wissenschaftlichen Terminus ‚Sensory Processing Sensitivity' (SPS, Reizverarbeitungssensibilität), der von Aron und anderen Forschern auf diesem Gebiet bis heute verwendet wird. Die Abkürzung HSP steht im Englischen für Highly Sensitive Person, im Deutschen für Hochsensible Person(en). Im deutschen Sprachraum findet man gelegentlich auch die Abkürzung HSM für Hochsensibler Mensch.

Aron war es sehr wichtig, eine neutrale Bezeichnung für das Phänomen zu finden, die zum Ausdruck bringt, dass hier eine Normvariante in der Ausprägung des Nervensystems vorliegt (die einhergeht mit einer größeren Empfänglichkeit gegenüber Reizen aller Art), nicht aber eine Anomalie oder eine krankhafte Störung. Ihr Anliegen war und ist es, dass Hochsensibilität nicht länger falsch verstanden und verwechselt wird mit Gehemmtheit, Schüchternheit, Ängstlichkeit oder gar einer Sozialphobie, auch nicht mit Introvertiertheit und Neurotizismus. Aron wollte aufräumen mit der negativen Voreingenommenheit gegenüber HSP und diesen Aspekt der Persönlichkeit in einem positiveren Licht erscheinen lassen. Aron: „Am besten betrachtet man diesen Wesenszug als neutral. Er wird erst dann zum Vor- oder Nachteil, wenn man in ganz bestimmte Situationen gerät." (Aus *Sind Sie hochsensibel?*)

Bis heute gibt es keine einheitliche, klar gefasste und allgemein anerkannte Definition des Phänomens Hochsensibilität. In deutschsprachigen medizinischen und psychologischen Lexika sucht man den Begriff Hochsensibilität bislang vergeblich. Nach Arons Kurzdefinition hat eine HSP ein empfindliches Nervensystem, bemerkt Feinheiten in ihrem Umfeld und ist leichter überflutet von einer stark stimulierenden Umgebung.

Elaine Arons Wirken ist es zu verdanken, dass die Erkenntnisse über Hochsensibilität Beachtung in Wissenschaftskreisen gefunden haben. Der erste wissenschaftliche Artikel, den sie gemeinsam mit ihrem Mann Arthur Aron schrieb, erschien 1997 im renommierten *Journal of Personality and Social Psychology*. Weitere folgten. (Bei Interesse finden Sie eine Liste wissenschaftlicher Arbeiten von Aron und anderen unter ↗ http://hsperson.com/research.)

Neben wissenschaftlichen Arbeiten veröffentlichte Elaine Aron eine ganze Reihe populärer Bücher. Das erste und bekannteste *The Highly Sensitive Person: How to Thrive When the World Overwhelms You* kam in den USA 1996 heraus, ist mittlerweile über 100.000-mal gedruckt und in 18 Sprachen übersetzt worden. In deutscher Sprache erschien es im Jahr 2005 unter dem Titel *Sind Sie hochsensibel? Wie Sie Ihre Empfindsamkeit erkennen, verstehen und nutzen* (bei nachfolgenden Nennungen nur noch mit dem Haupttitel benannt).

Elaine Aron hat einen Test mit 27 Fragen ausgearbeitet, der von Forschern und Psychologen zur Erfassung der Hochsensibilität genutzt wird (die sogenannte HSP-Skala). Eine vereinfachte Version davon – ohne Abstufungen – findet man als Selbsttest „Are you Highly Sensitive?“ auf Arons Website (↗ http://hsperson.com/test/highly-sensitive-test).

In ihren Veröffentlichungen seit 2012 nennt Elaine Aron vier Indikatoren zur Feststellung von Hochsensibilität: Verarbeitungstiefe (Depth of Processing), Übererregbarkeit (Overarousability), Emotionale Intensität (Emotional Intensity) und Sinnessensibilität (Sensory Sensitivity). Damit sei Hochsensibilität einfach beschrieben und in den wesentlichen Facetten dargestellt. Diese vier Indikatoren seien geeignet als Kriterien für ein Erkennen von Hochsensibilität bei sich selbst und auch bei anderen.

1.3 ‚Hochsensibel‘ oder ‚hochsensitiv‘?

Die Mehrzahl derer, die sich seit der Begründung des Konzepts ‚High Sensitivity‘ durch Elaine Aron im deutschsprachigen Raum seriös mit dem Thema befasst haben, verwendet den Begriff ‚Hochsensibilität‘ – so auch der Informations- und Forschungsverbund Hochsensibilität e. V., was auch die korrekte Übersetzung ist.

Ich möchte dennoch kurz auf den Begriff ‚Hochsensitivität' zu sprechen kommen, auf den man in der deutschsprachigen Hochsensiblen-‚Szene' bisweilen stößt. Teilweise wird er als die ‚richtigere' Übersetzung ausgegeben. Hier widerspreche ich und verweise darauf, dass gleichklingende Wörter in zwei Sprachen bekanntermaßen nicht immer die gleiche Bedeutung tragen. Man nennt so etwas ‚Falsche Freunde'. False Friends sind „sprachliche Ausdrücke, Wendungen, Wörter unterschiedlicher Sprachen, die sich scheinbar entsprechen oder ähneln, aber unterschiedliche Bedeutung haben." (Aus: Kleines linguistisches Wörterbuch, ↗ http://www.mediensprache.net)

Anderenteils soll mit der Verwendung des Begriffs ‚Hochsensitivität' die Empfindsamkeit als Begabung, mit allen Sinnen nuanciert wahrzunehmen, betont werden. ‚Hochsensitive' Menschen hätten, so heißt es in mancher Literatur, einen ‚sechsten' oder ‚siebten' Sinn, sie seien das, was man ‚hellsichtig' oder ‚hellfühlig' nennt, außerdem so extrem empathisch, dass sie regelrecht ‚medial' seien, sie hätten ‚Ahnungen' oder andere Empfindungen aus der ‚nicht-alltäglichen Wirklichkeit'. Ich stimme dieser Auslegung nicht zu, denke aber, dass Sie wissen sollten, was manche HSP an vermeintlichen Sachinformationen aufgenommen haben, weil sie sich womöglich darauf beziehen.

Nicht alle HSP, die sich als ‚hochsensitiv' bezeichnen, wählen diesen Ausdruck bewusst, manche aber schon. Mein Eindruck ist, dass einige HSP ‚hochsensitiv' sehr gern für sich aufgreifen, weil ihnen dieses Wort im Gegensatz zu ‚hochsensibel' unvorbelastet und positiv erscheint. Vielleicht sind sie in der Vergangenheit als ‚Sensibelchen' verunglimpft worden und bekamen allzu oft Abwertungen in der Art von „du bist (viel) zu sensibel" zu hören, sodass sie ‚(hoch-)sensibel' mit einer Kränkung assoziieren. Wichtiger als mit der HSP in eine kontroverse Diskussion über den ‚richtigen' Begriff einzusteigen, scheint mir, sich dafür zu interessieren, was Ihr Gegenüber mit der Wortwahl verbindet.

Für mich ist eindeutig: Gerade im Unterschied zum Begriff ‚Hypersensibilität', bei dem von einer akzeptierten Norm bezüglich des Sensibilitätsgrads ausgegangen und alles darüber Hinausgehende in den Bereich des Krankhaften gerückt wird, kann ‚Hochsensibilität' sehr gut als eine angemessene, wertneutrale Bezeichnung (die Vorsilbe ‚hoch-' statt ‚über-' macht den Unterschied!) und als passende Entsprechung zum englischen ‚High Sensitivity' gelten.

Zur Diskussion, ob bei HSP denn nun (nur) eine hohe Empfindsamkeit – sprich Sensitivität – oder (auch) eine hohe Empfindlichkeit – sprich Sensibilität – vorliegt, biete ich folgende Überlegung an. Nach meiner Logik bedingt eine höhere Empfindsamkeit unweigerlich auch eine höhere Empfindlichkeit. Das eine ist vom anderen nicht zu trennen. Ein Beispiel: Wenn ich ‚dünnhäutig' bin, empfinde ich einen Wollpullover oder ein T-Shirt-Etikett auf der Haut als kratzig. Zugleich finde ich das unerträglich, bin also empfindlich. Ebenso bin im übertragenen Sinne dünnhäutig, sprich leicht verletzlich, wenn jemand in rauem Ton mit mir spricht. Wieder bin ich nicht nur empfindsam, sondern auch empfindlich. (Auf einem anderen Blatt steht, wie der Einzelne mit seiner höheren Empfindlichkeit umgeht und was er an Reaktionen nach außen trägt.)

1.4 Wissenschaftliche Erklärung

Auf die Frage „Ist das Ganze wissenschaftlich anerkannt?" findet man auf der Website des Informations- und Forschungsverbunds Hochsensibilität e. V. (IFHS, ↗ http://www.hochsensibel.org) unter dem Menüpunkt „Regelmäßig gestellte Fragen" eine interessante Antwort, die ich hier gerne zitieren möchte: „Dieser Frage liegt die Vorstellung zugrunde, es ließe sich klar beantworten, was ‚wissenschaftlich anerkannt' ist, so als gäbe es eine Art zentraler Institution, die darüber entscheidet und abschließend befindet. Wissenschaft ‚funktioniert' aber anders: Neue Ideen und Theorien werden zunächst von Einzelnen in der Fachpresse veröffentlicht. Im Laufe der Zeit – dies kann sehr lange dauern – werden die neuen Thesen durch weitere Forschungen bestätigt, widerlegt oder verfeinert. Bis eine Position ‚herrschende Meinung' [...] wird, ist es aber meist ein weiter Weg." Schauen wir uns nach dieser Vorüberlegung an, was an wissenschaftlicher Erklärung gegeben werden kann.

Sinnesorgane sind komplexe Strukturen zur Wahrnehmung von Reizen von außerhalb und von innerhalb des Körpers. Die Sinne fungieren wie Antennen, über die wir in vielschichtiger Weise unsere Umwelt und uns selbst erfahren. Die Sinnesorgane enthalten als wichtigstes Element Sinneszellen, spezialisierte Zellen, die als Rezeptoren für die betreffenden Reize fungieren.

Neben den fünf Hauptsinnen, dem Sehen, dem Tasten, dem Hören, dem Riechen und dem Schmecken, gibt es eine Reihe weiterer Sinne zur Wahrnehmung der Außenwelt (Druck, Vibration, Temperatur etc.) und zur Eigenwahrnehmung (Schmerz, Stellung des Körpers im Raum, Bewegung, Kraft etc.).

Die von den Sinneszellen der Sinnesorgane aufgenommenen sensorischen Informationen werden über Nervenfasern an die zuständigen Bereiche des Gehirns (sensorische Areale) weitergeleitet. Im Gehirn werden sämtliche eingehenden Informationen miteinander verbunden und verarbeitet. Das Einordnen und Bewerten geschieht größtenteils unbewusst durch den Abgleich der Sinnesempfindungen mit abgespeicherten Informationen. Einzelinformationen werden dabei zu sinnvollen Gesamteindrücken zusammengeführt und Sinngebung erreicht. Erst mit dieser Leistung der Hirnzentren werden die Sinne umgesetzt.

Den vorliegenden Erkenntnissen zufolge liegt die Reizempfindlichkeit bei HSP nicht in den Strukturen der Sinnesorgane selbst begründet, sondern in der Art der neuronalen Verarbeitung der Sinneseindrücke.

In einem Interview in PSYCHOLOGIE HEUTE vom April 2012 (Artikelüberschrift „Von Natur aus dünnhäutig") berichtete Elaine Aron von Forschungsarbeiten, die ihr Mann Arthur Aron betreut hat. Man habe mit bildgebenden Verfahren festgestellt, dass bei HSP durch Sinnesreize andere Hirnregionen aktiviert werden und dass sich auch zeitliche Abläufe im Gehirn von denen der Bevölkerungsmehrheit unterscheiden. Hochsensibilität gehe also nachweislich mit Unterschieden in den Hirnstrukturen und -prozessen einher.

Was in unser Bewusstsein vordringt, ist das Ergebnis eines Auswahlvorgangs. Wahrnehmung ist immer gefiltert und damit selektiv. Die Filterung dient der automatischen Unterscheidung von relevanten und irrelevanten Reizen. Unerhebliches wird ausgeblendet, damit das Bewusstsein, das im Vergleich zum Unbewussten eine wesentlich geringere Verarbeitungskapazität hat, funktionsfähig bleibt und nicht überlastet wird.

‚Neurologische Filter' sind die Filter, die durch das Nervensystem vorgegeben sind. Diese Filter sind es, von denen im Zusammenhang mit Hochsensibilität immer wieder die Rede ist. In manchen Artikeln über Hochsensibilität in populären Medien findet sich die Aussage, HSP würden über keine Filter verfügen („Leben ohne Filter"!). Mir ist wichtig, diese Übertreibung zu korrigieren. Selbstverständlich verfügen auch HSP über neurologische Filter, nur sind diese bildlich gesprochen durchlässiger als jene von Nicht-HSP.

Einem aktuellen neurowissenschaftlichen Erklärungsansatz zufolge laufen die Reizverarbeitungsvorgänge im Gehirn bei HSP insofern anders, als mehr Reize als wichtig eingestuft, an die Großhirnrinde weitergeleitet und damit bewusst werden. Untersuchungsreihen mithilfe der Magnetresonanztomografie liefern Hinweise darauf, dass bei HSP eine erhöhte Aktivität im Zwischenhirn vorliegt, was man mit der Rolle des Thalamus in Verbindung bringt. Der Thalamus, der den größten Teil des Zwischenhirns bildet, enthält Umschaltzentren für Informationen auf dem Weg von den Sinnesorganen, aus dem Körper und vom gefühlsmäßigen Empfinden zur Großhirnrinde. Der Thalamus entscheidet, welche Informationen aktuell so relevant sind, dass sie über die Weiterleitung an die Großhirnrinde bewusst werden sollen; daher wird er auch ‚Tor zum Bewusstsein' genannt. Es werden bei HSP also nicht mehr Informationen über die Sinnesorgane aufgenommen, sondern weniger Informationen aus der Wahrnehmung als irrelevant herausgefiltert. Man kann sagen, dass bei HSP die Wahrnehmungsbeschränkung, die vor Reizüberflutung schützen soll, weniger gut funktioniert.

Während es Nicht-HSP relativ gut gelingt, Störreize – z. B. Gespräche oder Radio im Hintergrund – nur zu Beginn bewusst wahrzunehmen und anschließend weitgehend auszublenden, bleiben HSP permanent aufmerksam für derartige Reize aus ihrer Umgebung und sind weit weniger fähig, diese als unbedeutend abzuhaken und anschließend zu ignorieren, besonders dann nicht, wenn sie Sprachinformationen beinhalten.

1.5 Hochsensibilität und psychische Erkrankungen

Ich vermeide es, von ‚Betroffenen' zu sprechen oder zu sagen, jemand ‚hat HS', auch mit dem Wort ‚Diagnose' bin ich vorsichtig, weil sich das alles so anhört, als sei Hochsensibilität eine Krankheit oder eine psychische Störung – was es nicht ist. Es handelt sich bei Hochsensibilität um nichts Behandlungsbedürftiges, um nichts, was es zu überwinden bzw. ‚wegzutherapieren' gilt. Vielmehr geht es nur (schwierig genug!) darum, die Hochsensibilität zu akzeptieren und einen geeigneten Umgang damit zu finden.

Eine häufig gestellte Frage ist die, ob HSP mit höherer Wahrscheinlichkeit psychisch erkranken als Nicht-HSP. Sie kann aus Sicht von Elaine Aron wie folgt beantwortet werden: HSP mit einer unbeschwerten Kindheit leiden nicht vermehrt an psychischen Krankheiten. Es scheint sogar so zu sein, dass sie durch ihr stärkeres Reagieren auf Reize aller Art mehr noch als Nicht-HSP von günstigen Bedingungen und einem unterstützenden Umfeld profitieren. Wachsen HSP hingegen unter seelisch belastenden Bedingungen auf und/oder machen sie einschneidende negative oder gar traumatische Erfahrungen und/oder sind sie sehr bedrückenden Lebensumständen ausgesetzt, ist ihr Risiko, psychisch zu erkranken, erhöht. Elaine Aron macht aber deutlich: „HSP, die in der Kindheit oder im Erwachsenenalter Tragisches erlebt haben, scheinen stärker zu Angststörungen und Depressionen zu neigen als der Durchschnitt. […] Die Neigung einiger darf nicht zum Etikett aller werden." (Aus: *Sind Sie hochsensibel? Das Arbeitsbuch*)

Wer sich vertieft mit den Zusammenhängen zwischen Hochsensibilität und psychischen Krankheiten beschäftigen möchte, dem sei das Buch *Hochsensible Menschen in der Psychotherapie* von Elaine Aron (Junfermann, 2014) zur Lektüre empfohlen.

Solange HSP noch nichts von ihrem Wesenszug wissen, halten sie sich mitunter selbst irrtümlich für krank. Und nicht selten werden sie – mehr oder weniger ernst gemeint – von anderen als ‚krank' bezeichnet („Das ist doch nicht mehr normal"). Vor allem Zustände der Übererregung, in die HSP bei Überlastung und Reizüberflutung leicht geraten, und/oder die anhaltende Erschöpfung, unter der sie leiden, wenn sie einen für sie ungeeigneten Lebensstil pflegen, und/oder die hohe emotionale Reaktivität scheinen hierfür Indizien (‚Symptome') zu sein.

Mir fällt in den Begegnungen mit HSP auf, dass sie sich in vielen Fällen auch nach dem Kennenlernen des Begriffs Hochsensibilität noch als ‚hypersensibel' beschreiben. Daran sieht man, wie tief mitunter die Selbsteinschätzung, dass etwas mit ihnen nicht in Ordnung ist, verankert ist.

Eine Sonderstellung unter den möglichen Erkrankungen nimmt meines Erachtens der ‚Burn-out' ein, die körperliche, emotionale und geistige Erschöpfung aufgrund beruflicher oder anderweitiger Überlastung bei der Lebensbewältigung (auch als Erschöpfungsdepression bezeichnet). Ein Ausbrennen droht denen, deren Arbeitseinsatz das verträgliche Maß überschreitet, die die Balance zwischen Arbeit und Erholung nicht mehr herzustellen vermögen, die ständig in Anspannung sind und nicht mehr abschalten können. Ich wage zu behaupten, dass HSP aufgrund ihrer Übererregbarkeit sowie dem hohen Anspruch, den sie an sich haben in puncto Verantwortung, Pflichtbewusstsein, Perfektion u. a. m., überdurchschnittlich burn-out-gefährdet sind, besonders dann, wenn sie längerfristig einer Reihe von Stressfaktoren ausgesetzt sind.

Eine Unterscheidung ist noch erwähnenswert: Es gibt auch eine hohe Empfindlichkeit, die sich erst im Lauf des Lebens einstellt – mit teilweise ähnlichen Kennzeichen (Kränkbarkeit, Alarmbereitschaft, Schreckhaftigkeit, Reizbarkeit ...) wie die veranlagungsbedingte Hochsensibilität. Ursachen für eine erworbene hohe Empfindlichkeit – ich sage hier absichtlich nicht ‚Hochsensibilität' – können körperliche oder psychische Krankheiten, organische Funktionsstörungen, Vergiftungen oder Umweltbelastungen sowie traumatische Erlebnisse sein, die ihre Spuren im Nervensystem hinterlassen.

Ein Unterschied zwischen erworbener hoher Empfindlichkeit und anlagebedingter Hochsensibilität ist darin zu sehen, dass bei Ersterer die typischen Ressourcen des Gesamtpakets Hochsensibilität fehlen, wie zum Beispiel die Gabe der generell feineren Wahrnehmung, das vernetzte Denken, das ausgeprägte Einfühlungsvermögen, die Fülle und Tiefe des emotionalen Empfindens bei jeglichem Erleben. Es sei noch hinzugefügt, dass sich eine vorhandene veranlagungsbedingte Hochsensibilität durch stark belastende Faktoren noch steigern kann.

Ein wichtiger Hinweis an dieser Stelle: Natürlich sollte bei anhaltenden schwerwiegenden psychischen Problemen abgeklärt werden, ob eine behandlungsbedürftige Erkrankung vorliegt, bei der professionelle therapeutische Hilfe angezeigt ist.

1.6 Worin sich Hochsensibilität zeigt

Grundlegende Kennzeichen von Hochsensibilität liegen in der Art und Weise wahrzunehmen, zu denken und zu fühlen. Diese drei Faktoren finden ihren Niederschlag in typischen Verhaltensweisen, mit denen Sie im Umgang mit einer HSP konfrontiert sind. Darauf, was das für den Kontakt zwischen Ihnen und der HSP bedeutet, werde ich in den folgenden Kapiteln näher eingehen. Hier sollen nur schon mal die drei genannten Komponenten – das Wahrnehmen, das Denken und das Fühlen – für Sie skizziert werden. Bitte bedenken Sie, dass nicht alles gleichermaßen auf jede einzelne HSP zutrifft. Vorrang hat immer die individuelle Persönlichkeit, die gesehen, erkannt und gewürdigt sein will.

1.6.1 Die Art wahrzunehmen – die sensorische Komponente

HSP nehmen optische Eindrücke, Geräusche, Gerüche, Geschmack, Einwirkungen auf die Haut (in aktiver Form beim Tasten und passiv bei Berührung, Temperatur, Druck, Zugluft) sowie Signale aus dem eigenen Körper intensiver, detailreicher, differenzierter und in einer größeren Bandbreite wahr als Nicht-HSP. HSP registrieren subtile Feinheiten in ihrer Umgebung, die anderen nicht auffallen. Hinzu kommt ein feines Gespür für Befindlichkeiten, Stimmungen und nonverbale Mitteilungen anderer Menschen.

Die höhere Reizempfänglichkeit betrifft in der Regel alle Sinne, jedoch ist von HSP zu HSP unterschiedlich, welche Sinneseindrücke vor allem als belastend und welche als erfreulich empfunden werden. In meiner HSP-Gesprächsgruppe berichten die Teilnehmer vorrangig von Beeinträchtigungen durch Geräusche, Lärm und Gerüche. Andererseits sind sowohl Klänge als auch Düfte Quellen für genussvolles Erleben.

Die Sinnessensibilität äußert sich in einer niedrigen Wahrnehmungsschwelle und in einer niedrigen Toleranz gegenüber hoher Reizzufuhr. Durch eine Reizflut geraten HSP eher als andere in einen Zustand der Überforderung. In einer turbulenten Umgebung, im Zusammensein mit (mehreren) Menschen, unter vielschichtigen Anforderungen und bei Veränderungen haben HSP deutlich mehr Reize zu verarbeiten als Nicht-HSP, da sie mehr und intensiver wahrnehmen und viel mehr Kleinigkeiten ihre bewusste Aufmerksamkeit wecken. Sie sind demzufolge unter denselben Umgebungsbedingungen tendenziell eher als andere überstimuliert und übererregt, früher erschöpft und ruhebedürftig. Ein sehr hoher Erregungsgrad verursacht Unbehagen und Nervosität, er bedingt ein Nachlassen der kognitiven Leistungsfähigkeit und geht einher mit allen Anzeichen von akutem Stress.

Oberflächlich betrachtet, erscheinen HSP als weniger belastbar. Das stimmt jedoch nur in gewisser Weise und nur im direkten Vergleich mit anderen. Denn genau genommen ist es so, dass sie aufgrund ihrer höheren Sensibilität viel mehr auszuhalten haben und das auch zumeist erstaunlich gut bewältigen.

1.6.2 Die Art zu denken – die kognitive Komponente

Da das Persönlichkeitsmerkmal ‚Hochsensibilität' genannt wird, ist die Annahme verbreitet, die Sinnessensibilität sei die Kerncharakteristik. Dabei ist die gründliche Verarbeitung von Informationen eine ebenso grundlegende Eigenschaft von HSP. Ein aufmerksames, detailliertes Beobachten und ein vertieftes Nachdenken gehen dem Entscheiden und Handeln voran. Was immer HSP bemerken, wird mit ähnlichen Dingen oder Erlebnissen aus ihrem Erfahrungsschatz verknüpft und verglichen, in seiner Bedeutung hinterfragt und analysiert.

HSP denken intensiv über vieles nach, es ist ihnen wichtig, den Dingen auf den Grund zu gehen, verschiedenste Aspekte in ihre Überlegungen miteinzubeziehen, Ursachen zu ergründen, Zusammenhänge herzustellen, das übergeordnete Prinzip zu erfassen. Daraus ergibt sich ein übergreifendes Denken. Ihre Strategie in der Entscheidungsfindung liegt darin, verfügbare Informationen sorgfältig auswerten, alle ersichtlichen Optionen zu durchdenken, die Folgen von Handlungen abzuschätzen, um schließlich besonnen handeln zu können.

HSP verarbeiten Eindrücke, Gedanken und Gefühle intensiver und vernetzter als Nicht-HSP, ob ihnen das nun bewusst ist oder nicht. Dazu gehört auch ein tiefgründiges Nachsinnen über Gott und die Welt, das idealistische Bestreben, die Welt zu verbessern, und nicht selten das Ausüben einer spirituellen Lebenspraxis.

1.6.3 Die Art zu fühlen – die emotionale Komponente

HSP haben ein intensives und reiches Gefühlsleben. Insgesamt sprechen sie mit ihren Emotionen stärker als andere auf Geschehnisse in ihrem Umfeld an, sind schnell tief beeindruckt, reagieren besonders stark auf als negativ Empfundenes, werden von ihren Gefühlen oftmals geradezu überwältigt. Sie erleben starke Höhen und Tiefen. Nicht nur Liebe, Glück und Freude werden intensiv gefühlt, sondern auch Gefühle wie Angst, Ekel, Sorge, Trauer und Ärger. Alle Gefühlszustände hallen stark nach, und es dauert verhältnismäßig lange, bis sich eine Aufregung wieder gelegt hat.

HSP gehen in hohem Maße mit anderen Menschen in gefühlsmäßige Resonanz; das heißt, sie sind besonders empathiefähig und tun sich entsprechend schwer, sich emotional abzugrenzen. Manches Mal können schon Kleinigkeiten im Zwischenmenschlichen sie nachhaltig irritieren und beunruhigen.

Überdurchschnittlich intensives gefühlsmäßiges Empfinden bedingt starke emotionale Reaktionen, die bei den einen mehr, bei den anderen weniger sichtbar werden. Bei lange aufgestautem Frust und Ärger und entsprechendem Konfliktmuster kann es – mitunter schon bei scheinbar nichtigen Anlässen – zu heftigen Gefühlsausbrüchen kommen.

Grundsätzlich beziehen sich starke emotionale Reaktionen auf jegliche Lebensereignisse, sowohl auf negative als auch auf positive. HSP sind einerseits besonders berührbar und verletzlich, andererseits besonders begeisterungs- und genussfähig. Sie erfahren viel Motivation aus ihren positiven Emotionen wie Neugier, Vorfreude, Freude und Zufriedenheit.

1.6.4 Tests, Selbst- und Fremdeinschätzung

Obwohl ich gut verstehe, wie gefragt ‚Tests' sind, und grundsätzlich ihre Nützlichkeit anerkenne, möchte ich dennoch gewisse Vorbehalte äußern. Der Punkt ist: Es gibt bisher kein allgemeingültiges, einheitliches ‚Diagnose'-Verfahren, mit dem man Hochsensibilität zweifelsfrei feststellen kann. (Achtung beim Wort ‚Diagnose', das üblicherweise auf ein Krankheitsgeschehen hindeutet: Hochsensibilität ist, wie gesagt, weder eine Anomalie noch eine physische Krankheit noch eine psychische Störung.)

Auch ein Online-Fragebogen, bei dem am Ende eine Auswertung mit einer bestimmten Punktezahl herauskommt, liefert – obwohl dies so scheinen mag – kein gesichertes, objektives Ergebnis. Das Prinzip der Fragestellungen ist so offensichtlich, dass das Ergebnis leicht zu manipulieren ist. Zudem unterliegt die Beantwortung einer sehr subjektiven und auch stark situativen Einschätzung. Und auch die 27 Fragen umfassende ‚HSP-Skala' von Elaine Aron, die helfen kann, Sensibilität festzustellen, ist laut Aron nicht als alleiniger Maßstab gedacht.

Auf die Frage, wie man denn sicher sein könne, ob man hochsensibel ist, rate ich, sich nicht nur an Tests zu orientieren, sondern sich näher mit dem Phänomen Hochsensibilität zu beschäftigen, verschiedene Bücher zum Thema zu lesen und die ganze Zeit aufmerksam nachzuspüren, ob sich wirklich ein Gesamtgefühl von Stimmigkeit einstellt. Der Informations- und Forschungsverbund für Hochsensibilität gibt auf seiner Website (↗ http://www.hochsensibel.org) die sinnvolle Empfehlung, „eine Weile den

Gedanken, eine HSP zu sein, quasi versuchsweise ‚mit sich herumzutragen' und nach einiger Zeit zu prüfen, ob sich die Lebensqualität gebessert hat oder man nach anderen Erklärungen für das besondere Lebensgefühl suchen muss".

Ich habe mich entschieden, statt eines ‚Tests' einen ‚Fragenkatalog, der Aufschluss gibt' zu entwickeln und anzubieten. Diesen umfangreichen Fragenkatalog habe ich erstmalig im Fachbuch *Hochsensible Menschen im Coaching. Was sie ausmacht, was sie brauchen und was sie bewegt* veröffentlicht. Sie finden ihn auch im vorliegenden Buch am Ende.

Der Fragenkatalog erfüllt dreierlei Funktionen: Erstens wird Hochsensibilität in ihrem Facettenreichtum erfassbar. Zweitens wird es möglich, bisher für unzusammenhängend gehaltene Einzelaspekte zu einer Einheit zusammenzufügen: zum Phänomen Hochsensibilität. Drittens hilft der Fragenkatalog Menschen, die bei sich selbst Hochsensibilität vermuten, für sich eine Einschätzung vorzunehmen: Bin ich hochsensibel oder nicht?

Die Fragen des Fragenkatalogs sind für die Selbsteinschätzung konzipiert. Wenn es um die Fremdeinschätzung geht, empfehle ich große Zurückhaltung. Sofern Sie es mit jemandem zu tun haben, der das Hochsensibelsein (noch) nicht für sich erkannt hat, können Sie allenfalls eine vorsichtige Vermutung äußern. Sie sehen nur, was sich nach außen zeigt, Sie können in niemanden hineinschauen, Sie kennen nicht die Ursachen und Beweggründe für bestimmte Reaktionen und Handlungen. Das Bild, das Sie sich vom anderen machen, ist subjektiv, entsteht aus Ihrer Perspektive. Bitte unterscheiden Sie sorgsam zwischen Beobachtung und Interpretation.

Wenn Sie wissen möchten, ob jemand anderes hochsensibel ist, scheint es naheliegend, dass Sie ihn einfach fragen. Das kann allerdings für Ihr Gegenüber ein vorbelastetes Thema sein. Viele Hochsensible haben leidvoll erfahren, dass Menschen in ihrer Umgebung ihrer Wesensart nicht neutral, sondern vorwurfsvoll und abwertend gegenüberstanden („Du bist überempfindlich!"). Daher wird möglicherweise Ihre Frage „Bist du / sind Sie hochsensibel?" mit einer abweisenden Reaktion quittiert. Oder aber der andere kann mit der Frage nicht recht etwas anfangen, weil ihm der Fachbegriff Hochsensibilität als neutrale Bezeichnung nicht geläufig ist. Am ehesten aufgeschlossen wird er sein, wenn Sie außer der Frage auch Ihre Beweggründe mitteilen. Wollen Sie den anderen besser verstehen? Besser auf ihn eingehen können? Ihn wirkungsvoller unterstützen? Mehr Rücksicht nehmen können? Mit ihm ins Gespräch kommen, um gute gemeinsame Lösungen zu finden?

1.7 Verschiedenheiten in der Persönlichkeit von HSP

Man darf sich Hochsensibilität nicht eindimensional vorstellen. Sie mischt sich mit anderen Wesenszügen. Niemand ist mit dem Charakteristikum Hochsensibilität auch nur annähernd vollständig beschrieben, und niemand sollte je darauf reduziert werden. Ganz wichtig: Jeder Mensch – und ebenso jeder hochsensible Mensch – ist in erster Linie eine ganz einzigartige Persönlichkeit, ein Original. Im Lauf der Zeit habe ich eine große Zahl von HSP kennengelernt und konnte immer wieder erleben, wie mannigfaltig sie sind. Ähnlichkeiten ergeben sich lediglich aus der einen Gemeinsamkeit: der Hochsensibilität.

Im Folgenden will ich auf einige mir erwähnenswert erscheinende andere Kategorien der Persönlichkeit in ihrem Verhältnis zur Hochsensibilität eingehen: Männer und Frauen, Extravertierte/Introvertierte, Sensation Seeker, ‚Scanner' und Hochbegabte.

1.7.1 Männer

Männer sind genauso häufig hochsensibel wie Frauen, nur nähern sich hochsensible Männer dem Konzept der Hochsensibilität zumeist deutlich zurückhaltender. Es fällt ihnen in der Regel schwerer, sich selbst ihre Hochsensibilität einzugestehen und sie anzunehmen (sie sehen darin mehr noch als Frauen einen Makel), nach außen zu ihrem Naturell zu stehen und ihr Leben im Einklang mit ihrer Wesensart zu gestalten. Das hat sicher viel mit ihrem Selbstbild als Mann zu tun. Am ehesten nehmen Männer noch die Eigenschaft ‚sensibel' (ohne ‚hoch'!) für sich an.

Häufig wird es hochsensiblen Männern in der Gesellschaft als Schwäche ausgelegt, wenn sie nicht durchsetzungsstark auftreten, nicht gnadenlos konkurrenzorientiert agieren und nicht hart im Nehmen sind. Nach dem vorherrschenden Ideal im westlichen Kulturkreis hat ein Mann eben immer noch schnell entschlossen, unerschrocken, belastbar, unerschütterlich, draufgängerisch, kampfeslustig usw. zu sein (nicht eben die maßgeblichen Eigenschaften eines hochsensiblen Menschen!). Das Bild des ‚neuen Mannes', der gefühlvoll, einfühlsam, verständnisvoll ist, dem ein hochsensibler Mann von Natur aus mehr entspricht, ist allenfalls als zusätzliche Anforderung hinzugekommen. Das hat zur Folge, dass Jungen und Männer häufiger noch als Mädchen und Frauen versuchen, ihre Hochsensibilität zu unterdrücken, zu verstecken und loszuwerden.

Dabei sind hochsensible Stärken in manchen Kontexten durchaus gefragt. Dann wird es beispielsweise geschätzt, wenn HSP ihr Umfeld aufmerksam beobachten, wenn sie intuitiv erfassen, wo Not am Mann ist, auf Handlungsbedarf hinweisen und selbst unterstützend eingreifen, wenn sie gegenwärtige und zukünftige Entwicklungen erkennen und auf Ganzheitlichkeit und Nachhaltigkeit hinwirken.

Selbstbewusste hochsensible Männer wissen, dass sie in der Gemeinschaft als wichtiges Korrektiv fungieren und einen wertvollen Beitrag zu einer besseren Welt leisten können. Das bestärkt sie darin, sich zunehmend mit ihren natürlichen Gaben einzubringen.

Traditionell sind hochsensible Männer unter anderem anzutreffen unter Künstlern, in Heilberufen, unter Beratern, Vermittlern, Lehrern, Rechtsgelehrten, Philosophen, Naturforschern oder Wissenschaftlern. Obwohl männliche HSP nicht viel von Konkurrenzkampf halten, sind sie mit ihren Gaben und Fähigkeiten fraglos konkurrenzfähig, sofern sie ein geeignetes Betätigungsfeld für sich wählen und ihre ureigene Form von Männlichkeit entfalten. (Ausführlicher zum Thema: Tom Falkenstein, *Hochsensible Männer. Mit Feingefühl zur eigenen Stärke*, Junfermann Verlag 2017.)

1.7.2 Frauen

Auf den ersten Blick haben hochsensible Frauen es leichter, weil bei ihnen die Sensibilität in mancher Hinsicht mit Weiblichkeit gleichgesetzt und insofern sozial akzeptiert wird. So wird es beispielsweise begrüßt, wenn Frauen ein feines Gespür für die Befindlichkeiten und Bedürfnisse anderer haben, sich sanft, verständnisvoll und hilfsbereit verhalten. Die Schwierigkeiten beginnen für sie dann, wenn von ihnen erwartet wird, dass sie allzeit zugewandt, kontaktfreudig und gesellig sind, über unbegrenzte Energien verfügen und sich von emotional belastenden Situationen schnellstens wieder erholen. Genau das können hochsensible Frauen nämlich nicht leisten. Oft haben sie dennoch die Tendenz, sich unentwegt für das Wohlergehen der Menschen in ihrer Umgebung zuständig zu fühlen und viel für andere zu tun. Das bringt sie nicht selten an den Rand der Erschöpfung oder mitten in einen Erschöpfungszustand.

Die Balance zu halten zwischen Fürsorge für andere und Selbstfürsorge ist gerade für Frauen, die Familie haben, besonders schwierig. Die für HSP so ausgesprochen wichtige erholsame Alleinzeit ist für sie ein rares Gut. Ein Frauenthema ist natürlich auch die Mutterschaft. Ein Baby oder Kleinkind zu haben, vielleicht sogar mehrfache Mutter zu sein bedeutet einen 24-Stunden-(Bereitschafts-)Dienst, der für jede Mutter eine enorme Herausforderung darstellt, erst recht für eine hochsensible Frau mit ihrer hohen Irritabilität, ihrem engen Wohlfühlbereich und ihrem großen Ruhebedürfnis.

Junge hochsensible Frauen muten sich dem Zeitgeist entsprechend häufig die Dreifachbelastung Beruf, Haushalt und Kind(er) zu, wie andere moderne Frauen auch, mit dem hohen Anspruch an sich selbst, jede ihrer Rollen perfekt auszufüllen (zusätzlich noch die eine attraktive, liebevolle Partnerin zu sein). Dabei können sie das noch weniger gut schaffen als andere, ohne auf der Strecke zu bleiben. Die Einsicht, dass sie als HSP eben schneller als andere in den Bereich der Übererregung und Überforderung kommen und dringend eine Lebensgestaltung brauchen, die ihrem hochsensiblen Naturell Rechnung trägt, muss oft erst leidvoll gewonnen werden.

1.7.3 Introvertierte/Extravertierte/Ambivertierte

Der Schweizer Psychiater C. G. Jung (1875–1961), Begründer der analytischen Psychologie, entwickelte eine Typologie, nach der die Unterscheidung von Introversion und Extraversion grundlegend war. Als introvertiert bezeichnete er Menschen, die bevorzugt auf die innere Welt der Gedanken, Empfindungen, Fantasien und Träume ausgerichtet sind, als extravertiert Menschen, die sich vor allem der äußeren Welt der Dinge, Menschen und Aktivität zuwenden.

Das Konzept der Introversion und Extraversion wurde in der Folge im Bereich der Persönlichkeitsforschung verschiedentlich aufgegriffen und weiterentwickelt und auch in spätere Typenmodelle integriert. Nach neuerer Auffassung handelt es sich bei Introversion und Extraversion um ein Kontinuum (etwas Ineinander-Übergehendes), nicht um ein Gegensatzpaar.

Sehr interessant finde ich, dass es auch eine Bezeichnung für Menschen gibt, die im Mittelbereich zwischen extravertiert und introvertiert zu Hause sind und nicht dem einen oder anderen Verhalten klar zuneigen: ambivertierte Menschen (mitunter auch ‚zentroverierte' Menschen genannt). Sie sind von ihrer Verhaltenstendenz her weder eindeutig gesellig und mitteilungsfreudig noch eindeutig zurückhaltend oder ruhig, sie sind mal so und mal so. Ambivertierte Menschen beziehen ihre Anregung sowohl aus dem Kontakt mit anderen Menschen als auch aus Beschäftigungen für sich allein.

Dem Klischeebild zufolge sind HSP still, in sich gekehrt und zurückhaltend, also das, was man sich unter introvertiert vorstellt. In den gängigen Beschreibungen von Introversion und Hochsensibilität findet man zahlreiche Übereinstimmungen, in manchen Veröffentlichungen gar eine Gleichsetzung. Das ist nach allem, was mir bekannt ist, so nicht richtig. Obwohl Introvertierte den Großteil der HSP ausmachen, sind längst nicht alle HSP introvertiert und auch nicht alle Introvertierten hochsensibel.

Nach Angaben von Elaine Aron sind circa 30 Prozent der HSP im sozialen Verhalten extravertiert. Diese HSP erkennen sich vielfach in der Darstellung von Hochsensibilität zunächst nicht, da etliche Charakteristika nur eingeschränkt auf sie zutreffen und es ihnen liegt, im Kontakt mit Menschen zu sein. Aber auch sie brauchen relativ viel Rückzug aus dem sozialen Leben, um zu regenerieren. Hochsensible Extravertierte kommen deutlich eher als nichthochsensible Extravertierte in den Zustand der Übererregung und können sich weniger gut in Gegenwart anderer Menschen erholen. Das heißt, hochsensiblen Extravertierten wird es deutlich schneller zu viel der Aktion und der sozialen Interaktion.

Meine These ist, dass HSP entweder introvertiert oder ambivertiert sind, nie durchgängig ausgeprägt extravertiert. Zu diesem Schluss gelangte ich über eine Reihe von Telefoninterviews mit HSP, die sich selbst als extravertiert bezeichneten. Die Quintessenz daraus war, dass diese HSP unbedingt immer wieder das Alleinsein brauchen, oft auch ganze Lebensphasen mehr im Rückzug verbracht haben. Zudem gaben sie durchweg an, dass sie auch sehr viel über Dinge nachdenken und ihren Gefühlen nachspüren, sich also intensiv mit ihrem Innenleben beschäftigen, was eigentlich als bezeichnend für Introvertierte gilt.

1.7.4 Sensation Seeker

Der Begriff ‚Sensation Seeking', der im Deutschen genauso verwendet wird, geht zurück auf den amerikanischen Psychologen Marvin Zuckerman. Er fand damit eine Bezeichnung für ein hauptsächlich anlagebedingtes Persönlichkeitsmerkmal, das durch das Streben nach Abwechslung, nach neuen und starken Eindrücken, nach spannenden Erlebnissen gekennzeichnet ist. (Elaine Aron spricht auch vom ‚High Sensation Seeker' und kürzt das mit HSS ab.)

Was hat es nun mit Sensation Seeking auf sich? Jeder Mensch braucht ein bestimmtes Maß an Spannung, Aufregung und Abwechslung, um optimal stimuliert und aktiviert zu sein. Sensation Seeker aber fühlen sich bei einem deutlich höheren Aktivationsniveau als der Durchschnitt der Menschen wohl. Um zu neuen Reizen und aufregenden Empfindungen zu kommen, sind sie auch bereit, gewisse Risiken einzugehen.

Obwohl Sensation Seeking als das Gegenteil von Hochsensibilität erscheint, können die voneinander unabhängigen Persönlichkeitsmerkmale gleichzeitig auftreten. Hochsensible Sensation Seeker finden sich selbst in der gängigen Beschreibung von Hochsensibilität nicht oder nur teilweise wieder, da sie eben nicht generell eine reizarme Umgebung bevorzugen und sich auch nicht immer vorsichtig verhalten, wie es für die Mehrzahl der HSP typisch ist. Vielmehr sind sie aufregenden Erfahrungen zugeneigt, besonders schnell gelangweilt und haben einen Hang zum Abenteuer.

Hochsensible Sensation Seeker bewegen sich ständig auf einem schmalen Grat zwischen Langeweile und Reizüberflutung. Da wechseln Phasen, in denen sie auf starke Reize und aufregende neue Erfahrungen aus sind, ab mit Zeiten, in denen sie Ruhe und Erholung suchen, wobei der Umschwung von einer Bestrebung zur anderen von einem Moment auf den anderen erfolgen kann. Diese spezielle Kombination von Persönlichkeitszügen führt zu einer verwirrenden Widersprüchlichkeit. Diese Menschen verstehen sich oft selbst nicht, und die Menschen um sie herum sind ebenso irritiert angesichts ihrer so unterschiedlichen Seiten, ist doch die übliche Vorstellung die, dass man entweder hochsensibel oder Sensation Seeker ist.

Beide Persönlichkeitsmerkmale zu identifizieren und beiden Rechnung zu tragen kann hochsensible Sensation Seeker sowohl vor lähmender Langeweile als auch vor aufreibender Übererregung bewahren. Die Herausforderung liegt für sie darin, sowohl ihre ruhebedürftige, besonnene Seite als auch ihre reizhungrige, abenteuerlustige Seite zum Zuge kommen zu lassen, nicht im Sinne eine goldenen Mittelwegs, sondern gemäß der Wendung „alles zu seiner Zeit“.

1.7.5 ‚Scanner‘

HSP mit vielseitigen und wechselhaften Interessen und einem unsteten Lebens- und Berufsweg finden sich vielfach in der Beschreibung ‚Scanner‘ wieder. Der Begriff ‚Scanner‘ ist in den 2000er-Jahren von Barbara Sher geprägt worden, einer amerikanischen Erfolgsratgeberautorin, die als Coach vor allem bei der Zielfindung berät. Es ist kein wirklich ‚seriöses‘ Konstrukt, aber erstaunlich viele HSP finden sich darin wieder, weil es ein Phänomen auf den Punkt bringt, das sie von sich kennen. In Shers Buch *Du musst dich nicht entscheiden, wenn du tausend Träume hast* informiert der Klappentext: „Es gibt Menschen, die sich nicht auf ein einziges Lebensthema beschränken wollen und denen es schwerfällt, sich für einen Weg zu entscheiden, weil sie sich so vieles vorstellen können. Barbara Sher nennt diesen Menschentypus ‚Scanner‘. Scanner sind neugierige, aufgeweckte Zeitgenossen, die gerade unter der Fülle ihrer Interessen leiden.“

Scanner sind sehr begeisterungsfähig, haben viele Ideen und ändern häufig ihre Meinung darüber, was sie eigentlich am liebsten machen möchten. Ein anderes Buch von Barbara Sher hat den bezeichnenden Titel *Ich könnte alles tun, wenn ich nur wüsste, was ich will.* Häufig sind diese Menschen voller Selbstzweifel. In gewisser Weise beneiden sie die Menschen, die sich schon früh im Leben für ein Ding entschieden haben, einen geradlinigen beruflichen Weg gegangen sind und damit glücklich wirken. Sie wollen es ihnen gleichtun, haben an sich den Anspruch, das ‚Richtige‘ zu finden (Hobby, Ausbildung, Beruf usw.), endlich Beständigkeit in ihr Leben zu bringen.

Gewiss sind weder alle HSP Scanner noch alle Scanner HSP, obwohl es einige Übereinstimmungen zwischen der Beschreibung von Scannern und HSP gibt, wie die wache Aufmerksamkeit, die Schwierigkeit, Entscheidungen zu treffen und sich festzulegen, die Tendenz, schnell gelangweilt zu sein (von der auch Elaine Aron spricht). Für diejenigen, die sich als Scanner erleben, geht es darum, sich in ihrer Vielseitigkeit und Wechselhaftigkeit zu akzeptieren und ihre vielen unterschiedlichen Interessen bestmöglich unter einen Hut zu bringen, ohne sich zu überfordern. Der Faden, den sie für sich finden können, ist vielleicht kein roter, sondern ein bunter.

1.7.6 Hochbegabte

Die Frage nach dem Zusammenhang von Hochsensibilität zu Hochbegabung ist ein häufiges Diskussionsthema in der Hochsensiblen-‚Szene'. Gelegentlich begegnet man den Begriffen Hochsensibilität und Hochbegabung im Doppelpack, was dazu angetan ist, Verwirrung zu stiften. Nach allem, was ich recherchiert und verstanden habe, sind Hochbegabung und Hochsensibilität zwei getrennte Phänomene, die besser nicht in einen Topf geworfen werden sollten, obwohl sie durchaus einige Ähnlichkeiten aufweisen (z. B. umfangreiche Wahrnehmung und vernetztes Denken) und auch gemeinsam vorkommen können.

Schauen wir uns an, was üblicherweise unter Hochbegabung verstanden wird: Hochbegabung ist ein Begriff aus der Intelligenzforschung, der eine sehr weit über dem Durchschnitt liegende intellektuelle Begabung bezeichnet. Als hochbegabt gelten nach diesem Konstrukt Menschen, die in einem standardisierten Intelligenztest (IQ-Test) einen Intelligenzquotienten (IQ) erreichen, der von höchstens 2,27 Prozent der Mitmenschen erreicht oder übertroffen wird. Auf der in Deutschland verwendeten Skala entspricht der Grenzwert einem IQ-Wert von 130. Hochbegabte sind also der Definition nach sehr selten.

Wissenschaftler haben den IQ als Maßstab für Intelligenz definiert. Ein IQ-Test kann jedoch nur bestimmte Aspekte der geistigen Leistungsfähigkeit untersuchen, wie logisches Denken, räumliches Vorstellungsvermögen und Erinnerungsvermögen. Andere Aspekte entziehen sich einem standardisierten Untersuchungsverfahren. Das gilt etwa für die Kreativität, aber auch für die sogenannte emotionale Intelligenz.

Erwähnenswert ist in diesem Zusammenhang die Theorie der multiplen Intelligenzen, die der Erziehungswissenschaftler Howard E. Gardner in den 1980er-Jahren entwickelte. Gardner kritisiert die Zuspitzung von Intelligenz auf abstrakt-kognitive Leistungen. Nach seiner Überzeugung reichen die klassischen Intelligenztests nicht aus, um Fähigkeiten zu erkennen und in den Schulen zu fördern, die über den Erfolg im Leben entscheiden. Howard Gardners Ideen haben weltweit Diskussionen angeregt. Allgemein durchgesetzt hat sich Gardners Theorie nicht, zumal Gardner kein Testverfahren für die multiplen Intelligenzen geliefert hat.

Man mag sich entscheiden, den Begriff Hochbegabung sehr weit auszulegen und die hohe Wahrnehmungsbegabung Hochsensibler einfach als (eine Art) ‚Hochbegabung' zu deklarieren. Das scheint mir aber letztlich weder für das bessere Verständnis von HSP dienlich noch für deren eigene Identitätsfindung. Nach einem anfänglichen Höhenflug könnten sie aufs Neue an sich zweifeln, wenn sie bei bestimmten Anforderungen feststellen, dass sie mit tatsächlich Hochbegabten in der kognitiven Leistung nicht mithalten können. Und das wäre wiederum abträglich für ihr Selbstwertgefühl, das nach dem Erkennen ihrer Hochsensibilität vielleicht gerade dabei ist, sich zu stabilisieren. Daher halte es für viel zweckmäßiger, besondere außergewöhnliche Begabungen wie zum Beispiel eine überdurchschnittliche Wahrnehmungsbegabung spezifisch zu benennen, ohne den Begriff ‚Hochbegabung' zu bemühen.

Trotz aller denkbaren Kritik am gängigen Intelligenzbegriff halte ich es für angezeigt, die Begriffe ‚Hochbegabung' und ‚hochbegabt' nur im etablierten engen Sinn (IQ-Wert ab 130) aus der Hochbegabtenforschung zu verwenden, um eben keine Missverständnisse hervorzurufen.

Hält man sich an die klassische Definition von Hochbegabung und geht von 2,27 Prozent Hochbegabten sowie von 15–20 Prozent Hochsensiblen aus, dann können rein rechnerisch nicht alle Hochsensiblen zugleich hochbegabt sein. Und sie sind es auch nicht. HSP denken zwar viel nach und können meist recht gut komplex, differenziert und abstrahierend denken, haben auch ein gutes episodisches Gedächtnis. Das kann dazu verleiten, an Hochbegabung zu denken, ist allerdings dennoch nicht vergleichbar mit der Denkgeschwindigkeit, der Auffassungsgabe, dem Maß der Denkaktivität, dem gedanklichen Vernetzungsgrad, der Abstraktionsfähigkeit und der Gedächtnisleistung von Hochbegabten.

Umgekehrt wäre es von den Prozentzahlen her zwar möglich, dass alle Hochbegabten auch hochsensibel sind, aber auch das ist wohl eine irrige Annahme. Zum Beispiel sind hohe Empathiefähigkeit und emotionale Verletzlichkeit, typische Merkmale für Hochsensibilität, keine generellen Kennzeichen von Hochbegabung.

Ich plädiere also eindeutig für ein Auseinanderhalten von Hochsensibilität und Hochbegabung. In derselben Weise bezieht der Informations- und Forschungsverbund Hochsensibilität im Mitgliedermagazin *Intensity* vom Dezember 2014 Position: „Der IFHS vermutet nun ganz offiziell, dass zwischen Hochsensibilität und Hochbegabung – im Sinne eines IQ $\geq$ 130 – keine besondere Korrelation besteht. Beschlossen und verkündet."

1.8 In Kürze – ein Dutzend Aussagen

Hochsensibilität …

1. ist ein Konzept, das auf die US-amerikanische Psychologin Dr. Elaine N. Aron zurückgeht.
2. bezeichnet eine im Vergleich zur Mehrheit der Menschen höhere Empfänglichkeit und Empfindlichkeit gegenüber äußeren und inneren Reizen.
3. gilt als ein beständiges Persönlichkeitsmerkmal von 15 bis 20 Prozent der Menschen – Männern wie Frauen.
4. ist genetisch bedingt und prägt sich je nach Biografie und Lebensumständen des Einzelnen verschieden aus.
5. beruht wissenschaftlichen Erkenntnissen zufolge auf einer besonderen Funktionsweise der Reize verarbeitenden neuronalen Systeme.
6. ist gekennzeichnet durch eine intensive, umfangreiche, nuancenreiche und subtile Wahrnehmung und eine gute Beobachtungsgabe.
7. umfasst eine tiefe, komplexe und differenzierte gedankliche Verarbeitung von Informationen.
8. geht einher mit einer hohen Gefühlsintensität und emotionalen Reaktivität sowie einem langen Nachhallen der Eindrücke.
9. führt bei hoher Reizzufuhr und Beanspruchung relativ schnell zu Übererregung.
10. charakterisiert niemanden vollständig, vielmehr mischt sie sich mit vielen anderen Wesenszügen wie z. B. Introversion / Extraversion.
11. erweist sich je nach persönlichen Vorhaben und Zielen sowie nach situativen Bedingungen und Anforderungen mal als Vor- und mal als Nachteil.
12. offenbart sich im Kontakt und in der Kommunikation unterschiedlich, u. a. abhängig von der persönlichen Reife und den sozialen Kompetenzen des Einzelnen.

2. Was das Miteinander mit einer HSP zur Herausforderung machen kann

Wenn Sie mit einer hochsensiblen Person in Kontakt sind, treffen Sie auf die verschiedenen Facetten des Hochsensibelseins, die in Form von Ansichten, Absichten und Auftreten, Vorlieben und Abneigungen, Stärken und Schwachpunkten, Verhaltensgewohnheiten und Reaktionsweisen zutage treten. Jedes Charakteristikum kann ‚positiv' oder ‚negativ' erscheinen, je nach Situation und aktuellen Erwartungen und je nachdem, wie es von der HSP ausgelebt und austariert sowie von Ihnen betrachtet und beantwortet wird. Ich gehe davon aus, dass Sie sich einerseits im Zusammensein über manches freuen und sich dadurch bereichert fühlen und andererseits manches als sonderbar registrieren, vielleicht als anstrengend bis hin zu ärgerlich empfinden.

Was ich Ihnen an Haltung und Verhalten im Umgang mit der HSP empfehlen möchte, folgt in Kapitel 3, soweit es allgemeingültig ist, und in den Kapiteln 4 bis 8 mit Bezug auf bestimmte Arten von Beziehungen. In diesem Kapitel geht es zunächst um die Vorgeschichte und um die Eigenheiten, mit denen Sie vermutlich wiederkehrend konfrontiert sind, egal, in welchem Verhältnis Sie zur HSP stehen.

2.1 Allgemeingültiges und Relativierungen

Die grundlegende Herausforderung im Miteinander von HSP und Nicht-HSP habe ich mir einmal in folgender Weise klargemacht: Nicht-HSP haben wenig Anlass, ihr Sosein in Bezug auf den Grad an Sensibilität infrage zu stellen, weil sie konform mit der Mehrheit der Menschen sind und sich demzufolge ganz selbstverständlich als Norm ansehen. Aus diesem Blickwinkel heraus schauen sie auf die Eigenschaften, Verhaltensweisen und Reaktionen der Hochsensiblen. So kommt es, dass sie HSP für merkwürdig halten, für überempfindlich, schüchtern, schwach, zuweilen auch für hysterisch und neurotisch. All diese Zuschreibungen, die den Wesenszug Hochsensibilität missdeuten, rufen bei HSP Frustration und Resignation, auch Ärger und Wut hervor. Umgekehrt sehen HSP vor dem Hintergrund ihrer Erlebniswelt die Nicht-HSP oftmals als laut, rücksichtlos, ignorant, unachtsam, egoistisch usw. an und sind mitunter nicht gerade zimperlich in dem, was sie ihnen nachsagen und vorwerfen, was wiederum den Nicht-HSP nicht gerecht wird. Da bedarf es der Aufklärung, um die Kluft des wechselseitigen Unverständnisses zu überbrücken, und es bedarf des Umdenkens auf beiden Seiten, um von der Abwertung in die Wertschätzung zu kommen.

Im Folgenden stelle ich HSP-Typisches dar, um für Sie die hochsensible Wesensart transparenter und greifbarer zu machen, wiederhole aber zugleich meinen Hinweis, dass Verallgemeinerungen im Grunde immer fragwürdig sind. Sie sind es insofern, als sich die veranlagungsbedingte Hochsensibilität bei jeder einzelnen HSP mit vielen anderen Eigenschaften verbindet, jede Person ihre eigene Biografie hat, auf individuelle Weise mit den Lebenserfahrungen und Gegebenheiten umgeht, etwas andere Handlungs- und Konfliktmuster entwickelt hat.

Dass sich Hochsensibilität uneinheitlich zeigt, liegt auch daran, dass es einen großen Unterschied macht, inwieweit eine HSP sich bewusst selbst reflektiert, sich schon mit Selbsterkenntnis und Persönlichkeitsentwicklung befasst hat und welchen Grad persönlicher Reife sie erlangt hat. Zudem ist die Situation bei HSP, die sich gerade erst als solche erkannt haben, sehr verschieden von der bei denen, die sich schon jahrelang damit auseinandergesetzt haben, ihre hochsensiblen Stärken und Schwächen kennen und anerkennen.

> „Wenn ich die Zeit der ‚Entdeckung' meiner Hochsensibilität vor zwei Jahren und heute betrachte, gibt es einen riesigen Unterschied. Während ich am Anfang einige der Fragen aus dem Fragenkatalog eher gequält bejaht hätte, kann ich heute bei den meisten fröhlich nicken." (Bea)

Ein weiteres Unterscheidungskriterium ist, ob HSP Einsicht in ihre Eigenverantwortung haben, diese auch wirklich übernehmen und sich selbst fürsorglich um sich kümmern; ob es ihnen gelingt, die eigenen Bedürfnisse, Wünsche und Bestrebungen für sich zu klären, klar zu kommunizieren und konsequent zu verfolgen. Dies erfordert eine gewisse Konfliktbereitschaft, um gegebenenfalls auch gegen den erklärten Wunsch anderer bzw. ohne deren (volle) Zustimmung das für sich selbst Notwendige, allem Harmoniebedürfnis zum Trotz, zu tun.

Schließlich noch diese Relativierung: Selbstverständlich haben nicht nur HSP die beschriebenen Lebenserfahrungen gemacht, nicht nur sie verfügen über die aufgeführten Eigenschaften. Nur sind typischerweise bei ihnen die genannten Eigenheiten (mitsamt der damit verbundenen Tücken) mit höherer Wahrscheinlichkeit und in stärkerem Maße anzutreffen als bei der Mehrheit der Menschen.

Ich möchte Ihnen eingangs noch eine Sichtweise zum Thema Schwächen nahebringen: In vielen Fällen können Stärken und Schwächen als Pole auf einer kontinuierlichen Skala betrachtet werden, wobei der Übergang zwischen einer wertvollen Qualität und einer kritischen, unerwünschten Eigenschaft (wenn man so will: einer Schwäche) fließend ist. Man kann eine Schwäche auch als die Übersteigerung einer Stärke sehen. Begreift man eine Schwäche als ‚des Guten zu viel', geht es nicht mehr darum, sie komplett zu beseitigen, sondern nur noch darum, sie auf ein gut verträgliches Maß zu reduzieren. Mit der Würdigung des positiven, erhaltenswerten Kerns einer Schwäche kann es leichter fallen, abgelehnte Eigenschaften und Verhaltensweisen anzusprechen und zu diskutieren.

Diese Herangehensweise, die ich beim Kommunikationspsychologen Friedemann Schulz von Thun gefunden habe, erleichtert die Akzeptanz von Schwächen und ermöglicht auf sehr wertschätzende Weise Veränderung. Ein von Schulz von Thun angeführtes Beispiel passt hervorragend zu unserem Thema: „Im mimosenhaft Empfindlichen könnten wir die Berührbarkeit schätzen." (Aus: *Kommunikation als Lebenskunst*)

Dazu gleich ein Beispiel: Aufgaben gewissenhaft zu erledigen wird jeder als eine positive Qualität, eine Stärke oder eine Tugend ansehen. Eine übersteigerte Gewissenhaftigkeit jedoch gleitet ab in das Extrem des Perfektionismus. Aus der Stärke ist eine Schwäche, eine Untugend, geworden. Kommen wir umgekehrt von der Schwäche her: Ist jemand perfektionistisch, kann man darin die positive Qualität Gewissenhaftigkeit erkennen und über eine graduelle Zurücknahme des perfektionistischen Vorgehens die Kernqualität bewahren.

2.2 Was bisher (im Leben der HSP) geschah

In jedem Menschen ist die Sehnsucht nach bedingungsloser Liebe. Jeder will so, wie er wirklich ist, wahrgenommen, angenommen, ernst genommen und geschätzt werden. Jeder braucht das beruhigende Gefühl, ein geachtetes, selbstverständlich akzeptiertes, vollwertiges Mitglied einer Gemeinschaft zu sein. Dabei handelt es sich um elementare soziale Bedürfnisse. Jedoch ist längst nicht jedem Menschen dies alles in dem Maße zuteilgeworden, in dem es für das seelische Wohl und Wachstum notwendig gewesen wäre.

Bei allen Menschen kann in den frühen Entwicklungsphasen etwas schieflaufen, was nachhaltig belastet und von dem man sich nur mit Mühe zu befreien vermag. Ich will HSP da nicht unangemessen herausheben, sehe es jedoch so, dass sie aufgrund ihrer Empfindsamkeit von jedem Defizit an Fürsorge und Achtung und von jeder erlebten Härte noch schmerzlicher getroffen wurden.

> „Ich bin der Meinung, dass der Ursprung meiner Depression zum Teil auch in der Hochsensibilität liegt. Von klein auf dieses Gefühl, anders zu sein, nicht verstanden zu werden, bei Schmerzen nicht ernst genommen zu werden, das Mich-schuldig-Fühlen, das fehlende Selbstvertrauen. Als Kind konnte mir da keiner helfen. So habe ich mich immer mehr zurückgezogen, und viele Gefühle haben sich bei mir angestaut und verfestigt." (Rike*)

Die meisten HSP haben ihr Leben lang unzählige Male Sätze aus ihrem Umfeld zu hören bekommen wie „Stell dich nicht so an“, „Jetzt reiß dich mal zusammen!“, „Du bist überempfindlich!“, „Was hast du jetzt schon wieder?“, „Das bildest du dir nur ein“, „Du spinnst“, „Mit dir ist es immer so schwierig“, „Du bist kompliziert“, „Du bist anstrengend“ usw. usw. – Kommentare, die sie in ihrem Wesen infrage gestellt haben. Oftmals hielten Eltern, Verwandte und Lehrer sie in ihrer Kindheit und Jugend für scheu, schüchtern, gehemmt oder (über-)ängstlich. Bei den heute erwachsenen HSP hatte seinerzeit niemand die Erklärung ‚Hochsensibilität‘, die geholfen hätte, sie in ihrem wahren Wesen zu erkennen und ihnen besser gerecht zu werden.

Von Gleichaltrigen wurden sie mit Hänseleien à la „Angsthase“, „Weichei“, „Mimose“ oder „Heulsuse“ diffamiert und wiederholt zu einem Verhalten genötigt, das ihnen nicht entsprochen und nicht gutgetan hat.

> „Ich habe damals darunter gelitten, anders zu sein. Ich verstand einfach nicht, wie andere in meiner Umgebung so emotionale Grobmotoriker sein können (aus meiner Sicht). Es tat mir weh, immer diese Sätze ‚Nun sei nicht so empfindlich‘ etc. zu hören, weil ich es schließlich so gefühlt habe.“ (Bea)

Ihre teilweise außergewöhnlichen Gefühle, Bedürfnisse und Wünsche wurden belächelt, nicht ernst genommen und wenig oder gar nicht berücksichtigt; oft haben sie sie dann schon gar nicht mehr geäußert, vielleicht nicht einmal mehr aufkommen lassen.

> „Ich wurde in meiner Kindheit durch meine Eltern in einer Richtung geprägt, die mit einer erhöhten Sensibilität völlig unverträglich ist. Mir wurde beigebracht zu funktionieren und Gefühle zu unterdrücken. Ich musste erst einen schweren seelischen Infarkt durchleben, bevor bei mir die Erkenntnis eine Chance bekam, dass diese alten Überzeugungen ausgesprochen ungesund sein können. Trotz der Erkenntnis hatte ich größte Schwierigkeiten, die eigenen Gefühle und Befindlichkeiten überhaupt wahrzunehmen und als angemessen und wichtig zu akzeptieren.“ (Ingo)

Wiederkehrend so grundlegend unverstanden, missverstanden, missachtet, negativ beurteilt und beschämt worden zu sein hat Spuren in ihrer Seele hinterlassen, die sich bis in die Gegenwart bemerkbar machen. Selbst wenn die Verletzungen einigermaßen verheilt sind, bleiben ‚wunde Punkte‘ (z. B. die seismografische Empfindlichkeit gegenüber Herabwürdigungen).

In den verschiedenen sozialen Gruppen (Ursprungsfamilie, Schulklasse, Freundesclique …) haben HSP sich häufig nicht wirklich zugehörig gefühlt, sondern als Außenseiter. (Gruppen entstehen über Konformität, und HSP fallen mit ihrer Andersartigkeit automatisch zumindest ein Stück weit heraus.) Sie fühlten sich allein, wussten nicht, dass sie mit ihrer Wesensart gar nicht allein sind, sondern einer Minderheit von immerhin circa 20 Prozent der Bevölkerung angehören. Es kam ihnen vor, als passten sie einfach nicht in diese Welt. Wie oft haben sie sich gewünscht, ein dickeres Fell zu haben, robuster und ausdauernder zu sein, zu sein wie die anderen. Um dazuzugehören, haben sie sich vielfach angepasst, so gut es ging die an sie gerichteten Erwartungen erfüllt, das Verhalten der Mehrheit nachgeahmt.

Einige von ihnen haben statt Zurückhaltung und Anpassung ein offensives, rebellisches Verhalten ausgeprägt, sind in den Widerstand gegen den Rest der Welt gegangen. Ihre Kratzbürstigkeit wirkt(e) alles andere als zartbesaitet. Und doch findet sich auch bei ihnen unter der rauen Schale der verletzliche – und verletzte – weiche Kern.

Bedenkt man die Fülle erlebter Abwertungen, ist nicht verwunderlich, dass viele HSP als Erwachsene mit einem eher instabilen Selbstwertgefühl (mitunter einem regelrechten Minderwertigkeitsgefühl) zu kämpfen haben. Es war ihnen eben nur eingeschränkt möglich, ein gesundes Selbstwertgefühl zu entwickeln, weil sie von klein auf glaubten, mit einem Makel behaftet zu sein, und weil sie in vielen Fällen die Achtung und Akzeptanz von ihren Bezugspersonenvermissen mussten.

Mit einer gewissen Zwangsläufigkeit sind HSP selbst zu der Überzeugung gelangt, dass etwas mit ihnen nicht stimmt. Die negativen Kommentare aus ihrem Umfeld im weiteren Verlauf ihres Lebens verfestigten diese irrige Meinung. Einige der oft gehörten Zuschreibungen (‚hypersensibel'!) haben sie für sich übernommen und verinnerlicht und hadern mit ihrem Sosein. Voller Selbstzweifel haben sie nach Erklärungen gesucht, vielleicht sogar Krankheitsdiagnosen (AD(H)S, Autismus, Borderline u. a. m.) in Erwägung gezogen oder derartige Verdachtsdiagnosen durch andere für möglich gehalten.

Menschen mit einem stabilen Selbstwertgefühl verfügen über eine tief verankerte Selbstakzeptanz, relativ unabhängig von erzielten Leistungen, Erfolgserlebnissen und positiver Bestätigung von außen; sie fühlen sich allein schon deshalb wertvoll, weil sie existieren. Menschen mit einem geringen Selbstwertgefühl – und dazu gehören viele HSP – hingegen sind weitaus abhängiger von Erfolgserlebnissen sowie Akzeptanz und Anerkennung von anderen. Das macht sie in ihrem Sozialverhalten unsicher und verletzlich. Sie hören Vorwürfe, wo andere keine hören würden, verstehen etwas als Angriff, was allgemein gesagt wird, fühlen sich von unachtsam dahingesagten Bemerkungen schnell gekränkt. Misserfolge, Kritik und Ablehnung gehen ihnen sehr nahe und lange nach, sie ringen immer wieder um mehr Gelassenheit, Selbstsicherheit, Selbstvertrauen, Vertrauen in andere und eine positive Lebenseinstellung.

2.3 Was sich ändert mit der Erkenntnis

Für das bislang unerklärliche Anderssein die Benennung und Erklärung Hochsensibilität gefunden zu haben ist für die meisten HSP eine riesige Erleichterung, Beruhigung und Befreiung. Auf einmal fügen sich zahlreiche unzusammenhängende Einzelerscheinungen wie Puzzleteile zu einem schlüssigen Gesamtbild zusammen. Mit dem Erkennen und Verstehen der Hochsensibilität wird eine Wende in der Selbstinterpretation möglich. Vergangene und gegenwärtige Erfahrungen erscheinen in einem anderen Licht, können aufgrund des neuen Wissens umgedeutet und neu eingeordnet werden.

> „Ich fühle mich häufig unverstanden und ein bisschen von einem anderen Stern. Damit kann ich jedoch sehr viel besser umgehen, seit ich von meiner Hochsensibilität weiß und sie auch zu schätzen gelernt habe." (Lisa*)

> „Zu erfahren, dass es noch andere Menschen gibt, die ähnlich empfindlich sind wie ich gegenüber Lärm und Geräuschen (bei mir vor allem das!), die sich von Worten so leicht getroffen fühlen wie ich, beruhigte mich auf wohltuende Weise. Obwohl ich damals noch keine anderen HSP kannte, fühlte ich mich sogleich dieser Minderheit zugehörig. Das gab mir Rückhalt." (Viviane*)

Die Chance liegt dann darin, das eigene Sosein aus der Ecke des ausschließlich Problembeladenen oder gar Pathologischen herauszuholen: Hochsensibilität statt Hypersensibilität, Wahrnehmungsbegabung statt Wahrnehmungsstörung, Normvariante statt Anomalie, Besonderheit statt Unzulänglichkeit. Das Selbstbild kann sich zurechtrücken, die Identität neu justieren.

> „Ich habe geweint vor Erleichterung. Ich bin okay, weil es logische Erklärungen dafür gibt, wie ich fühle und reagiere." (Maja*)

> „Jetzt habe ich etwas Greifbares und fühle mich sicherer, dass es keine Absonderlichkeit ist." (Jochen*)

> „Endlich hat mein Gefühl, irgendwie ‚komisch' zu sein, eine Erklärung gefunden. Seither geht es mir viel, viel besser." (Cordula*)

> „Vieles in meinem Leben war auf einmal erklärbar, nicht mehr seltsam. Es ist ein neues Gefühl, obwohl sich an den Fakten nichts ändert. Ich bin, wie ich bin." (Manuel*)

Ferner kann das Rollenverständnis in der Gemeinschaft unter dem neuen Blickwinkel überprüft werden. Die Identität als HSP verlangt nicht mehr, so zu sein wie andere. HSP können damit aufhören, eine fremde Rolle, die nicht auf sie zugeschnitten ist, zu spielen. Das entlastet, eröffnet ungeahnte Möglichkeiten und stößt Veränderungen an. Auf jeden Fall kommt durch das neu gewonnene Selbstverständnis auch im Zwischenmenschlichen etwas in Bewegung.

> „Die Erkenntnis, eine HSP zu sein, hat mich sehr erleichtert und dazu beigetragen, mich mit mir selbst auszusöhnen. Meine Beziehungen zu Nicht-HSP sind stressfreier, da ich deren Erlebnisweise nun auch in einem anderen Licht sehe." (Angelika)
>
> „Ich sehe meine Mitmenschen und mich jetzt mit einem anderen Bewusstsein. Ich will künftig mehr auf mich achten." (Ilse*)
>
> „Ich fühlte mich mit einem Mal gleichberechtigter, mit ebensolchen Persönlichkeitsrechten ausgestattet wie all die anderen, die zuvor das Recht irgendwie immer auf ihrer Seite zu haben schienen, deren Einschätzungen als ‚richtig' im Raum standen, wohingegen meine mit ‚das kann nicht sein' abgetan wurden und ich dem irgendwie nichts entgegenzusetzen hatte. Seit der Erkenntnis kann ich gegenüber anderen selbstsicherer auftreten und selbstbewusster für mich eintreten." (Viviane*)

Die Erklärung Hochsensibilität gefunden zu haben löst bei manchen HSP ein geradezu euphorisches Gefühl aus, aus dem heraus sie am liebsten sogleich allen Menschen, die ihnen wichtig sind, die Neuigkeit berichten möchten – quasi als ‚Beweis' dafür, dass sie nicht verkehrt sind und ihnen eine ‚Rehabilitation' zusteht. Darin steckt der nachvollziehbare Wunsch, endlich das lang ersehnte Verständnis, den dringend benötigten Respekt und die heilsame Würdigung ihres Soseins zu bekommen.

In manchen Fällen passiert es, dass HSP in der Bewertung ihrer Wesensart von einem Extrem ins andere fallen, von einseitig negativ auf einseitig positiv umschwenken und fortan sich selbst auf- und die anderen abwerten. Ein Schwarz-Weiß-Denken mit verkehrten Vorzeichen kann aber natürlich keinen Zugewinn an Lebenszufriedenheit bringen.

Sich selbst als HSP in der Andersartigkeit zu begreifen schließt genau genommen mit ein, auch die Nicht-HSP in deren Andersartigkeit zu erfassen. Darüber kann klar werden: Aus dem Blickwinkel der Nicht-HSP erscheint hochsensibles Agieren und Reagieren leicht als ‚überempfindlich' und ‚eigenartig', da sie sich ohne nachzudenken als ‚normal' ansehen und damit unwillkürlich – nicht böswillig! – zum Maßstab nehmen. (Umso erfreulicher, wenn auch Nicht-HSP sich über Hochsensibilität informieren!) Letztlich geht es um gegenseitige Akzeptanz über Unterschiedlichkeiten hinweg und um ein von Achtung und Wertschätzung getragenes Miteinander. Ich zitiere aus der Mail einer Coaching-Kundin nach der Lektüre meines Buchs *Mit viel Feingefühl*:

> „Jeder Satz im ersten Teil Ihres Buches hat bei mir Erinnerungen an frühere Gedanken und Gefühle hervorgerufen. Woher wissen Sie alles von mir, dachte ich. Ich bin eine HSP, ja.

> Endlich kümmert man sich um mich, keiner hat mich bisher richtig verstanden. Entweder war ich zu weich, zu empfindlich oder zu hart – habe mich und meine Gefühle geschützt und versteckt. Und jetzt, dachte ich, durch meine Zugehörigkeit zur Minderheit HSP, habe ich endlich eine Berechtigung, einen Anspruch, meine Bedürfnisse laut zu äußern. Ich dachte: ‚Ich habe es jetzt schriftlich.' – Aber schon in unserem Coaching-Gespräch habe ich verstanden, dass ich nicht nur ‚so arm dran' bin, sondern auch tatsächlich eine Verantwortung gegenüber mir selbst und anderen habe. Ich darf jetzt nicht einfach mein als sensibel erkanntes Inneres wütend nach außen verteidigen und hinausschreien, wie schlimm alle zu mir waren, wie sehr ich unter allem leiden musste, sondern ich sollte jetzt mit meiner neuen Erkenntnis endlich souverän zu mir und meiner Sensibilität stehen." (Inka*)

Nach der Erkenntnis, hochsensibel zu sein, die den Gedanken eine ganz neue Richtung gibt, berichten HSP von einem grundlegend neuen Lebensgefühl. In meinen Gesprächen mit HSP stelle ich allerdings immer wieder fest, dass es leichter gesagt ist als getan, die eigene Hochsensibilität auch umfassend zu akzeptieren und zu integrieren. Die Neubewertung von vergangenen Erfahrungen, das Gewinnen eines neuen Selbstverständnisses, das Ausbauen der Selbstakzeptanz, das Stabilisieren des Selbstwertgefühls, das Friedenschließen mit dem eigenen Sosein, das Übernehmen der Eigenverantwortung, die Neuorientierung in wichtigen Beziehungen – das alles geschieht nicht von heute auf morgen, es ist vielmehr ein längerer Prozess.

> „Früher konnte ich mich nicht abgrenzen. Mein hohes Engagement für Dinge, hinter denen ich stehe, gepaart mit einem gewissen Perfektionismus, wurde oft ausgenutzt. Egal wo, ich war immer für alles zuständig – und habe mich auch zuständig erklärt. Das endete vor zwei Jahren mit Verdacht auf Herzinfarkt auf der Intensivstation. Nun ja, es war nicht so, aber ich habe begriffen, dass sich etwas ändern musste. Ich war lange krankgeschrieben, habe viel gelesen. Dabei bin ich über die Hochsensibilität gestolpert und fand mich auf schmerzhafte Weise wieder. Gleichzeitig war da die Erleichterung, nicht falsch zu sein.
>
> Damit begann der echte Genesungsweg: mich annehmen, zu meinen Gefühlen stehen, Grenzen setzen und Neinsagen lernen. Heute ist mein Weg noch nicht zu Ende, aber ich kann lächelnd sagen: Ja, ich fühle viel und ich nehme viele Reize wahr und ich brauche mehr Ruhe. Ich darf so sein und ich bin gut so. Ich muss nicht mehr für andere mitdenken und kann ihnen ihre Entscheidungen selbst überlassen. Das Annehmen meiner Selbst läuft ziemlich gut und das fühlt sich absolut gut an." (Bea)

Es braucht Zeit und Geduld, aber auch Offenheit und Flexibilität, um das Wesensmerkmal Hochsensibilität mit allem, was dazugehört, rundum anzunehmen und sich damit gut zu arrangieren. Schließlich sind neben den Gaben, die die Selbstbejahung leicht machen, mit der Hochsensibilität auch gravierende Einschränkungen und etliche Herausforderungen verbunden, die eines gekonnten Selbstmanagements und einer kultivierten Kommunikationskunst bedürfen – und beides will gelernt und eingeübt sein.

2.4 Die Sache mit dem hochsensiblen Wahrnehmen

Sätze, die Nicht-HSP typischerweise zu einer HSP sagen:

- „Dir entgeht aber auch nichts."
- „Es kann nicht sein, dass du das spürst."
- „Das bildest du dir ein. Da ist nichts. Du siehst Gespenster."
- „Was du nur hast."
- „Was stört dich jetzt schon wieder?"
- „Hör einfach nicht hin!"
- „Hier ist es nicht zu warm / zu kalt / zu zugig / …"
- „Du hörst das Gras wachsen / die Flöhe husten / …"
- „Schau nicht so genau hin!"
- „Jetzt gib dir einen Ruck und komm mit auf die Geburtstagsparty / das Straßenfest / das Rockkonzert …"

Kommt Ihnen davon etwas bekannt vor? Darf ich Ihnen in diesem Zusammenhang meine Ausführungen zum besseren Verständnis anbieten?

Feinheiten. Sie haben es mit jemandem zu tun, der ganz generell über eine intensive, differenzierte und umfangreiche Wahrnehmung mit allen Sinnen verfügt. HSP bemerken Nuancen und Feinheiten in ihrer Umgebung, die anderen nicht auffallen: kaum sichtbare Veränderungen, leise, entfernte Geräusche, feinste Gerüche, minimale Geschmacksnoten, geringfügige Vibrationen u.v.a.m. Sie nehmen schon etwas wahr, wenn für Nicht-HSP die Wahrnehmungsschwelle noch nicht überschritten ist oder sie den schwachen Sinneseindrücken noch keine (große) Beachtung schenken. Das macht HSP zu aufmerksamen Beobachtern und ‚Wächtern'. Die Wahrnehmungsbegabung kann als bemerkenswertes, zentrales Talent der HSP gesehen werden.

> „Früher war ich der Meinung, dass auch andere Menschen um mich herum eine vergleichbare situative Wahrnehmung haben und dementsprechend reagieren müssten. Fehlende Reaktionen der anderen haben mich in der Vergangenheit (und auch noch im Jetzt) irritiert und führ(t)en dazu, dass ich meine eigene Wahrnehmung ständig hinterfrag(t)e – à la ‚Bin ich hier der Einzige, dem das auffällt?'" (Stefan)

Details. HSP haben einen auffallend guten Blick für Details, achten auf Kleinigkeiten, weisen oft auch andere darauf hin. Dank ihrer Art der Wahrnehmung können HSP gut Fehler, Abweichungen vom Üblichen, Ungenauigkeiten entdecken. Dabei kann es für HSP leider auch zur Gewohnheit werden, überwiegend auf negative Aspekte zu fokussieren (was stimmt nicht? was fehlt?) und das Vollbrachte und Erfreuliche nur am Rande zu bemerken.

Genauigkeit. HSP sind gut in allen Aufgaben, bei denen es auf Feinheiten, Präzision, Qualität und Vollständigkeit ankommt, weniger gut, wenn es einfach schnell gehen soll und Sorgfalt nicht gefragt ist. Mitunter verlieren sie sich bei ihren Vorhaben in Einzelheiten, werden nicht im gegebenen Zeitrahmen fertig (ob von außen vorgegeben oder selbst gesetzt), geraten in einen stressenden Perfektionismus. Nonchalance und Fehlertoleranz sind weniger ihre natürlichen Stärken.

Störendes. Es gibt eine Vielzahl von Sinnesreizen, die HSP aufgrund ihrer Sinnessensibilität als (sehr) störend empfinden und die sie in ihrem Wohlbefinden stark beeinträchtigen können. Hier einige Beispiele: grelle Lampen, blendende Sonne, manches Kunstlicht, schnelle Bildfolgen, unruhige Muster (visuelle Wahrnehmung = Sehen); einengende Kleidung, kratzige Stoffe, Etiketten in Pullis, feste Berührungen (taktile Wahrnehmung = Tasten und Fühlen); Lärm, anhaltende leise Geräusche, bestimmte Töne, laute Musik (akustische Wahrnehmung = Hören); eigenartige oder strenge Gerüche, abgestandene Luft (olfaktorische Wahrnehmung = Riechen); bestimmte Geschmacksnoten, scharfe Gewürze (gustatorische Wahrnehmung = Schmecken).

> „Zu den größten Problemen gehört das Unverständnis der anderen demgegenüber, dass ich so vieles als Störung empfinde – z. B. Geräusche in der Nachbarschaft: Holzschlagen, Musikinstrumente-Üben, Hämmern, Rasenmähen; Geschmack beim Essen durch Gewürze – so alltägliche Dinge. Es ist schwierig, sich da permanent erklären zu müssen. Es tauchen ja ständig neue ‚Störungen' auf." (Antje*)

Beeinträchtigendes. Im Zusammensein mit einer HSP werden Sie immer wieder erleben, dass es ihr zu laut, zu hektisch, zu heiß, zu kalt, zu zugig, zu übel riechend, zu stickig usw. ist. Das wird durch entsprechende Äußerungen oder Körpersprache (angespannte Gesichtszüge, unruhige Augenbewegungen, ein suchendes Sich-Umsehen, verkrampfte oder unruhige Sitzhaltung …) oder den aktiven Versuch, die Beeinträchtigung möglichst schnell zu beseitigen, offensichtlich – oder auch nur diffus durch eine Verschlechterung der Stimmung.

Geräusche. Lärm und Geräusche stehen bei vielen HSP auf der Liste möglicher Störfaktoren ganz oben. Starker Lärm (wie das Martinshorn von Einsatzfahrzeugen, quietschende Bremsen eines einfahrenden Zugs oder ein Presslufthammer …) ist für HSP quälend, andauernder Lärm (Straßenlärm, Baustellenlärm, Heimwerker- oder Partylärm aus der Nachbarwohnung …) belastend, manche leisen Dauergeräusche (Pfeifen eines Heizkörpers, Rauschen eines Lüfters, Ticken einer Uhr …) nervend. HSP beschweren sich häufig über Lärm und klagen ihr Leid, wenn sich etwas nicht so einfach oder gar nicht abstellen lässt. Geräusche, die von anderen Menschen ausgehen, wie Kau- und Atemgeräusche, Nase hochziehen, Räuspern, Husten können für sie überhaupt schier unerträglich werden, auch wenn sie von einem Menschen ausgehen, den sie mögen. Störende Geräusche während der Nacht (z. B. Schnarchen) können sie um den erholsamen Schlaf bringen.

Toleriertes. Naturgeräusche (Vogelgezwitscher, Bachplätschern, Meeresrauschen, Regen …) werden von HSP viel eher toleriert als menschengemachte oder technische, oft sogar als wohltuend empfunden. Ein Unterschied in der Wirkung der Geräusche ergibt sich daraus, welche Assoziationen und Bewertungen mit bestimmten Geräuschen verbunden sind und inwieweit sie im eigenen Einflussbereich liegen. Die selbst gewählte Lieblingsmusik, die nach Belieben leiser oder ausgestellt werden kann, ruft eine ganz andere Reaktion hervor als die Musik, der man unfreiwillig ausgesetzt ist. Allgemein löst eine Reizquelle, die man unter Kontrolle hat und der man sich nicht ausgeliefert fühlt, viel weniger Unbehagen, Unwillen und Widerstand aus.

> „Wenn ich selbst die Spülmaschine ausräume, stören mich die klappernden Geräusche nicht annähernd so, als wenn mein Sohn das macht, obwohl der Geräuschpegel in etwa gleich ist. Im Auto höre ich manchmal ziemlich laut House-Musik. Da würde manch einer staunen, der mich sonst als so sensibel erlebt. Das wirkt auf mich angenehm belebend, hält mich bei längeren Fahrten munter. Zuhause jedoch mag ich am liebsten Ruhe.“ (Viviane*)

Ablenkendes. In einem turbulenten, geräuschvollen Umfeld fällt es HSP sehr schwer, sich zu konzentrieren. Hintergrundgeräusche (z. B. Radio, TV, sich unterhaltende Menschen) können sie ganz schlecht ausblenden und sind dadurch entsprechend stark abgelenkt von dem, worauf sie eigentlich ihren Fokus richten möchten, sei es ein eigenes Gespräch oder eine Arbeitsaufgabe oder auch nur entspanntes Lesen.

Irritierendes. HSP sind schreckhaft und schnell irritiert. Unterbrechungen jeglicher Art bringen sie leicht aus dem Konzept, es fällt ihnen anschließend erst einmal schwer, den Gesprächsfaden wiederzufinden und ihre Gedanken weiterzuführen. Nach einer beunruhigenden Störung brauchen sie verhältnismäßig lange, bis sie wieder zur Normalität zurückzufinden.

Übererregendes. Durch ihre intensive Wahrnehmung kommen HSP deutlich eher als Nicht-HSP in den Zustand der Reizüberflutung, wenn starke und/oder anhaltende Reize oder mehrere verschiedene Reize gleichzeitig auf sie einströmen. Im Supermarkt, im Kaufhaus, im Einkaufszentrum, in der Innenstadt einer Großstadt, auf einem Jahrmarkt oder einer Großveranstaltung (um nur einige Beispiele zu nennen), wo unglaublich viele Eindrücke zusammenkommen, wird es der HSP schnell zu viel. Die nervliche Übererregung kann sich durch sichtbares körperliches Unwohlsein, Nervosität, ein Absinken der Laune und gereiztes Verhalten äußern.

Subtiles. Im Miteinander fällt auf, dass HSP subtil wahrnehmen und viel mitbekommen, dass sie Untertöne und Zwischentöne heraushören, Gedanken von der Stirn ablesen. Sie erfassen leicht Stimmungen, Missstimmungen und Atmosphärisches. Zum Beispiel bekommen sie bei einer Familienfeier schon nach kurzer Zeit mit, wer auf wen wie zu sprechen ist und ob Spannungen in der Luft liegen. Hinzu kommt, dass sie sich auch in vielen Fällen besonders für die Qualität zwischenmenschlicher Beziehungen interessieren.

Befindlichkeiten. Sie müssen damit rechnen, dass die HSP Ihre Mitteilungen auf das, was mitschwingt, hin analysiert, dass sie versucht, Ihre Gestik und Mimik zu deuten – alles mit erstaunlicher (aber keineswegs unfehlbarer) Treffsicherheit. Gelegentlich dürfte es Ihnen fast unheimlich sein, wie viel die HSP von Ihrer gefühlsmäßigen Verfassung mitbekommt, ohne dass Sie etwas davon in Worte gefasst haben und ohne dass Sie es wollen. HSP decken Ungereimtheiten und Widersprüchlichkeiten mühelos auf, zum Beispiel zwischen Gesagtem („Mir geht es gut“, „Es ist nichts“, „Es gibt kein Problem“) und körpersprachlichem Ausdruck (der darauf hindeutet, dass doch nicht alles gut ist).

Vermutetes. Etwas, was ich selbstkritisch sehe: Mitunter sind HSP so sehr überzeugt von ihrem guten Spürsinn, dass sie das, was sie aus ihrer Wahrnehmung ableiten, für untrüglich (für die Wahrheit) halten und glauben, genau zu wissen, was mit dem anderen los ist, was er fühlt, denkt und zu tun gedenkt. Dabei berufen sie sich auf ihre hohe Trefferquote in der Vergangenheit, sind vielleicht bestärkt durch das ein oder andere Buch über Hochsensibilität, das den ‚6. Sinn‘ als außerordentliche Begabung einseitig heraushebt. Dabei versäumen sie leider oft, sauber zu unterscheiden zwischen Beobachtung und Interpretation, und verkennen, dass sie wie andere Menschen auch der Subjektivität in der Wahrnehmung und Einschätzung unterliegen und dass durch persönliche Vorerfahrungen und Vorannahmen immer Verzerrungen und Fehldeutungen zustande kommen können. Ich meine, wir HSP sollten Zurückhaltung in unseren Annahmen und Äußerungen üben, unsere Vermutungen als solche begreifen und kommunizieren, keine Feststellungen über andere treffen, sondern lieber unaufdringlich nachfragen (und dem anderen dann auch zuhören und ihn ernst nehmen!) und – ganz wichtig und ebenso schwierig – Ruhe geben, wenn unser Gegenüber sich gerade nicht offenbaren und erklären möchte.

2.5 Die Sache mit dem hochsensiblen Denken

Sätze, die Nicht-HSP typischerweise zu einer HSP sagen:

- „Mach dir nicht so viele Gedanken."
- „Du siehst Probleme, wo keine sind!"
- „Du machst es kompliziert."
- „Das ist jetzt aber weit hergeholt!"
- „Du interpretierst da was hinein."
- „Du reimst dir da etwas zusammen, was gar nicht stimmt."
- „Komm auf den Punkt!"
- „Sag einfach, worum es dir geht."

Kommt Ihnen davon etwas bekannt vor? Darf ich Ihnen in diesem Zusammenhang meine Ausführungen zum besseren Verständnis anbieten?

Viele Gedanken. Sie haben es mit jemandem zu tun, der sich von Natur aus über vieles viele Gedanken macht. HSP sind im Ganzen sehr ‚denkaktiv', sie denken über sich selbst, über andere und über die Welt nach, über Zustände, Geschehnisse und Entwicklungen, über Realität und Visionen, wie etwas ist und wie es sein könnte. Sie nehmen Dinge nicht so leicht als gegeben hin, wollen den Dingen auf den Grund gehen, wollen verstehen, wollen zum Besseren hin verändern.

Schwere Gedanken. Für HSP selbst ist die Kehrseite ihrer hohen Denkaktivität, dass sie bisweilen ins Grübeln bzw. in ein Gedankenkarussell geraten. Das ständige Tiefschürfen kann mit einer gewissen Schwere (bis hin zu gelegentlicher Schwermut) einhergehen und der Leichtigkeit des Seins (und einer guten Portion ‚Leichtsinn') im Wege stehen.

Tief gehende Gedanken. In Gesprächssituationen fällt auf, dass HSP ihr Gegenüber als Person sowie seine Argumente und sein Tun oftmals hartnäckig (oftmals auch kritisch) hinterfragen. Manche Fragen im Gespräch erscheinen als zu persönlich oder investigativ. Äußerungen und Handlungsweisen werden auf Logik und Stimmigkeit geprüft (stimmen Abend- und Morgenreden, Bekundungen und Taten überein?). Nachteilig kann sein, dass ihr Fokus womöglich auf der Fehlersuche liegt, nicht auf dem, was anerkennenswert ist und gut läuft. Ihr Wunsch, in die Tiefe zu gehen, ist so ausgeprägt, dass sie häufig eine ausgesprochene Abneigung gegen oberflächlichen Small Talk haben, auch bei Gelegenheiten, in denen dieser durchaus angebracht und nützlich ist (das sind dann eher keine Anlässe nach ihrem Geschmack).

> „Ich bringe seit meiner Jugend mehr Ausdauer als andere dafür auf, Gesagtes inhaltlich tiefgründig zu analysieren. Langjährige und enge Kontakte schätzen vermutlich unbewusst

mein Wesen, schenken mir ihr Vertrauen und spiegeln mir durch offene und intensive Gespräche eine durch mich erfahrene Gedankenvielfalt.“ (Stefan)

Übergreifendes Denken. Sofern nicht Aufregung ihr Denken einengt, tun HSP sich relativ leicht damit, in Zusammenhängen zu denken, Komplexität zu erfassen, Querverbindungen herzustellen, sich ein Gesamtbild zu machen, bewährte Lösungen heranzuziehen sowie ungewöhnliche Lösungswege zu ersinnen. Sie interessieren sich für Ursachen und Folgen. Ihr Denkstil ist analytisch, übergreifend und ganzheitlich. Die Tücke dieser Fähigkeit: Sie finden mitunter kein Ende im Abstrahieren, Konstruieren, Philosophieren und Sinnsuchen und büßen dabei unter Umständen an Bodenständigkeit und unmittelbarer Handlungsfähigkeit ein.

Stilles oder lautes Denken. Es gibt die stillen Denker, die schweigend ihre Gedanken entfalten und sortieren, bevor sie etwas sagen (falls sie überhaupt etwas sagen). Und es gibt diejenigen, die die Fülle ihrer Gedanken heraussprudeln, mit dem Sich-Mitteilen kaum hinterherkommen. In beiden Fällen – dem Schweigen und dem Redeschwall – kann es für Sie als Gesprächspartner schwierig sein, mit Ihrer Aufmerksamkeit präsent zu bleiben.

Weites Ausholen. Entsprechend ihrer verzweigten Art zu denken holen HSP in ihren Ausführungen oftmals sehr weit aus, springen von einem Aspekt zum anderen, verlieren eventuell den eigentlichen Gesprächsfaden. Wenn sie sich in die Verästelungen eines Themas versteigen, müssen sie enttäuscht feststellen, dass andere ihren Gedankengängen nicht mehr folgen können oder wollen, sie immer weniger statt immer besser verstehen (dabei geht es ihnen so sehr ums Verstandenwerden!), innerlich abschalten oder sie ungehalten ermahnen, sich kürzer zu fassen.

Bildhaftes Denken. HSP denken viel in Bildern und Bildsequenzen, haben oft Analogien parat, haben ein Faible für Skurriles. Ihrer regen Vorstellungskraft entspringen fantasievolle kreative Ideen, aber auch Befürchtungen und Sorgen, schlimmstenfalls Katastrophenszenarien.

Erinnerungsvermögen. HSP haben ein gutes episodisches Gedächtnis, erinnern sich lebhaft an Einzelheiten zurückliegender Begebenheiten, manchmal noch an einzelne Sätze, die jemand zu ihnen gesagt hat („Das hast du aber versprochen!“). Sie finden unglaublich, dass andere nicht über ein gleich geartetes Erinnerungsvermögen verfügen, werten ein Nichterinnern unter Umständen als Desinteresse.

Aufwändige Entscheidungsfindung. Die hochsensible Denkweise kann schon verhältnismäßig kleine Entscheidungen zu einer großen Sache werden lassen (Beispiel: „Gehen wir zum Italiener oder zum Griechen?“). Es dauert eine Weile, die verschiedenen Gesichtspunkte – gemachte Erfahrungen, zu erwartende Konsequenzen – in die Überlegungen mit einzubeziehen („Beim Italiener war letztes Mal die Bedienung mürrisch, und die Lampen dort verbreiten ein ungemütlich kühles Licht. – Beim Griechen fand ich den gebackenen Schafskäse sehr lecker, aber die Musik war schrecklich laut.“) und zu gewichten, um schließlich zu einem Ergebnis zu kommen („Lass uns zum Italiener gehen. Ich glaub, ich hab Appetit auf Pizza.“).

Vorsicht / Umsicht / Weitsicht. Situationen werden genau geprüft und Handlungsalternativen gründlich gegeneinander abgewogen. Daraus kann ein verantwortungsvolles, weitsichtiges, besonnenes Handeln erwachsen. Andererseits fällt den HSP die Einsicht schwer, dass man auch mit noch so viel Überlegen den Lauf der Dinge nicht sicher vorhersagen kann. Manche Entscheidung will mit Vertrauen auf die eigene Intuition spontan getroffen und manches Vorhaben einfach (für HSP nicht einfach!) experimentierfreudig und beherzt angegangen werden.

2.6 Die Sache mit dem hochsensiblen Fühlen

Sätze, die Nicht-HSP typischerweise zu einer HSP sagen:

- „Nimm dir das doch nicht so zu Herzen.“
- „Du überreagierst!“
- „Du steigerst dich da in etwas hinein.“
- „Du machst aus einer Mücke einen Elefanten.“
- „Jetzt mach kein Drama aus der Sache!“
- „Reg dich doch nicht so auf.“
- „Jetzt beruhig dich doch wieder!“
- „So schlimm ist es nicht.“

Kommt Ihnen davon etwas bekannt vor? Darf ich Ihnen in diesem Zusammenhang meine Ausführungen zum besseren Verständnis anbieten?

Reiches Gefühlsleben. Sie haben es mit jemandem zu tun, der alle Gefühle – angenehme wie unangenehme, erwünschte wie unerwünschte – intensiver erfährt, in starkem Maße gefühlsmäßige Höhen und Tiefen durchlebt, von seinen Gefühlen oftmals geradezu überwältigt wird. HSP empfinden zum Beispiel Glücksgefühle angesichts von Naturerlebnissen (Sonnenuntergang, Sternenhimmel, Schmetterlinge auf Blüten, Weitblick von einem Berggipfel oder aufs offene Meer …), genießen Wohlklänge, Wohlgerüche und Wohlgefühle, erfreuen sich außerordentlich an verschiedenen Formen der Kunst, gehen mit viel Gefühl in Beziehungen. Am anderen Ende wiegen Schmerz, Trauer, Sorge, Angst, Ärger und Wut schwer; manchmal erfasst sie ein regelrechter Weltschmerz. Das intensive Fühlen der HSP bedeutet einerseits, dass sie Beziehungen mit ihrer Gefühlstiefe und emotionalen Lebendigkeit bereichern; andererseits, dass das Miteinander unter Umständen von niedergeschlagenen, beunruhigten oder aufgebrachten Gefühlslagen der HSP belastet werden kann.

Heftige Gefühlsreaktionen. HSP reagieren auf viele verschiedene Auslösereize sehr emotional, was für andere oft kaum nachvollziehbar ist, weil sie manchen Anlass, der HSP in helle Aufregung versetzt oder in Tränen ausbrechen lässt, halb so schlimm bzw. nichtig finden. Es fällt HSP oft schwer, ihre starken Gemütsbewegungen unter Kontrolle zu halten. Sie erschrecken selbst über ihre heftigen emotionalen Reaktionen – und erst recht erschrecken andere. Gefühlsausbrüche stellen Beziehungen mitunter regelrecht auf die Probe, insbesondere wenn es Wutausbrüche sind. Viel hängt davon ab, wie gut die HSP gelernt hat, mit ihrer eigenen Emotionalität umzugehen, heftige Gefühle zu regulieren und, insbesondere im Konfliktfall, konstruktiv zu kommunizieren.

Nachhall. Bei HSP hallt das emotionale Erleben grundsätzlich lange nach, was nur bei schönen Erlebnissen erfreulich ist. HSP brauchen relativ viel Zeit, um Geschehnisse gefühlsmäßig zu verarbeiten. Jegliche Aufregung legt sich nur langsam, auch wenn das auslösende Ereignis abgeschlossen ist. Schwelende Konflikte und anhaltende Missstimmungen lassen sie überhaupt nicht mehr zur gefühlsmäßigen Ruhe und in ihre volle Kraft kommen, weshalb für sie die zeitnahe Klärung von Konflikten und ein Wiederherstellen der Harmonie so besonders wichtig sind.

Mitleid. Ganz viele HSP vermeiden es, Spielfilme mit Gewaltszenen sowie Nachrichtensendungen mit schrecklichen Bildern von Kriegen und Katastrophen anzusehen, weil sie wissen, dass sie das alles erschüttert (auch Fiktion) und die Bilder sie lange verfolgen. HSP fühlen sich sehr verbunden mit der Natur und allen Kreaturen, jegliches Leid von Mensch und Tier sowie die Zerstörung der Umwelt machen sie sehr betroffen, sie empfinden Mitleid. Angesichts von so viel Not und Elend auf der Welt fühlen sie sich zuweilen unendlich betrübt und schrecklich ohnmächtig.

Resonanz. HSP haben eine intensive emotionale Verbindung zu den Menschen, mit denen sie in Beziehung stehen. Entsprechend nehmen sie Anteil an Freudigem, und entsprechend nahe geht es ihnen, wenn es diesen Menschen irgendwie schlecht geht. Wer stark mit anderen mitschwingt und mitfühlt, kann häufig nur schwer zwischen den eigenen Gefühlen und denen des Gegenübers unterscheiden, und es gelingt ihm weniger gut, sich emotional abzugrenzen. Häufig übernehmen HSP Stimmungen von anderen (mitunter sogar, bevor die sich ihrer Gefühlslage bewusst sind), machen sich deren Probleme zu eigen, fühlen sich über Gebühr für Lösungen zuständig. Das In-Resonanz-Gehen äußert sich auch in Rührung, wenn andere Menschen etwas Beglückendes erleben, ob sie nun nahestehen oder nicht – und sei es in einem Film.

Einfühlungsvermögen. HSP werden in ihrem Umfeld häufig wegen ihrer ausgeprägten Empathiefähigkeit geschätzt. Tatsächlich ist das eine ihrer großen natürlichen Begabungen. Sofern es ihnen selbst gut geht, haben sie in der Regel ein offenes Ohr für andere und dazu eine hohe Bereitschaft, auf sie einzugehen und zu ihrem Wohlbefinden beizutragen. Darin liegt die Gefahr, dass sie nicht merken, wann es kippt und es ihnen zu viel wird. Vor lauter Harmoniestreben, Hilfsbereitschaft und Entgegenkommen verlieren sie dann den Bezug zu sich selbst, verausgaben sich, stellen irgendwann missmutig fest, dass ihre eigenen Belange nicht genug zu Gehör kommen. Auch hier ist Abgrenzung das Thema. Letztlich kann nur empathisch mit anderen sein, wer zuvor gut für sich selbst gesorgt hat, kann nur bei Kräften bleiben, wer bei Bedarf auch Nein sagt.

> „Für mich ist das größte Problem die Abgrenzung. Sowohl von den Gefühlen und der Stimmung anderer Menschen als auch (und das ganz besonders) von den Erwartungen und Bedürfnissen. Ich verliere darüber schnell den Kontakt zu mir und meinen Bedürfnissen und passe mich sehr stark an." (Lisa*)

> „Nicht so schön ist häufig meine Fokussierung auf die Gefühle anderer, die mit einem Verlust der Wahrnehmung und Beachtung meiner eigenen Gefühle einhergeht. Einen Zugang zu meinen eigenen Gefühlen und Befindlichkeiten habe ich dann erst wieder nach dem Verlassen der Situation, wenn ich wieder zur Ruhe kommen kann. Letzteres kann dann auch schon mal einige Stunden dauern, je nachdem, wie mich das Erlebte noch weiter beschäftigt." (Ingo)

Selbstüberschätzung. Wie schon im Zusammenhang mit der Wahrnehmung angesprochen, kann es auch beim Einfühlungsvermögen vorkommen, dass HSP ihre Fähigkeit überschätzen und meinen, genauestens die Verfassung, die Gefühle und die Wünsche ihres Gegenübers zu erspüren und zu wissen, was für den anderen gut ist. Man liegt mit den Vermutungen oft weitgehend richtig, weil alle Menschen sich in ihren Basisgefühlen und -bedürfnissen wenig unterscheiden, in den Feinheiten allerdings schon. Dem anderen zu sagen, was er fühlt und braucht, oder das vermeintlich Notwendige gar ohne Rückfrage einfach zu tun, hat etwas Entmündigendes, Grenzverletzendes.

> „Manchmal fühlen sich andere übergangen oder entmündigt, wenn ich Dinge für sie mache, um ihnen zu helfen, ohne dass sie mich darum gebeten haben, nur weil ich meine, es gespürt zu haben." (Rike*)

Projektion. Es gilt zu verstehen, dass Einfühlung letztlich auf eigenen Gefühlserfahrungen basiert, dabei also genau genommen eigenes Fühlen und Wünschen auf andere übertragen (projiziert) wird. Dafür gibt es den Ausdruck ‚Empathie-Egozentrik'. Damit ist gemeint, dass man beim Einfühlen in jemand anderen irrtümlich davon ausgeht, dass dieser andere genauso tickt wie man selbst.

2.7 Lebenseinstellung und Lebensführung von HSP

In gewisser Weise ergeben sich Lebenseinstellung und Lebensführung aus dem hochsensiblen Wahrnehmen, Denken und Fühlen. Einige Punkte möchte ich hier für Sie herausarbeiten.

Werteorientierung. HSP beziehen sich in ihrem Denken und Handeln auf ein Bündel an ethischen Werten. Unbedingt dazugehören Integrität, Ehrlichkeit, Wahrhaftigkeit, Authentizität, Loyalität, Höflichkeit, Zuverlässigkeit, Worttreue, Verantwortlichkeit. HSP legen ziemlich strenge Maßstäbe an, haben entsprechend hohe Erwartungen an sich und andere. In der Erledigung ihrer Aufgaben sind HSP zumeist pflichtbewusst, gewissenhaft und sehr bemüht, die in sie gesetzten Erwartungen zu erfüllen, alles richtig zu machen, Fehler zu vermeiden und nichts zu vergessen. Damit setzen sie sich bisweilen selbst gehörig unter Druck und vernachlässigen nicht selten ihr ebenso wichtiges Bedürfnis nach Entspannung. HSP sind häufig irritiert bzw. enttäuscht, wenn sie feststellen, dass die Menschen um sie herum ihre Werte nicht teilen bzw. nicht gleichermaßen hochhalten. Für andere wird es oft schwer, den hohen Ansprüchen der HSP gerecht zu werden. Nicht-HSP finden HSP in dieser Hinsicht oftmals anstrengend, zumal wenn sie weniger kategorische Vorstellungen haben und vieles deutlich lockerer sehen.

> „Besonders im beruflichen Kontext begegne ich oft der Schwierigkeit, auf eine andere Werte-Welt zu stoßen, was für mich immer wieder zu inneren Konflikten führt." (Lisa*)
>
> „Ich stelle leider die Tendenz fest, dass Werte wie Zuverlässigkeit und Verantwortungsbereitschaft immer weniger Stellenwert im Umgang miteinander besitzen. Immer weniger Menschen sind bereit, in der Gesellschaft, im Beruf, auch in der Familie oder im Freundeskreis Verantwortung zu übernehmen, was mich als sehr verantwortungsvoller Zeitgenosse gefühlsmäßig stark belastet. Leider kann es passieren, dass ich aufgrund meiner HSP-Charaktereigenschaften als ‚Zukunftsverweigerer' betitelt und gegebenenfalls sogar ausgegrenzt werde." (Roger*)

Idealismus. HSP streben nach der Verwirklichung von Idealen, plädieren für mehr Verantwortungsbewusstsein und Ganzheitlichkeit. Sie wünschen sich dringend eine menschlichere, gerechtere, friedlichere Welt, sind vehemente Fürsprecher für soziale und ökologische Ideen und Konzepte, engagieren sich vielleicht für humanitäre Hilfe, den Tierschutz oder den Natur- und Umweltweltschutz. Wenn sie sich mit Nachdruck für das, wovon sie überzeugt sind, einsetzen, kann es dazu kommen, dass sie missionarisch unterwegs sind, sich moralisch über andere stellen und damit anecken. Einen gemäßigten Weg zu finden, ohne das Gefühl zu haben, dass sie ihre Ideale verraten, ist nicht leicht für sie. Hinzu kommt die Frage, wie viel sie realistisch betrachtet leisten können, ohne sich zu übernehmen und zu verausgaben.

Schwierigkeit mit Veränderungen. Bei HSP ist die Tendenz zu beobachten, an Bewährtem und Gewohntem festzuhalten, planmäßige Abläufe und geordnete Strukturen vorzuziehen, um stressende Instabilität und Ungewissheit zu vermeiden. Viele HSP finden es schwierig, mit größeren Veränderungen zurechtzukommen, unabhängig davon, ob es sich um etwas Trauriges oder etwas Schönes handelt. Außergewöhnliche Unternehmungen und Ereignisse, eine größere Reise, ein Umzug, ein Jobwechsel lösen beträchtliche Aufregung aus, schon in der Zeit der Vorbereitung, auch dann, wenn das Vorhaben selbst gewählt und hauptsächlich erfreulich ist. Entsprechend zurückhaltend sind die meisten HSP, wenn es um Überraschungen, Spontaneität, Flexibilität und Offenheit für Veränderungen in ihrem Leben geht, wenngleich natürlich auch sie Abwechslung und Inspiration durch Neues brauchen.

Alltagsgestaltung. HSP sind in hohem Maße abhängig von für sie geeigneten Umgebungsbedingungen. Ein sicheres, behagliches, liebevoll gestaltetes Zuhause (möglichst in ruhiger Lage und mit ruhigen Nachbarn), das ihnen eine Rückzugsmöglichkeit (ein eigenes Zimmer?) bietet, ist für HSP außerordentlich wichtig. Es stresst HSP schnell, wenn es um sie herum laut, hektisch und turbulent zugeht. Sie werden nervös, wenn sie mehrere Dinge in kurzer Zeit zu erledigen haben, wenn mehrere Personen zugleich etwas von ihnen wollen. Nach einem fordernden Arbeitstag brauchen HSP zum Beispiel einen geruhsamen und erholsamen Feierabend, um nicht vom Arbeitsstress nahtlos in den Feierabendstress zu geraten. Für HSP hat es daher eine hohe Priorität, ihr Leben so einzurichten, dass sie überfordernde Situationen so weit wie möglich vermeiden. Elaine Aron schreibt: „Für eine HSP kann es frustrierend schwer sein, ein angemessenes, gesundes und glückliches Leben zu führen. […] Wir leiden, wenn wir unsere sensible Art nicht berücksichtigen. […] Überreizung ist unsere Achillesferse, also müssen wir uns zu Experten entwickeln, wie wir sie vermeiden, überleben und uns davon wieder erholen können.“ (Aus: *Sind Sie hochsensibel? Das Arbeitsbuch)*

Schmaler Wohlfühlbereich. Für jeden Menschen gibt es einen individuellen Wohlfühlbereich in Bezug auf die Menge, Intensität und Dauer von Anregung (Aktivation) durch Außenreize, der im mittleren Bereich zwischen Überforderung und Unterforderung, zwischen Stress und Langeweile liegt. Der ‚grüne‘ Bereich der optimalen Stimulation und des Wohlfühlens ist also nach oben und nach unten begrenzt. Bei zu wenig Anregung ist es natürlich, nach Abwechslung zu suchen, bei zu viel Anregung, sich aus einer Aktivität zurückzuziehen. Sowohl Unter- als auch Überforderung stellen Fehlbelastungen dar, die zu vermeiden sind bzw. nur kurzzeitig toleriert werden sollten. Generell ist der Wohlfühlbereich bei HSP enger und niedriger angesiedelt als bei Nicht-HSP. Das heißt, sie erreichen unter denselben Außenbedingungen deutlich früher eine hochgradige Erregung des Nervensystems und das Stadium der Überstimulation – und damit auch den Punkt, an dem sie sich zurückziehen möchten, um sich wieder zu erholen.

Bedarf an Alleinzeit. Für HSP sieht eine stimmige Balance zwischen Für-sich-Sein und In-Gesellschaft-Sein anders aus als für Nicht-HSP. Auch Hochsensible, die gerne unter Menschen sind, empfinden länger andauerndes unmittelbares Zusammensein mit anderen leicht als überstimulierend. Für Elaine Aron steht fest: „Die meisten nervenerregenden Reize in unserer Umwelt werden von anderen Menschen verursacht – ob zu Hause, am Arbeitsplatz oder in der Öffentlichkeit." (Aus: *Sind Sie hochsensibel?*) Durch das Bedürfnis nach Verbundenheit und Nähe bemerken HSP womöglich lange nicht, wenn sie in ein Defizit geraten, was ungestörte Zeit für sich allein angeht. Ausreichend Alleinzeit ist jedoch unbedingt erforderlich für die Regeneration, die Reizverarbeitung und das Integrieren von Eindrücken. Jeder Mensch braucht Auszeiten vom sozialen Leben, der hochsensible Mensch braucht davon überdurchschnittlich viel.

Nicht zu viel Rückzug. HSP, die sich gut kennen und gut für sich sorgen, werden Übererregung auslösende Situationen nach Möglichkeit reduzieren und sich beizeiten zurückziehen, um chronischen Stress und einen Zustand der Erschöpfung zu vermeiden. Andererseits sollte es nicht passieren, dass HSP, die sich vor leidvoll erfahrener Überforderung schützen wollen, sich so weit zurückziehen, dass sie ins andere Extrem rutschen und durch ein Defizit an sozialem Kontakt und Unterforderung unzufrieden werden.

Gesundheitsbewusstsein. HSP sind von ihrem Organismus deutlich angehalten, gut auf sich zu achten und für sich zu sorgen. Jede Zuwiderhandlung wird vom Körper geahndet, besonders wenn eine HSP nicht mehr über jugendliche Kraftreserven verfügt. Eigentlich haben HSP ein feines Gespür für ihren eigenen Körper, sie müssten dann nur auch noch auf ihn hören. Unbeachtete Hunger- und Durstgefühle, ungesundes Essen sowie zu wenig Schlaf beeinträchtigen HSP erheblich in ihrer Befindlichkeit und Leistungsfähigkeit. Pausenlose Geschäftigkeit kann unversehens in einen Erschöpfungszustand münden, mit diversen möglichen Beschwerden (z. B. Migräne).

> „Viele verstehen nicht so recht, was in mir vorgeht. Auch mein Bedürfnis nach Alleinzeit und mein hoher Bedarf an Erholung, ohne die es zu Kranksein und Schmerzen kommt, sind für andere schwierig nachzuvollziehen." (Lisa*)

An der Stelle möchte ich allgemein anmerken, dass die Trennung von Psyche und Physis genau genommen eine künstliche ist. Die Psychosomatik bezieht sich einseitig nur auf den Zusammenhang zwischen beiden im Hinblick auf Krankheiten. Viel passender erscheint mir der englische Begriff ‚Bodymind', der Körper und Seele als untrennbare Einheit begreift statt als Dualismus. Bei HSP wird nur deutlicher als bei Nicht-HSP, wie eng der Zusammenhang in Wirklichkeit ist, denn sie reagieren sehr offensichtlich mit körperlichen Symptomen auf seelische Probleme.

Reduzierung schädlicher Einflüsse. Ganz einfache Dinge, die allerdings der Beachtung bedürfen, sind beispielsweise die starken Reaktionen von HSP auf Koffein und Alkohol. Etliche HSP trinken deshalb wenig oder gar keinen Alkohol, was in geselliger Runde immer mal wieder Anlass für verwundertes Nachfragen ist.

> „Andere können meine Art des Denkens und Wahrnehmens sehr oft nicht verstehen und erleben mich im Umgang als ‚übersensibel'. Manchmal geht das auch in die Richtung, dass ich als Asket betrachtet werde, weil ich Alkohol, Kaffee und vieles der Industrienahrung nicht vertrage und/oder mag. Für ‚normale' Menschen ist es aber anscheinend schwer verständlich, wenn man lieber Brennnesseltee statt Wein trinkt. Für die anderen wäre das kein Genuss, sondern selbst auferlegte Askese, was es für mich aber nie gewesen ist." (Paula*)

Hinzu kommen in einigen Fällen bestimmte Unverträglichkeiten von Nahrungsmitteln und/oder Nahrungsmittelzusatzstoffen, Überempfindlichkeiten gegenüber Chemikalien in der Wohnung oder in der Umwelt, Elektrosmogsensibilität, möglicherweise auch Allergien und Hautprobleme. Oft treten bei Medikamenteneinnahme vermehrt Nebenwirkungen auf. Schließlich fallen eine niedrige Schmerzschwelle und ein gutes Gespür für Vorgänge im Körperinneren auf (manche HSP nehmen z. B. in irritierender Weise den eigenen Herzschlag wahr).

2.8 In Kürze – ein Dutzend Aussagen

Sie haben es mit jemandem zu tun, der …

1. seinen Körper, seine Psyche sowie alles, was ihn umgibt, ungeheuer eindrucksvoll erlebt, was einerseits eine Quelle von Freude ist und andererseits für ihn mitunter nicht leicht auszuhalten ist.
2. sich in manchen sozialen Kontexten nicht richtig zugehörig, sondern als Außenseiter fühlt und darunter leidet, so oft nicht verstanden zu werden, was zu innerem und äußerem Rückzug oder auch frustrierter Feindseligkeit führen kann.

3. dank der Hochsensibilität über Begabungen verfügt, die die Selbstbejahung erleichtern, und zugleich mit Einschränkungen konfrontiert ist, die sie erschweren, woraus sich eine Unsicherheit ergeben kann, die nach außen spürbar wird.
4. mit dem Erkennen und Verstehen der Hochsensibilität die Chance hat, sein Selbstbild zurechtzurücken und selbstbewusst Veränderungen im Zwischenmenschlichen zu vollziehen.
5. aufmerksam beobachtet, dem Kleinigkeiten auffallen, auch Fehler, Ungenauigkeiten, Abweichungen vom Üblichen, und der manchmal auf das fokussiert, was stört, fehlt, nicht (ganz) stimmt, verbessert werden könnte.
6. unter denselben Bedingungen, was Außenreize angeht, deutlich früher als andere das Stadium der Überstimulation und Überforderung erreicht – und damit auch den Punkt, an dem er sich zurückziehen möchte, um sich wieder zu regenerieren.
7. vieles gründlich durchdenkt, die Dinge in der Tiefe verstehen will, bei Entscheidungen Vorsicht, Umsicht und Weitsicht walten lässt und entsprechend lange dafür braucht.
8. in starkem Maße gefühlsmäßige Höhen und Tiefen durchlebt und von seinen intensiven Gefühlen mitunter geradezu überwältigt wird, dessen niedergeschlagene, beunruhigte und aufgebrachte Gefühlslagen das Miteinander womöglich belasten.
9. relativ viel Zeit braucht, um aufwühlende Geschehnisse (dazu gehören auch größere Veränderungen im Leben) zu verarbeiten und wieder zur inneren Ruhe zu finden und in seine Kraft zu kommen.
10. sich stark an ethischen Werten orientiert und an sich und andere diesbezüglich hohe Ansprüche stellt.
11. verhältnismäßig viel Distanz und Zeit für sich allein braucht, um sich entspannt zu fühlen und leistungsfähig zu bleiben.
12. mit hoher Priorität sein Leben so einrichtet, dass überfordernde Situationen möglichst vermieden werden.

3. Was allgemein im Umgang mit einer HSP zu beachten ist

Das Gelingen einer Beziehung – sei es eine partnerschaftliche, familiäre, freundschaftliche, kollegiale oder eine zwischen Chef und Mitarbeiter – hängt neben dem, was an Erfreulichem erlebbar ist, sehr davon ab, wie gut in der Kommunikation Stolpersteine überwunden und Fallstricke umgangen werden können bzw. wie gut es den Beteiligten möglich ist, nach dem Auf-die-Nase-Fallen wieder aufzustehen und nach vorn zu sehen bzw. sich aus Verwicklungen wieder zu befreien. Um sowohl die allgemeinen zwischenmenschlichen Herausforderungen als auch die speziellen im Miteinander mit einer hochsensiblen Person zu meistern, braucht es Einsicht in die Zusammenhänge, Kommunikations-Know-how, Selbstkompetenz sowie eine gute Portion Lebensweisheit – und das alles selbstverständlich auf beiden Seiten.

Was die Bedeutung von Kommunikation angeht, findet der humanistische Psychologe Thomas Gordon (1918–2002) klare Worte: „Beziehungen werden durch bestimmte Kommunikationsmuster hergestellt oder zerstört. Offene und ehrliche Kommunikation ist die Grundlage für gute Beziehungen. An schlechter Kommunikation scheitern sie. So einfach ist das." (Aus: *Gute Beziehungen. Wie sie entstehen und stärker werden*)

Das Fundament für eine glückende Kommunikation und eine gute Beziehung sind die positiven Grundhaltungen, mit denen man sich gegenseitig begegnet. Eine grundsätzlich offene, wohlwollende, respektvolle Einstellung dem anderen gegenüber ist die ‚Pflicht', ein bestimmtes konkretes Gesprächsverhalten sowie geeignete Formulierungen sind die ‚Kür'. Anders gesagt: Keine noch so ausgefeilte Gesprächstechnik wird nachhaltig erfolgreich sein, wenn sie oberflächlich und als bloßes Instrument angewendet wird. Das würde sie in die Nähe von Manipulation rücken, und HSP wären die Ersten, die das entlarven und abweisen würden.

3.1 Grundlegende Beziehungsprinzipien nach Carl Rogers

„Menschen sind ebenso wundervoll wie Sonnenuntergänge, wenn du sie lässt. Wenn ich einen Sonnenuntergang anschaue, komme ich nicht auf die Idee zu sagen ‚Schwäche das Orange in der rechten Ecke etwas ab'. Ich versuche nicht, den Sonnenuntergang zu regulieren. Ich beobachte mit Ehrfurcht, wie er sich entwickelt."

Carl Rogers (1902–1987)

Ich möchte Sie zu Anfang mit drei förderlichen Grundhaltungen für die Kommunikation vertraut machen, die ein respektvolles, vertrauensvolles und freudvolles – in nahen Beziehungen auch liebevolles – Miteinander begründen: die unbedingte Wertschätzung, das empathische Verstehen und die Authentizität. Diese Grundhaltungen tun selbstverständlich allen Beziehungen gut, können aber geradezu als der Geheimschlüssel für eine gute Beziehung zu einer HSP gelten.

Die nachfolgend näher beschriebenen Grundhaltungen stammen ursprünglich aus der ‚klientenzentrierten Gesprächsführung', die ab 1942 von dem amerikanischen Psychologen Carl R. Rogers (1902–1987), einem der Begründer der humanistischen Psychologie, als eine Therapieform (klientenzentrierte Psychotherapie) und als ein allgemeingültiges Grundlagenkonzept entwickelt wurde. Man kann sagen, dass Rogers' Persönlichkeitskonzept eine Theorie der zwischenmenschlichen Beziehungen ist. Entsprechend hat es auch außerhalb der Psychotherapie eine weite Verbreitung erfahren: in der Sozialen Arbeit, in der Beratung und in der humanistischen Kommunikation (wozu das ‚Gordon-Modell' und die ‚Gewaltfreie Kommunikation' nach Marshall Rosenberg zählen). Gemäß dem humanistischen Menschenbild wird der Mensch in seiner Einzigartigkeit gesehen und das Bedürfnis jedes Menschen nach konstruktiver Veränderung ebenso betont wie seine Fähigkeit, sich zwischen Wahlmöglichkeiten zu entscheiden.

3.1.1 *Unbedingte Wertschätzung*

Unbedingte Wertschätzung, auch als unbedingte positive Beachtung bezeichnet, benennt die Grundhaltung, nach der das Gegenüber als ganze Person uneingeschränkt akzeptiert wird, ungeachtet dessen, ob man selbst mit den Äußerungen, dem Auftreten und dem Verhalten des anderen einverstanden ist. Der entscheidende Punkt ist, dass die persönliche Bewertung der Einstellungen und Verhaltensweisen nichts am Wert der Person ändert. Schwächen sind gleichermaßen akzeptierter Teil der Persönlichkeit wie Stärken, ‚negative' Gefühle werden ebenso anerkannt wie ‚positive';

niemand braucht sich für seine Gefühle zu rechtfertigen. Das Bemühen sollte darauf gerichtet sein, moralische Bewertungen außen vor zu lassen und Stellungnahmen, die Missbilligung oder auch Beifall zum Ausdruck bringen, zu unterlassen.

Diese nicht an Bedingungen geknüpfte positive Beachtung ist für die Beziehung förderlich – besonders dann, wenn auf beiden Seiten die Fähigkeit hinzukommt, annehmende (und ggf. liebende) Gefühle und Empfindungen so auszudrücken, dass sie für den anderen auch wahrnehmbar sind. Es hilft, wenn das aufgeschlossene Interesse und die unbedingte Wertschätzung zusätzlich zum gesprochenen Wort auch über Mimik, Gestik und Körperhaltung spürbar werden.

Der Anspruch, dem Gesprächspartner achtsam, präsent sowie vollständig annehmend und wertschätzend zu begegnen, kann als Ideal gesehen werden, das nicht jederzeit gleichermaßen erfüllbar ist. Einfluss haben die eigene situative Verfassung und auch die Art des betreffenden Kontakts. Wichtig ist, sich bewusst zu sein, inwieweit man sein Gegenüber zu akzeptieren vermag. Wenn man dies schwierig findet, kann es daran liegen, dass man den anderen noch nicht gut genug verstanden hat. Die bedingungslose Wertschätzung anderer Menschen ist außerdem abhängig davon, inwieweit man sich selbst so anzunehmen vermag, wie man ist.

3.1.2 *Empathisches Verstehen*

Empathisches Verstehen meint, das Gegenüber mit seiner Weltsicht, seinen Einstellungen, seinen Wertvorstellungen und seinen Empfindungen möglichst genau wahrzunehmen, seine subjektive Wirklichkeit zu erfassen und dabei eine neutrale Position zu behalten. Empathisches Verstehen bedeutet, sich dem anderen zuzuwenden, sich einzufühlen in das, was ihn gerade bewegt, Anteil zu nehmen, sich in den anderen hineinzuversetzen und sich dabei dennoch bewusst zu bleiben, dass man nicht die andere Person ist.

Dem Gesprächspartner mit der Haltung des empathischen Verstehens zu begegnen bedeutet, ihn nicht zu kritisieren, zu bewerten und zu belehren, sodass er sich entspannt, angstfrei, ohne sich rechtfertigen oder wehren zu müssen, mit seiner Gedanken- und Gefühlswelt auseinandersetzen und sich darüber mitteilen kann. Das empathische Verstehen kann durch Worte, Schweigen oder Körperkontakt vermittelt werden. Auf so tief greifende Weise verstanden und angenommen zu werden ist eine bestärkende Erfahrung, die das persönliche Wachstum fördert.

Eine Grundvoraussetzung für empathisches Verstehen ist das empathische Zuhören, ein anhaltendes, aufmerksames Hinhören, Hinschauen und Hinspüren zum Gesprächspartner. Das gelingt nicht, wenn man während des Zuhörens innerlich abschaltet oder gedanklich abschweift, wenn man sich eigene Interpretationen, Stellungnahmen und Ratschläge zurechtlegt und schon darauf erpicht ist, sein Wissen und seine eigene Meinung kundzutun.

Eine bekannte Technik des emphatischen Zuhörers ist das sogenannte aktive Zuhören, auch als Paraphrasieren oder Spiegeln bezeichnet. Dabei gibt man dem anderen das Wesentliche von dessen Aussagen – bzw. das, was bei einem angekommen ist – mit eigenen Worten wieder. Fühlt der andere sich falsch oder unzureichend verstanden, kann er unzutreffende oder unvollständige Aussagen korrigieren bzw. ergänzen. Teilweise wurde das, worum es Carl Rogers beim empathischen Verstehen ging, missverstanden und darauf reduziert, man müsse nur das Gesagte wiedergeben. Beim Spiegeln jedoch einfach nur die Sätze des Gesprächspartners nachzusprechen reicht bei Weitem nicht aus, um ein echtes Bemühen um einfühlsames Verstehen zu vermitteln.

3.1.3 Authentizität

Authentizität (oder auch Kongruenz) ist die Übereinstimmung mit sich selbst in der Begegnung mit anderen. Wer authentisch ist, spielt keine Rolle, setzt keine Maske auf. Er ist sich seiner momentanen Empfindungen bewusst, verleugnet sie nicht, teilt sie in angemessener Weise offen mit und wird damit als Mensch transparent. Durch authentisches Gesprächsverhalten wird das Gegenüber angeregt, ebenfalls offen und echt zu sein.

Völlige Authentizität ist eine Idealvorstellung. Das Maß an Authentizität, das erreicht wird, ist von verschiedenen Faktoren abhängig (dem Gesprächsgegenüber, den situativen Bedingungen, der eigenen psychischen Reife) und entwickelt sich im Verlauf einer Beziehung. Authentisch und echt zu sein heißt nicht, jedes Gefühl und jede Regung ungefiltert und unbeherrscht zu äußern. Gemeint ist lediglich, dass man sich grundsätzlich der Ehrlichkeit verpflichtet fühlt und bereit ist, mehrfach auftauchende eigene Gefühle ernst zu nehmen, zu akzeptieren und in geeigneter Weise auszusprechen.

Friedemann Schulz von Thun nimmt im Buch *Kommunikation als Lebenskunst* zur gelegentlichen Überhöhung des Prinzips Authentizität Stellung. Das Authentizitätsideal tauge „nicht als Leitstern für alle kommunikativen Lebenslagen, weil es unzählige Situationen gibt, in denen es gar nicht angebracht ist, sich selbst möglichst unverfälscht zum Ausdruck zu bringen oder gar alles herauszulassen." Um dem Missverständnis zu begegnen, es gehe um maximale Authentizität und totale Offenheit, ohne Taktgefühl und ohne Rücksicht auf andere, eigne sich der Begriff der selektiven Authentizität: „Nicht alles, was echt ist, will ich sagen, doch was ich sage, soll echt sein." Optimale

Authentizität sei immer selektiv, das übergeordnete Ideal sei die Stimmigkeit. Es gehe darum, möglichst gut in Übereinstimmung mit sich selbst zu sein und zugleich der Rolle, in der man sich in einer bestimmten Kommunikationssituation befindet, in stimmiger Weise Rechnung zu tragen.

Sehr erhellend finde ich, wie sich der dänische Familientherapeut Jesper Juul über das Authentischsein äußert (in einem Interview mit Ingeborg Szöllösi unter der Überschrift *Beziehung schaffen in meiner Familie* bei familylab.de). Ich zitiere teilweise und gebe ansonsten gekürzt wieder: Authentisch zu sein bedeutet für Jesper Juul, sich mit seinen Gefühlen, Werten und Gedanken zu zeigen. Menschen, die ihren Emotionen jederzeit freien Lauf lassen, sind jedoch für ihn keine authentischen Menschen. Juul: „Denn die meisten Emotionen sind ja auch produziert und nicht ursprünglich. Zu sagen, ich vertraue ausschließlich meinen Emotionen, denn sie allein sind wahr, das ist Wahnsinn. Woher soll denn einer wirklich wissen, ob diese oder jene Emotion wirklich ursprünglich und aus seinem eigenen wahren Selbst kommt?" So sei zum Beispiel Schuld keine ursprüngliche Emotion, sondern etwas, was einem durch andere eingepflanzt wurde.

Authentizität sei nur möglich, wenn sie als Prozess aufgefasst wird. Juul: „Ich arbeite seit 40 Jahren daran, authentisch zu sein – und ich weiß, ich werde bis an mein Lebensende damit beschäftigt sein. Es wird nie eine Zeit kommen, in der ich sagen werde: Jetzt bin ich angekommen. […] Und ich meine, so etwas überhaupt anzustreben ist völlig irrelevant. Was wirklich wesentlich ist – im Prozess zu bleiben! Es bedeutet, dass du dich stets hinterfragst – war das für mich stimmig, was ich gerade getan habe? Und Irrtum muss erlaubt sein." Weder solle man nach Standardglaubenssätzen leben noch ‚Folge deinem Herz!' zum alleinigen Leitspruch erheben. Vielmehr gelte der Rat, das Denken und das Bewusstsein mit auf den Weg zu nehmen. Man könne immer nur sagen, was für einen hier und jetzt angemessen ist – nicht für morgen oder übermorgen. Juul: „Es ist ganz unmöglich, sein eigenes Selbst festzuhalten und es endgültig zu definieren, denn – es fließt. Alles fließt und verändert sich! Und gerade wenn du mit Integrität in der Welt agierst, gerade dann veränderst du dich am meisten, weil du kontinuierlich wächst."

3.2 Das Grundverständnis des Gordon-Modells

„In der zwischenmenschlichen Kommunikation geht es darum, zu verstehen und verstanden zu werden."

Thomas Gordon (1918–2002)

Der US-Psychologe Thomas Gordon (1918–2002) erkannte durch seine Arbeit mit Kindern und Jugendlichen die große Bedeutung der Kommunikation. Sein Kommunikationsmodell, das Gordon-Modell, das er zur Lösung von Konflikten entwickelte, orientiert sich an der klientenzentrierten Gesprächsführung von Carl Rogers. Erstmals beschrieben wird das Modell in seinem weltweit bekannten Buch *Familienkonferenz* (Original: *Parent Effectiveness Training*) aus dem Jahr 1970. Ich empfehle zum Einstieg Gordons letztes Buch *Gute Beziehungen. Wie sie entstehen und stärker werden* (aus dem Jahr 2002), das eine Zusammenfassung all seiner Erkenntnisse darstellt.

3.2.1 *Elemente des Gordon-Modells*

Elemente des Gordon-Modells sind unter anderem:

- ‚Aktives Zuhören'. Es wird davon ausgegangen, dass derjenige, der sich mitteilt, die Fähigkeit zur Selbstreflexion hat. Er wird durch das empathische Zuhören lediglich darin begleitet, seine Probleme selbst zu verstehen und Lösungen zu finden. Zum aktiven Zuhören gehört, das Gesagte (das Verstandene) mit eigenen Worten zu wiederholen.
- ‚Ich-Botschaften' sind klar und ehrlich formulierte Aussagen, die Auskunft über die eigene Person geben und ein Beurteilen und ein In-die-Pflicht-Nehmen des anderen vermeiden (das wären ‚Du-Botschaften'). Die Mitteilungen haben zum Ziel, dass der andere versteht, was man selbst meint, denkt, empfindet, fühlt und braucht. Sie bringen zudem die Bereitschaft zum Ausdruck, für sich selbst zu sorgen und etwas zu unternehmen, um die eigenen Bedürfnisse zu befriedigen.
- ‚Umschalten' bezeichnet den Wechsel von einer Ich-Botschaft zu aktivem Zuhören, der geboten ist, wenn der andere sich offensichtlich gegenüber der eigenen Mitteilung verschließt bzw. sie abwehrt. Dann ist es hilfreich, zunächst auf den Widerstand des anderen einzugehen.
- ‚Niederlagelose Konfliktlösung'. Die Win-win-Konfliktlösung vollzieht sich in sechs Stufen. Es geht darum, eine Lösung zu finden, die auf die Bedürfnisse aller Beteiligten (z. B. in der Familie) Rücksicht nimmt und zu der alle Ja sagen können. (1) Bedürfnisse aller Beteiligten erkennen und beschreiben (noch nicht Lösungsvorschläge!), (2) mögliche kreative Lösungen entwickeln (Ideenbörse), (3) Lö-

sungsvorschläge kritisch bewerten, (4) sich gemeinschaftlich für die annehmbarste Lösung entscheiden, (5) Wege zur Ausführung der Lösung erarbeiten, ausmachen, wer was bis wann tut, (6) Erfahrungen auswerten, kontrollieren, ob die gefundene Lösung sich bewährt hat; jede Lösung kann neu durchdacht und geändert werden.

Gordon wollte die Elemente seines Modells nicht als bloße Techniken verstanden wissen, sondern als Vorschläge, wie Menschen offen und verständnisvoll miteinander umgehen können. Er weist eindringlich darauf hin, dass es im Konfliktfall am Ende keinen nachtragenden Verlierer geben darf. Wann immer es ums Gewinnen geht, gibt es letztlich nur Verlierer, denn den ‚Sieger' belastet die Frustration des Unterlegenen.

3.2.2 *Konfrontierende Ich-Botschaften*

Die Wahrscheinlichkeit, im Konfliktfall mit einer ‚konfrontierenden Ich-Botschaft' erhört zu werden und eine gewünschte Veränderung hervorzurufen, erhöht sich erheblich, wenn die folgenden Kriterien erfüllt sind. Die Mitteilung …

- darf die Selbstachtung des anderen nicht beeinträchtigen,
- darf die Beziehung nicht beschädigen,
- muss die Lösung, wie das Problem zu bewältigen ist, offen lassen.

Das kann nicht mit einer vorwurfsvollen, kritisierenden, gängelnden Du- bzw. Sie-Sprache gelingen, wie sie in unserer Kultur sehr oft anzutreffen ist. Derartige Du-Botschaften kränken, rufen Verärgerung hervor und führen selten zur Veränderung von nichtakzeptablem Verhalten.

Alternativ empfiehlt Gordon eine dreiteilige Ich-Botschaft, die sich (1) aus einer neutralen, vorwurfsfreien Beschreibung der Situation, (2) den konkreten Folgen des Verhaltens für einen selbst und (3) den eigenen Empfindungen angesichts der misslichen Situation zusammensetzt. (Ergänzend sind in vielen Fällen das Benennen des unerfüllten Bedürfnisses und eine konkrete Bitte nützlich.)

3.2.3 *Kommunikationssperren*

Von Gordon zusammengetragene sogenannte Kommunikationssperren (auch Kommunikationshindernisse oder -blockaden genannt) sind Gesprächselemente, die sich negativ auswirken können, vor allem in einer schon angespannten, konfliktgeladenen

Gesprächssituation, weil sie die Absicht zum Ausdruck bringen, den Kommunikationspartner zu verändern, und weil sie überwiegend überheblich von oben nach unten ausgesprochen werden. Kommunikationssperren können den Gesprächspartner zu einer Abwehrhaltung veranlassen oder ihn verstummen und sich zurückziehen lassen.

Gordon benennt zwölf Arten von Kommunikationshindernissen:
- befehlen, bestimmen (z. B. „Du musst …")
- mahnen, warnen, drohen (z. B. „Wenn du nicht …, dann …")
- moralisieren, predigen, an die Pflicht erinnern (z. B. „Das gehört sich nicht", „Du hast … zu erfüllen")
- Ratschläge erteilen, Lösungen vorgeben (z. B. „Das Beste ist: …", „Also ich würde ja …")
- belehren, versachlichen, mit Logik argumentieren, (z. B. „Du machst das jetzt so: …", „Tatsache ist …")
- (ver-)urteilen, kritisieren, beschuldigen (z. B. „Du bist …", „Wie kannst du nur …")
- schmeicheln, (von oben herab) wie ein Kind loben (z. B. „Das hast du jetzt aber sehr gut gemacht")
- beschimpfen, beschämen, lächerlich machen (z. B. „Du Feigling", „Na toll")
- analysieren, interpretieren, diagnostizieren (z. B. „Was bei dir nicht stimmt, ist …", „Du bist krank")
- beschwichtigen, bagatellisieren (z. B. „Mach dir keine Sorgen", „Es ist nicht schlimm")
- nachforschen, ausfragen (z. B. „Warum?", „Wie?", „Seit wann?")
- ablenken, ausweichen (z. B. „Lass uns über was anderes reden", „Da ist nichts")

(Sicher ließe sich diese Liste noch ergänzen!)

Sollten Sie auf bestimmte Aussagen, Antworten, Kommentare, Aufforderungen hin abweisende, mürrische, unwillige Reaktionen von ihren Mitmenschen bekommen (hochsensibel oder nicht), haben Sie mit der Liste Anhaltspunkte dafür, was schiefgelaufen sein kann und was Sie eventuell ändern können. Das gilt ganz besonders im Kontakt mit einer feinfühligen HSP. Im Übrigen hilft Ihnen die Aufzählung auch zu verstehen, warum Sie selbst auf manche Äußerungen anderer verstimmt reagieren.

3.3 Das Grundverständnis der Gewaltfreien Kommunikation

„Was ich in meinem Leben will, ist Einfühlsamkeit, einen Fluss zwischen mir und anderen, der auf gegenseitigem Geben von Herzen beruht."

Marshall B. Rosenberg (1934–2015)

Bitte stören Sie sich nicht an dem etwas befremdlichen Ausdruck ‚Gewaltfreie Kommunikation' (abgekürzt GFK, englisch: Nonviolent Communication). ‚Gewaltfrei' meint dabei nicht nur frei von körperlicher Gewalt, sondern ebenso auch frei von ‚Gewalt' durch Worte. Die Rede ist von einem umfassenden Kommunikationskonzept, das Marshall B. Rosenberg (1934–2015) ausgehend vom Gordon-Modell entwickelt hat. Die alternativen Bezeichnungen ‚empathische' oder ‚verbindende' Kommunikation konnten sich nicht durchsetzen. Zur Lektüre empfehle ich in erster Linie das Hauptwerk von Marshall B. Rosenberg *Gewaltfreie Kommunikation: Eine Sprache des Lebens*, aus dem auch die Rosenberg-Zitate in diesem Unterkapitel stammen.

Für mich persönlich war das Entdecken der GFK revolutionär, die Teilnahme an einem einwöchigen Seminar mit Marshall Rosenberg in München 2006 ein wahres Geschenk. Die ‚Sprache des Lebens' war das, was ich mir schon immer so dringend für alle Beziehungen in meinem Leben gewünscht hätte. Heute ist das Gedankengut der GFK für mich eine wertvolle Grundlage für jegliches Miteinander, insbesondere auch in meiner Coaching-Arbeit.

3.3.1 *Das Prinzip der Wechselseitigkeit*

Einerseits ist die GFK eine praktikable Methode, andererseits eine auf Empathie, Respekt und Wertschätzung basierende Haltung, die eine Verbindung auf Herzensebene schafft. Der befriedigendste Grund zu handeln liegt nach dem Verständnis der GFK darin, das eigene Leben und das Leben anderer zu bereichern. Wie es bereichert werden kann, findet man durch Einfühlung heraus – Einfühlung in sich selbst und in sein Gegenüber. Ganz im Sinne des humanistischen Menschenbilds war es die Überzeugung von Rosenberg, dass es Menschen von ihrer ursprünglichen Natur her Freude bereitet, zum Wohlergehen anderer beizutragen – vorausgesetzt, sie können dies freiwillig und aus innerer Motivation heraus tun.

Hinter aller Gewalt, ob verbal oder physisch, steht nach dem Verständnis der GFK eine Art von Denken, die die Ursache eines Konflikts im Fehlverhalten des Gegenübers sieht statt im eigenen Vermissen, Ersehnen, Befürchten. Moralische Urteile unterstellen anderen, dass sie unrecht haben oder schlecht sind, wenn sie sich nicht unseren Wünschen und Vorstellungen gemäß verhalten. In der GFK ist daher die Aufforderung zentral, andere nicht für unsere unangenehmen Gefühle (Trauer, Frustration, Ärger …) verantwortlich zu machen, sie nicht als Ursache, sondern lediglich als Auslöser unseres Unbehagens zu sehen.

In der GFK gilt das Prinzip der Wechselseitigkeit. Das Bemühen geht dahin, sich selbst gegenüber achtsam und empathisch zu sein, eigene Gefühle und Bedürfnisse zu ergründen und offen und aufrichtig auszudrücken, was einem fehlt und was man sich wünscht – ohne Vorwürfe, Kritik, Zurechtweisungen, Zuschreibungen und moralische Urteile über andere Menschen und ihr Verhalten. Und das Bemühen geht ferner dahin, anderen respektvoll und empathisch zu begegnen, ihnen aufmerksam zuzuhören und Interesse für die Gefühle und Bedürfnisse aufzubringen, die sich hinter ihren Handlungen, auch hinter ihrer Aggression, ihren Vorwürfen und Urteilen, verbergen. Alles, was ein Mensch tut, ist ein mehr oder weniger tauglicher Versuch, seine Bedürfnisse zu erfüllen.

Problematisch sind nach dem Verständnis der GFK die Handlungsmotive Schuld, Scham, Angst vor Strafe, Hoffen auf Belohnung und Geliebtwerden, egal, ob dies unsere Motive oder die der anderen sind. Rosenberg: „Wir bezahlen teuer dafür, wenn Leute aus Angst, Schuldgefühl oder Scham auf unsere Werte und Bedürfnisse eingehen und nicht aus dem Wunsch heraus, von Herzen zu geben. Früher oder später werden wir die Konsequenzen nachlassenden Wohlwollens von denen zu spüren bekommen, die aus einem Gefühl äußerer oder innerer Nötigung heraus unsere Wünsche erfüllt haben.“ Die Alternative zu Forderungen, die beim Gegenüber unweigerlich Abwehr und Widerstand anstelle des erwünschten Entgegenkommens erzeugen, ist in der GFK die Bitte, die dem anderen Wahlmöglichkeiten lässt.

3.3.2 *Die vier Komponenten der GFK*

Das GFK-Modell beschreibt vier Komponenten bzw. vier Schritte, keinesfalls handelt es sich dabei jedoch um eine feststehende Formel, die mechanisch anzuwenden ist. Den GFK-Prozess in der Praxis anzuwenden erfordert Übung und in vieler Hinsicht ein Umdenken. Rosenberg: „Das Wesentliche der GFK findet sich in unserem Bewusstsein über die vier Komponenten wieder und nicht in den tatsächlichen Worten, die gewechselt werden.“

Im Folgenden sind die Komponenten mit Blick auf einen selbst ausgeführt, ausgehend vom Fall unerfüllter Bedürfnisse (nur dann gibt es die vierte Komponente der Bitte).

Die erste Komponente – Beobachtungen

Was ist tatsächlich geschehen? Was hören wir, was sehen wir? Was hat die andere Person konkret gesagt/getan, das uns in unserer Lebensqualität einschränkt? Was stört unser Wohlbefinden? Um es dem anderen leicht zu machen, einfühlsam zu reagieren, teilen wir im ersten Schritt nur unsere Beobachtung mit, ohne Vorwurf, ohne Abwertung, ohne Schuldzuweisung – das heißt: ohne verletzende Worte (gewaltfrei!).

Dabei verlangt die GFK nicht, dass wir uns jeglicher Bewertung enthalten. Selbstverständlich werten wir in der Weise, dass wir unterscheiden zwischen „gefällt mir"/„gefällt mir nicht" und „will ich"/„will ich nicht". Entscheidend ist nur, dass wir lernen, unsere Beobachtungen und unsere Bewertungen strikt auseinanderzuhalten. Vermischen wir Beobachtung und Bewertung, wie es üblicherweise geschieht, hört unser Gegenüber sofort Kritik, wehrt ab oder geht in einen Gegenangriff. Beobachtung im Sinne der GFK meint eine neutrale Schilderung dessen, was geschehen ist, ähnlich der Wiedergabe einer Kameraaufzeichnung. Wir sagen also zum Beispiel nicht: „Sie kommen immer zu spät!", sondern: „Sie sind zum zweiten Mal in dieser Woche zehn Minuten zu spät zu unserem Termin gekommen."

Die zweite Komponente – Gefühle

Wir nehmen unsere Gefühle wahr und drücken sie aus. Wie fühlen wir uns angesichts der Situation bzw. der Handlung des anderen, die wir beobachten? Beim Benennen unserer Gefühle geht es darum, zu unterscheiden zwischen dem, was wir fühlen, und dem, was wir denken. Beispiele für Gefühle, die wir haben, wenn unsere Bedürfnisse nicht erfüllt sind: Ich fühle mich traurig, unbehaglich, unruhig, erschöpft, hilflos. Auch: Ich bin irritiert, frustriert, verletzt, ärgerlich, wütend.

Davon abzugrenzen sind ‚Pseudogefühle': das, was wir denken, wie wir ein Geschehen deuten, wie wir andere interpretieren. Es liegt auch am üblichen Sprachgebrauch, dass es häufig zu einer Verwechslung von echten Gefühlen und ‚Pseudogefühlen' kommt. Beispiele für Formulierungen, die Interpretationen darstellen, sind: „Ich fühle mich … ausgenutzt, herabgesetzt, provoziert, übergangen, vernachlässigt …" Ein Pseudogefühl lässt sich gut daran erkennen, dass es dem anderen eine Handlung oder Absicht unterstellt. Nur wenn wir unsere eigenen echten Gefühle ausdrücken und auch unsere Verletzlichkeit zeigen, erleichtert das den einfühlsamen Kontakt und hilft das bei der friedlichen Konfliktlösung.

Die dritte Komponente – Bedürfnisse

Gefühle sind wie Signale: Angenehme, freudvolle Gefühle weisen auf erfüllte Bedürfnisse, unangenehme, schmerzhafte Gefühle auf unerfüllte Bedürfnisse hin. Gefühle machen die Bedürfnislage sichtbar und regen uns an, uns um die Erfüllung unserer Bedürfnisse zu kümmern. Jedes Bedürfnis dient dem Leben und ist der Beachtung wert, kein Bedürfnis ist ‚schlecht'.

Wir erkennen und akzeptieren unsere unerfüllten Bedürfnisse und teilen diese dem anderen mit. Mit dem Aussprechen unserer Bedürfnisse steigt die Chance, dass sie erfüllt werden. Je bewusster wir uns unserer Bedürfnisse sind, desto selbstbestimmter können wir leben. Wir sagen, was wir brauchen, machen aber zugleich auch deutlich, dass uns die Bedürfniserfüllung unseres Gegenübers ebenso am Herzen liegt. Wir wollen unsere Bedürfnisse nicht auf Kosten anderer erfüllen.

In der GFK sind Bedürfnisse von Strategien abzugrenzen. Eine Strategie ist im GFK-Sprachgebrauch eine konkrete Vorstellung, wie sich ein Bedürfnis erfüllen lässt. Sie ist sozusagen die favorisierte Art, ein Bedürfnis zu erfüllen. (Ein Beispiel: Das Bedürfnis ist Ruhe, eine mögliche Strategie, allein spazieren zu gehen.) Eine friedliche Konfliktlösung gelingt am besten, wenn die Konfliktpartner nicht auf bestimmte Strategien fixiert sind.

Die vierte Komponente – Bitten

Damit deutlich wird, was wir uns tatsächlich vom anderen wünschen, folgt im vierten GFK-Schritt eine spezifische Bitte. Was kann unser Gegenüber unmittelbar tun, um zu unserem Wohlergehen beizutragen? Je klarer wir wissen und sagen, was wir uns vom anderen wünschen, desto wahrscheinlicher werden unsere Bedürfnisse erfüllt. Wir formulieren Bitten in positiver, konkreter Handlungssprache. Wir sagen, was wir wollen, nicht, was wir nicht wollen. Unsere Bitten beziehen sich nicht darauf, was der andere denken oder fühlen soll oder wie er sein soll. Vielmehr bitten wir um ganz greifbare Handlungen, die unser Leben bereichern würden. Eine Bitte gibt dem anderen die Wahlmöglichkeit, sie zu erfüllen oder nicht – und vielleicht nach anderen Lösungswegen zu suchen. Wir wollen, dass der andere unsere Bitte nur dann erfüllt, wenn er wirklich dazu bereit ist. So wird die Freude am Geben erhalten.

Eine Bitte wird zu einer Forderung, wenn der andere mit Konsequenzen (Beschuldigung, Bestrafung z. B. durch emotionalen Rückzug) rechnen muss, sollte er die Bitte nicht erfüllen. Was die meisten Menschen aus der Vergangenheit kennen, sind Forderungen (oft verkleidet als ‚Bitten'). Sie sind es nicht gewohnt, frei entscheiden zu können, ob sie einer Bitte entsprechen oder nicht. Deshalb hören sie in unserer Bitte schnell eine Forderung, und es dauert eine Weile, bis sie unserer nichtfordernden Haltung vertrauen.

Die GFK gibt übrigens auch eine Anleitung, wie Anerkennung ausgedrückt werden kann. Marshall B. Rosenberg: „Wir benennen 1. die Handlung, die zu unserem Wohlgefühl beigetragen hat, 2. unser spezielles Bedürfnis, das zufriedengestellt wurde, und 3. unser freudiges Gefühl als Ergebnis davon."

3.4 Hürden in der Kommunikation mit HSP

„Jedes Ding hat drei Seiten: Eine, die du siehst.
Eine, die ich sehe. Und eine, die wir beide nicht sehen."

Chinesische Weisheit

Hier soll es um mögliche Hürden in der Kommunikation zwischen Ihnen und der HSP gehen – Hürden, die sich mit einiger Wahrscheinlichkeit aus typischen hochsensiblen Verhaltensweisen und Kommunikationsmustern ergeben. (Was nicht heißt, dass HSP + HSP oder Nicht-HSP + Nicht-HSP keine Probleme miteinander hätten!) Einiges ist zuvor schon angesprochen worden, gehört aber eben auch hierher. Mit meinen Hinweisen, die ich aus meinen persönlichen Erfahrungen, aus der Beschäftigung mit Kommunikationstheorien und -konzepten sowie aus zahlreichen Gesprächen mit HSP gewonnen habe, möchte ich dazu beitragen, dass Ihr Verständnis wächst und dass es durch Ihr Zutun immer häufiger zu erfreulichen Konfliktlösungen kommt. Dabei ist mir bewusst, dass die Verantwortung für die gute Beziehung und die gelingende Kommunikation auf beiden Seiten liegt und Sie nur die Verantwortung für Ihren Anteil übernehmen können.

Ein Hinweis darf nicht fehlen: Weder die Liste an sich noch die Tipps erheben den Anspruch auf Vollständigkeit und Allgemeingültigkeit. Begegnen Sie jedem Rat mit gesunder Skepsis! Ergänzen Sie meine Vorschläge um Ihre eigenen bewährten Strategien und Ihre neuen Ideen, selbstverständlich auch um die Hinweise und Bitten, die Sie von der HSP, mit der Sie zu tun haben, direkt bekommen.

Bevor Sie weiterlesen noch eine Bitte an Sie: Lassen Sie sich von der Ballung der möglichen Hürden (10 Punkte!) nicht überwältigen. Vielleicht können Sie alle Überschriften lesen, manche Passagen nur überfliegen – bevor sich der frustrierende Gedanke „Das ist alles ganz schön kompliziert" einstellt! – und dafür das konzentriert lesen, was Sie aus Ihrem Erleben mit der HSP, an die Sie denken, kennen. Es ist für mich als HSP etwas schwer einzuschätzen, wo wir HSP zu viel erwarten. Wir meinen oft, es wäre doch eigentlich ganz einfach, so mit uns umzugehen, wie wir es brauchen, verkennen dabei aber, dass es für Nicht-HSP alles andere als ‚einfach' ist.

3.4.1 HSP drücken sich eher zurückhaltend und vage aus

Sofern sie nicht aufgeregt oder aufgebracht sind, verwenden HSP üblicherweise eine eher weiche, zurückhaltende und vorsichtige Ausdrucksweise. Sie gehen feinfühlig mit Formulierungen um, wählen ihre Worte mit Bedacht. Sie neigen dazu, Kritisches durch die Blume zu sagen, es bei Andeutungen bewenden zu lassen, sich indirekt auszudrücken (z. B. „Ich bin nicht sehr glücklich mit deiner Entscheidung" statt „Ich bin nicht einverstanden"). Obwohl sie vage bleiben, sind sie selbst der festen Meinung, sich klar und deutlich ausgedrückt zu haben, und erwarten entsprechende Reaktionen (im Beispiel: dass der andere seine Entscheidung überdenkt). Gerade in größerer Runde tun sie sich oftmals schwer, sich so ‚lautstark' zu Wort zu melden, dass sie mit ihren Ideen, Vorschlägen, Anliegen und Einsprüchen gehört werden.

HSP finden Nicht-HSP in ihrer Art zu kommunizieren in der Regel eher zu laut, zu direkt, zu hart und zu heftig und empfinden sie schnell als angreifend und verletzend. Da HSP Gesagtes nach ihrem eigenen Sprachverständnis auffassen, klingen Vorschläge in ihren Ohren leicht wie Bevormundung, Fragen wie Anweisungen (aus „Bist du heute nicht zum Aufräumen gekommen?" wird „Räum endlich auf!") oder Kritik („Du bist nicht in der Lage, Ordnung zu halten!"), Vermutungen wie Urteile (aus „Ist das vielleicht für dich zu viel?" wird „Du bist einfach nicht belastbar!"), unbedachte Äußerungen wie Kränkungen (aus „Ruh dich aus, wir kommen bestens ohne dich klar" wird „Du wirst gar nicht gebraucht"). Für sie ist es gefühlt so, als wären die anderen Sätze gesagt worden. Entsprechend sind ihre Reaktionen. Korrigiert der andere „Das hab ich so nicht gesagt", kommt die kühle Erwiderung „Aber gemeint". Einspruch zwecklos. Nicht-HSP betrachten das wiederum (durchaus nachvollziehbar!) als überzogenes Persönlichnehmen, unnötiges Dramatisieren und ein Die-Worte-im-Mund-Herumdrehen. Das ist wie ein nicht übereinstimmender Kommunikationscode, der eine Quelle für zahllose Missverständnisse und Missstimmungen darstellt.

> „Was ich schon oft zu hören bekommen habe: ‚Leg doch nicht jedes Wort auf die Goldwaage.' Mein Mann sagt, ich würde Wörter viel genauer interpretieren und bewusster einsetzen als er, was schon häufiger Grund für Streitigkeiten war. Auch reagiere ich empfindlich auf so manchen ‚lockeren' Spruch." (Lisa*)

HSP teilen sich zudem gern über Gesten, über Blicke und feine Abstufungen im Ton der Stimme mit. Sie selbst achten sehr auf all das bei anderen und gehen (zunächst) selbstverständlich davon aus, dass ihr Gegenüber in gleicher Weise bei ihnen solche kleinen Hinweise bemerkt und entschlüsselt. Es wundert sie, warum die körpersprachlichen Feinheiten meist nicht ausreichen, um die von ihnen beabsichtigte Botschaft verständlich zu machen.

Hinweise für den Umgang mit der HSP

Ich möchte Sie dafür sensibilisieren, sich gegebenenfalls in der Lautstärke und Eindringlichkeit Ihrer Worte im Gespräch mit der HSP ein Stück weit zurückzunehmen – zugunsten einer entspannten, vertrauensvollen Gesprächs- und Beziehungsatmosphäre. Wenn Sie eine Irritation bei der HSP bemerken, wäre das der Weg, die Situation abzufangen. Denken Sie daran, dass HSP alles wie mit einem Verstärker wahrnehmen.

No-go-Sätze: „Leg doch nicht jedes Wort auf die Goldwaage!“ (den haben HSP einfach schon zu oft gehört) oder „Du hast mich völlig falsch verstanden“ (schiebt die ganze Verantwortung zum anderen). Besser wäre: „Oh, so ist das bei dir angekommen, das tut mir leid“, „Ich habe mich wohl missverständlich ausgedrückt“, „Ich meine es nicht so krass“ (nur falls das stimmt) und „Ich würde es gerne zurechtrücken. Magst du mir zuhören?“.

Betreffend Unklarheit seitens der HSP kann eine situative Aufforderung, in ruhigem, vorwurfsfreiem Tonfall gesprochen, hilfreich sein: „Sag mir direkt, was du meinst“, „Sag mir, ob du XY willst oder nicht willst“. Stellen Sie sich vor, Sie würden um eine Übersetzung in eine andere Sprache bitten.

3.4.2 *HSP holen gern weit aus und gehen in Details*

HSP gehen in einem Dialog gern in die Tiefe und in die Breite. Hauptsächlich, um vom anderen in ihren Empfindungen, Überlegungen und Absichten verstanden zu werden, teilen sie sich oft in einer Ausführlichkeit und in vielen Einzelheiten mit, die ihrem Gegenüber das Verstehen nicht erleichtert, sondern erschwert; ein Zusammenhang, den HSP selten erkennen. So vieles scheint es wert, in die Mitteilung einbezogen zu werden, dass schließlich das Wesentliche kaum mehr deutlich wird.

> „Man gibt mir die Rückmeldung, ich würde zum Teil zu detailreich erzählen. Das mache ich, da ich denke, dass sich so die anderen besser einfühlen und mich vielleicht besser verstehen können, aber manche sind damit überfordert.“ (Rike*)

> „Andere finden schwierig, dass ich alles zu exzessiv diskutiere bzw. in Feinheiten zerlege und differenziere. Sie möchten mich schon verstehen, aber was ich zu sagen habe, soll ich am liebsten in einfach verdaubaren Sätzen, kurz und bündig sagen." (Antje*)

> „Ich habe immer Leute bewundert, die mit wenigen Worten viel sagen und an der genau passenden Stelle beredt (nicht eingeschnappt!) schweigen. Ich muss noch viel üben!" (Viviane*)

Hinzu kommt, dass HSP es am Ende häufig versäumen, ihre Mitteilung mit einer eindeutigen und konkreten Bitte abzuschließen, obwohl sie eigentlich eine haben – und sei es die, dass der andere ihre Gefühlsäußerung einfach nur aufnimmt, annimmt und kommentarlos stehen lässt. Wenn sie feststellen (oder vermuten!), dass sie nicht verstanden worden sind, kann es sein, dass sie in der nächsten Runde noch weiter ausholen, noch mehr Vorgeschichte und noch mehr Beweggründe liefern. Damit ist der Teufelskreis perfekt.

Auf dem Weg zu Entscheidungen benennen HSP in Diskussionen die Vor- und Nachteile der verschiedenen Wahlmöglichkeiten und die jeweiligen denkbaren Handlungsfolgen, greifen vielleicht auch schon denkbaren Argumenten ihres Gegenübers vor. Schon verhältnismäßig einfache Fragestellungen („Fahren wir am Wochenende weg oder bleiben wir zu Hause?") werden durch ihre Art zu denken komplex, Entscheidungsprozesse zeitraubend.

Hinweise für den Umgang mit der HSP

Es erfordert eine Menge Geduld von Ihnen, für eine solche Fülle von Gedankengängen und Einzelaspekten aufnahmefähig und -bereit zu bleiben, Geduld, die einfach nicht immer vorhanden ist. Und natürlich steht Ihnen der Sinn nicht immer nach tiefschürfenden Gesprächen.

Es hilft nichts: Sprechen Sie aus, wenn es Ihnen zu viel, zu tief gehend und zu weitschweifig wird. Das ist viel besser, als innerlich abzuschalten oder subtil abzublocken. Sagen Sie, wie es Ihnen geht, und bitten Sie um mehr Kürze und Prägnanz: „Das wird mir jetzt zu viel", „Ich kann dir nicht mehr folgen", „Mach es für mich einfacher/kürzer". Treten Sie ruhig selbstbewusst (nur nicht arrogant) auf: Die Reduktion von Komplexität und das Setzen von Prioritäten haben ihre Berechtigung, auch Vereinfachung und Fokussierung haben ihren Wert.

Bedrängen Sie die HSP aber nicht in der Entscheidungsfindung, denn das würde bedeuten, sie in einer wesentlichen Eigenart nicht anzunehmen. Eventuell können Sie vorschlagen, nicht die ganze Zeit ins Abwägen eingebunden zu werden, sondern nur später das Ergebnis der Überlegungen mitgeteilt zu bekommen.

3.4.3 *HSP sind manchmal vorlaut*

Insbesondere bei extravertierten HSP ergibt sich aus dem schnellen, verknüpfenden Denken oftmals eine gewisse Ungeduld, auch die Unart, anderen ins Wort zu fallen, deren Gedanken weiterzuführen. Dann ist da noch die Tendenz, aus dem angesammelten Wissensschatz Informationen hervorzuholen und ‚kluge' Ratschläge zu geben.

> „Mir wurde gesagt, dass ich manchmal etwas ungeduldig wirke. Ich weiß, dass ich gerne auch für andere die Sätze beende, um den Vorgang zu beschleunigen. Oftmals versuche ich in Gesprächen, mit meinem Wissen zu punkten, was nicht immer gefragt ist." (Michaela)

> „Wenn ich auf vieles eine Antwort habe, gelte ich schnell als Besserwisserin. Außerdem sagt man mir: ‚Musst du immer das letzte Wort haben?', ‚Kannst du mich bitte ausreden lassen?' Oft weiß ich tatsächlich – oder glaube zu wissen –, was als Nächstes kommt oder wie ein Satz weitergeht. Der kreative Umgang mit Sprache kann dazu führen, dass mir immer noch was einfällt, bis ich dann eben das letzte Wort habe. Eine andere Ursache kann schlicht Ungeduld sein, die an manchen Tagen oder bei bestimmten Leuten auffällig ist. Unhöflichkeit geht aber naturgemäß gar nicht, nicht mal mit der ‚Ausrede' Hochsensibilität." (Martina*)

> „Manchmal habe ich zu schnell Lösungen oder Lösungsvorschläge parat, gebe auch ungefragt Ratschläge. Müsste mehr hinhören und Fragen stellen, statt vorschnell Ideen zu präsentieren, wo keine gewollt sind." (Elsa*)

Hinweise für den Umgang mit der HSP

Sagen Sie der HSP, dass Sie gerne ausreden möchten und dass Sie sich gerade keinen Rat wünschen. Warten Sie nicht, bis Sie richtig ärgerlich sind und ein großes Ding daraus wird. Denken Sie daran: Ein sachter, leise gesprochener Hinweis dürfte genügen.

3.4.4 *HSP sind schnell überreizt*

Die nicht deckungsgleichen Wohlfühlbereiche von HSP und Nicht-HSP im Hinblick auf die Stimulation durch Außenreize bergen im Miteinander ein hohes Konfliktpotenzial. Es kann sein, dass die HSP schon beginnt, sich unwohl zu fühlen, wenn Sie als Nicht-HSP noch mehr Anregung suchen, und dass die Toleranzgrenze der HSP schon überschritten ist, wenn Sie sich im grünen Bereich befinden und die betreffende Aktivität genießen. So kommt es leicht zu misslichen Situationen, die aus dem Ruder laufen, wenn die Beteiligten nicht angemessen damit umgehen.

> „Ich habe das Gefühl, besonders gut mit Menschen umgehen zu können. Sobald aber Reizüberflutung einsetzt und mir kein Rückzugsraum vergönnt ist, kann ich das nicht mehr leisten. Ich benötige dann ein Ventil, um den Überdruck abzulassen. Dann werde ich nörglerisch, schnippisch, schimpfe vor mich hin wegen Kleinigkeiten." (Andrea)

> „Schwierig sind für mich soziale Situationen, wenn sie länger als circa zwei Stunden dauern. Ich fühle mich dann erschöpft und würde mich am liebsten zurückziehen. Geht das nicht oder erlaube ich mir das nicht, bekomme ich Bauchschmerzen, und meine Wahrnehmung verengt sich zunehmend auf dieses Problem." (Ingo)

Das Problem ist: Der durch Überreizung überforderte Mensch ist missmutig, unkonzentriert und nicht mehr wie sonst imstande, klar zu denken und besonnen nach Lösungen zu suchen. Sein Kommunikationsverhalten ändert sich: Er ist nicht mehr präsent, aufgeschlossen und einfühlsam, sondern geistig abwesend und unzugänglich. Unter Umständen ist er unterschwellig oder offen aggressiv (gereizt!), vorwurfsvoll und fordernd.

Ohne die Gelegenheit zum Rückzug aus der überreizenden Situation verschlechtert sich die Verfassung der HSP zusehends, auch wenn sie bemüht ist, sich zusammenzureißen und tapfer durchzuhalten. Sind Sie mit der HSP unterwegs, werden Sie jedenfalls keine Freude mehr an ihr haben. Der Zustand der Übererregung behindert oder verunmöglicht ein entspanntes Zusammensein sowie ein konstruktives Gespräch. Wer hochgradig gestresst ist, ist nicht zugleich offen für Mitteilungen, Argumente und Vorschläge seines Gegenübers, nicht in der Lage, auf einen anderen einzugehen; im Extremfall läuft nur noch das ‚Not-Programm' (irgendwie funktionieren, heil nach Hause kommen, nur noch abschalten).

Mit guter Selbstkenntnis und Selbstwahrnehmung kann die HSP rechtzeitig bemerken, wenn Übererregung droht, und mit geeigneten Handlungsstrategien gegensteuern. Da begegnen Sie dann dem Wunsch nach Rückzug, einer Pause, dem Beschließen der Tagesaktivitäten.

Schon im Vorfeld werden Sie bei einer HSP vermutlich wenig Begeisterung auslösen, wenn Sie vorschlagen, eine ausgiebige Shopping-Tour in der Einkaufsmall zu unternehmen, sich durch die kulinarischen Angebote auf dem Schlemmer-Stadtfest durchzuprobieren oder einen Freizeitpark zu besuchen. Viele HSP meiden in weiser Voraussicht alle Unternehmungen und Ausflugsziele, bei denen mit Menschenansammlungen und Halligalli zu rechnen ist. Ausnahmen bestätigen die Regel, aber nur, wenn HSP eine bestimmte Aktivität aufgrund eigener Vorlieben und aus eigenem Antrieb anstreben.

Hinweise für den Umgang mit der HSP

Achten Sie am besten schon bei der Planung von gemeinsamen Vorhaben mit auf die Vereinbarkeit mit der Hochsensibilität. Mitunter erheben HSP von sich aus keinen Einspruch, wenn Unternehmungen vorgesehen sind, die ziemlich sicher schon bald auf eine Überreizung hinauslaufen, weil sie es so sehr gewohnt sind, sich der Mehrheit anzupassen. Da Sie die HSP ja nicht bevormunden wollen, brauchen Sie dafür Fingerspitzengefühl. Auf Ihrer Seite ist Flexibilität gefragt. Seien Sie nicht zu sehr darauf festgelegt, bestimmte Aktivitäten unbedingt zusammen mit der HSP erleben zu wollen.

In der akuten Stresssituation lautet die Empfehlung: Schauen Sie, was Sie tun können, um beruhigend auf die HSP einzuwirken. An erster Stelle steht, selbst Ruhe zu bewahren und auszustrahlen. Seien Sie so verständnisvoll und fürsorglich wie möglich (nicht überfürsorglich). No-go-Sätze: „Es gibt keinen Grund, so aufgeregt zu sein“ (doch, den gibt es aus Sicht der HSP), „Jetzt sei doch nicht so gestresst“ (eine unerfüllbare ‚Sei-spontan‘-Aufforderung). Stattdessen zum Beispiel: „Ich merke, dass es dir nicht gut geht. Lass uns schauen, was dir jetzt helfen kann …“ Bedenken Sie: Der Stress kann nicht einfach kurzfristig zum Verschwinden gebracht werden. Der Körper braucht Zeit, die Stresshormone langsam wieder abzubauen.

Langfristig gesehen kann Ihre Bitte an die HSP lauten, sich jeweils möglichst frühzeitig mitzuteilen, wenn ihr alles zu viel wird und sie eine Auszeit vom Trubel braucht, und sich selbst vorsorglich hilfreiche Strategien zu überlegen.

3.4.5 *HSP stört vieles*

HSP bemerken nicht nur vieles, sondern fühlen sich auch durch vieles irritiert und gestört. Es fängt an mit Sinneseindrücken aller Art. Nebengeräusche wie Hintergrundgespräche oder Musik stören die Konzentration auf das eigene Gespräch. In einem belebten Restaurant zum Beispiel sind für HSP eine fokussierte Aufmerksamkeit für den Gesprächspartner und eine entspannte Unterhaltung kaum möglich. Je länger der Aufenthalt im Restaurant andauert, desto schwieriger wird es.

Zudem fällt HSP in ihrer Umgebung vieles auf, was man aufräumen, ordnen, putzen, ergänzen, erneuern, verschönern könnte. Sie haben oft eine großartige Vorstellung von Vollkommenheit, gegen die die Realität enttäuschend abfällt. Leider auch das: Persönliche Eigenheiten und Marotten ihres Gegenübers fallen ihnen ins Auge, wecken schnell ein Störgefühl und gehen ihnen auf die Nerven, wenn sie sie lange aus der Nähe erleben.

Hinweise für den Umgang mit der HSP

Seien Sie sich bewusst darüber, dass die Störanfälligkeit bei HSP deutlich über Ihrer eigenen liegt und dass daraus in derselben Situation ganz unterschiedliche Befindlichkeiten hervorgehen. Sehr wichtig: Versuchen Sie nicht, der HSP ihre Empfindung auszureden. No-go-Sätze: „Das stört doch gar nicht", „Was hast du jetzt schon wieder?", „Immer findest du das Haar in der Suppe!", „Nie bist du zufrieden!" (man beachte die Reizwörter ‚schon wieder', ‚immer' und ‚nie'!).

Wünschenswert wäre, dass Sie gedanklich neutral bleiben: Oh, da ist offenbar etwas, was den anderen stört. Manche Mitteilungen über empfundene Störungen können Sie einfach nur anhören, ernst nehmen, vielleicht mit einem Nicken bestätigen, die Verantwortung für den Umgang damit aber bei der HSP lassen. Oder Sie können fragen, ob Sie etwas tun können.

Sollte es gewünscht sein, Ihnen ohne allzu viel Mühe möglich sein und Ihren eigenen Interessen nicht zu sehr zuwiderlaufen, helfen Sie mit, Störungen zu minimieren oder zu beseitigen. Das wird die HSP vermutlich sehr schätzen, vor allem wenn Sie es ohne viel Aufhebens tun.

Scheuen Sie sich andererseits nicht, auch eigene Bedürfnisse vorzubringen und zu vertreten. Das Hochsensibelsein verleiht den HSP nicht per se mehr Rechte. Halten Sie Ausschau nach einem tragfähigen Konsens. Weisen Sie unfaire generalisierende Formulierungen der HSP – „Immer … (dudelt dieses Radio)", „Nie … (nimmst du Rücksicht auf mich)", „Schon wieder … (hast du das Fenster offen gelassen)", „Du bist … (eine Nervensäge)" usw. – entschieden zurück. Diese Vorwürfe kann man als verunglückte Wünsche ansehen. Bitten Sie darum, stattdessen richtiggehende Wünsche zu äußern.

3.4.6 HSP sind schnell gekränkt

Die Mehrzahl der HSP kann Unfreundlichkeit, Grobheit und vermeintliche oder tatsächliche Kritik ganz schlecht ungerührt hinnehmen. Sie sind daraufhin verhältnismäßig schnell gekränkt (bildhaft gesagt: ‚eingeschnappt' wie eine Mimose), gehen in den emotionalen Rückzug, in die Rechtfertigung oder reagieren feindselig (werden zum stacheligen Kaktus).

Schon ‚Kleinigkeiten' können HSP im Gespräch irritieren und brüskieren: ein Abschweifen der Aufmerksamkeit wird so vielleicht als generelles Desinteresse gewertet, ein Lachen als Belächeln interpretiert, ein witzig gemeinter Kommentar als Respektlosigkeit aufgefasst, ein Nachfragen in eine Richtung, um die es der HSP gerade nicht geht, als Zeichen für unverbesserliches Unverständnis gewertet. Und vorbei ist es mit der Unbeschwertheit, der Aufgeschlossenheit und der guten Gesprächsatmosphäre.

Weil es für HSP so schlimm ist, wenn sie kritisiert werden, haben sie häufig ihre eigenen Strategien entwickelt, um Kritik vorzubeugen. Sie sind zuvorkommend und vorauseilend in ihrem Bemühen, es ‚richtig' und anderen recht zu machen, oder sie nehmen mögliche Kritik von anderen vorweg, indem sie Selbstkritik üben.

Hinweise für den Umgang mit der HSP

Allem voran: Teilen Sie sich öfter darüber mit, was Ihnen gefällt und im Zusammensein guttut, als darüber, was Ihr Missfallen erregt. Sagen Sie das, was Sie vorzubringen haben, mit moderater Eindringlichkeit und in Form einer Ich-Botschaft.

Bei gekränkten Reaktionen sind No-go-Sätze: „Nimm das doch nicht so persönlich!" (ist eigentlich widersinnig, wenn eine Äußerung direkt an die HSP gerichtet ist), „Nimm dir das nicht so zu Herzen" (niemand kann auf Zuruf bewerkstelligen, dass ihm etwas weniger ausmacht). Besser wäre: „Hat dich meine Bemerkung gekränkt? Das tut mir leid." „Sagst du mir, wie du das aufgefasst hast? Dann kann ich etwas dazu sagen." Dabei dann bitte unbedingt ehrlich sein, nicht pauschal alles in Abrede stellen, sondern das, was Sie als Kritikpunkte sehen, auch offen äußern.

Eine prompte Rechtfertigung Ihrerseits oder ein direkter Widerspruch („Da hast du mich falsch verstanden") sind verständlich, aber eher weniger hilfreich für die Klärung. Sollten Sie die nötige Gelassenheit aufbringen können, seien Sie vorrangig daran interessiert, wie etwas auf Ihr Gegenüber gewirkt hat. Schenken Sie ihm Gehör und Einfühlung. Tragen Sie Ihre Sichtweise erst dann vor, wenn sich die Aufregung beim anderen deutlich gelegt hat. So haben Sie die beste Chance, selbst Gehör zu finden. Stellen Sie Ihre ‚Wahrheit' neben die des anderen, ohne diese vom Tisch zu wischen.

Ich möchte noch etwas zur viel gepriesenen Kritikfähigkeit sagen. Ich behaupte: Auch wenn die Mehrzahl der Menschen emotional robuster ist, steckt doch niemand Kritik einfach so weg. Viele gestehen sich nicht ein oder überspielen, dass Kritik an ihrem Selbstwertgefühl kratzt und die Verbindung zur Kritik übenden Person stört. Durch das allgemein intensivere Empfinden haben HSP es da nur noch schwerer als andere, Kritik einigermaßen gefasst aufzunehmen und das seelische Gleichgewicht nicht zu verlieren bzw. bald wiederzugewinnen.

3.4.7 HSP sind mitunter ‚emotional hochreaktiv'

Ganz gegen den Strich gehen HSP Rücksichtslosigkeit, Ignoranz, Geringschätzung, Bevormundung, Ungerechtigkeit bzw. alle Verhaltensweisen, die ihnen den Eindruck davon vermitteln. Wenn sich HSP missachtet, abgewertet, übergangen, an den Rand gedrängt, unterdrückt oder angegriffen fühlen, kann man sie in ihrer Reaktion darauf als sehr ‚unsensibel' erleben. Ihr Gesprächsverhalten kann plötzlich umschlagen von freundlich und zuvorkommend auf harsch und abweisend – keine Spur mehr vom zarten Wesen. Die scharfen Formen der indirekten Art, sich mitzuteilen, sind Ironie, Sarkasmus und Zynismus. Sie, die selbst nicht gut einstecken können, teilen womöglich ordentlich aus, werden extrem in der Wortwahl und hart im Ton. Wird ihnen daraufhin vorgeworfen, die Heftigkeit ihrer Reaktion sei total überzogen, wächst ihr ungutes Gefühl, nicht verstanden und nicht ernst genommen zu werden. Die Auseinandersetzung kann unglücklich eskalieren, Beziehungen können Blessuren davontragen.

> „Die heftigen emotionalen Reaktionen können nach meiner Erfahrung sowohl nach außen als auch nach innen auftreten. Der klassische Wutausbruch, also die Reaktion nach außen, führt bei mir meistens dazu, dass sich Menschen von mir abwenden und versuchen, mir nicht mehr mit Themen, die zu der Reaktion geführt haben, zu begegnen. Das empfinde ich bei meinen Kindern als besonders tragisch. Diese Erfahrung führte dazu, dass ich meist nach innen reagiere und diese starken Gefühle sich in mir ausbreiten und ich verstört und irgendwie merkwürdig erscheine. Langfristig führt es zu Verstimmungen und zu Depressionen." (Johannes*)

Nach außen kann der aufgewühlte, sich ohnmächtig fühlende Mensch kalt, standfest und wehrhaft erscheinen. Im Inneren ist der Aufruhr immens. Das kann sich der Betreffende oft selbst nicht richtig erklären. Er sieht die Gründe im außen, im ‚unmöglichen' Verhalten des anderen, erlebt seine Reaktion als unausweichlich. Die Schwelle der Toleranz gegenüber ‚Fehlverhalten' anderer kann unter Umständen sehr niedrig liegen, teilweise genügen kleine Anlässe, um ein Ausrasten hervorzurufen. Dabei geht es im Grunde um mehr als um die aktuelle Auseinandersetzung. In solchen Momenten fühlt es sich für die Person an, als würde sie schwer attackiert bis hin zu existenziell bedroht. Es ist für sie, als stünde sie mit dem Rücken zur Wand und müsste sich mit allen Kräften zur Wehr setzen.

„Ich kenne Wutausbrüche aus meiner Jugend, wenn ich mich völlig unverstanden und der Situation hilflos ausgeliefert gefühlt habe. Oder in den eskalierenden Phasen meiner Ehe, wo es genauso war. Also dann, wenn mir null Verständnis entgegengebracht wurde und auch kein klärendes Gespräch möglich war, das auch meine Bedürfnisse mit einbezogen hätte. Über die Jahre habe ich meine eigene Taktik entwickelt, versuche das in solchen Situationen an mir abperlen zu lassen, habe auch gelernt, aus meiner Sicht unberechtigte Kritik einzustecken. Allerdings: Je näher mir eine Person steht, desto schwieriger wird das. Und wenn sich viel aufsummiert, dann kann ich immer noch recht heftig werden, rücksichtslos scharf in meiner Kritik am anderen. Ich glaube nicht, dass ich dabei ungerecht werde. Hinterher tut mir meistens nur meine Schärfe leid. Freilich fühle ich mich danach aufgewühlt, mein Puls rast, und ich bin völlig k.o." (Christoph)

„Meine hochemotionalen Reaktionen auf das Gefühl von Verletzung sind ein Punkt, der noch sehr in Bearbeitung ist. Es hat mal jemand zu mir gesagt: ‚Du steckst ein wie 'ne Mimose und teilst aus wie ein Bauarbeiter.' Ich bin durchaus kritikfähig, wenn sie berechtigt ist und sachlich vorgebracht wird. Aber bei allem, was von mir als ungerecht, nicht wahrheitsgemäß, degradierend usw. empfunden wird, werde ich zur Furie. Ich sage bewusst ‚empfunden wird', denn es ist nicht zwangsläufig so gemeint. Der Umgang damit ist für mich schwierig. Einerseits weiß ich, dass mir Abstand in dem Moment gut täte, aber andererseits kann ich das Thema oder die Situation kaum verlassen." (Bea)

„Wenn ich an meine früheren Ausraster denke, kann ich es nur so beschreiben, dass ich wie neben mir stand, nur noch einen absoluten Tunnelblick hatte. Denkfähigkeit und Souveränität ade. Meine Reaktionen auf bestimmte Auslösereize kamen blitzschnell mit großer Heftigkeit, sie hatten etwas Zwangsläufiges. In den Momenten maximaler Aufregung hatte ich keine Chance, Möglichkeiten gegeneinander abzuwägen. Da war ein überwältigendes Gefühl von Ohnmacht. Mein Gegenüber erschien mir als zu bekämpfender Feind, entsprechend vernichtend war ich in meinen Äußerungen. Hinterher fühlte ich mich schrecklich, wusste, dass ich mich mit den wüsten Beschuldigungen ins Unrecht gesetzt hatte und erst recht nicht mehr ernst genommen wurde. Obwohl mein Anliegen durchaus berechtigt war." (Viviane*)

Hinweise für den Umgang mit der HSP

Im Zusammenhang mit den Gefühlsausbrüchen geht es vor allem ums bessere Verstehen. Gefühle wie Trauer, Enttäuschung, Ärger und Wut können als lebensdienlich gesehen werden. Sie sind wertvolle Signale, die auf unerfüllte Bedürfnisse hinweisen. Nach Rosenberg ist jede Form von Gewalt (auch die verbale) der tragische Ausdruck eines ungestillten Bedürfnisses. Über Empathie kann man den Bedürfnissen hinter den Gefühlen (bei sich und anderen) auf die Spur kommen. Sehr hilfreich ist es, Reaktions- und Interaktionsmuster zu durchschauen und in einer ruhigen Stunde zu besprechen, um ihrem Automatismus immer weniger ausgeliefert zu sein und befreiende Alternativen zu entwickeln. Dabei kann es nicht um das Wegdrücken von Gefühlen gehen, sondern darum, heftig hervortretende Gefühle nicht ausufern zu lassen, sondern sinnvoll zu kanalisieren.

Als wegweisend für HSP erachte ich das Zitat von Viktor Frankl: „Zwischen Reiz und Reaktion liegt ein Raum. In diesem Raum liegt unsere Macht zur Wahl unserer Reaktion. In unserer Reaktion liegen unsere Entwicklung und unsere Freiheit." Einfach ist das wohlgemerkt nicht. Die HSP muss ihren Weg der Musterunterbrechung finden.

> „Wenn ich merke, dass in mir Wut hochkommt, schaue ich, dass ich mich selbst rechtzeitig von den anderen entferne: raus an die frische Luft gehen oder in einen anderen Raum. Hinterher entschuldige ich mich für mein Verhalten und erkläre, was mich stört. Um dem Ausrasten vorzubeugen, ist es m. E. wichtig, dass man frühzeitig sagt, was man möchte und was nicht, damit sich gar nicht erst so viel Wut ansammelt." (Svenja*)

Gegenwärtiges Konfliktverhalten ist sehr oft auf prägende Konflikterfahrungen in der Herkunftsfamilie zurückzuführen. Jemand, der in der Vergangenheit wiederkehrend erlebt hat, in Konfliktsituationen nicht angehört, nicht ernst genommen und nicht respektiert zu werden, und regelmäßig den Kürzeren zog, ist in hohem Maße vorverletzt. Durch eine Konfliktsituation in der Gegenwart, die den alten ähnelt (insbesondere wenn im Verhalten des Gegenübers Anzeichen von Missachtung und Nicht-ernst-Nehmen zu erkennen sind), werden blitzschnell alte Verletzungen, alte Gefühle der Hilflosigkeit reaktiviert und daraus entstandene Konfliktmuster auf den Plan gerufen. Gerade extreme Verhaltensweisen entstehen aus einer großen inneren Not heraus und können als automatisch ablaufende Mechanismen gesehen werden, die dem Selbstschutz und der Selbstbehauptung dienen. Die innere Not des Betreffenden ist für andere nicht direkt sichtbar, sie lässt sich nur aus der heftigen Reaktion, die so unerklärlich erscheint, ablesen.

> „Es ist nicht nur die Hochsensibilität, sondern vor allem die Herkunftsfamilie, die jeden Einzelnen von uns sehr geprägt hat. Der Mensch eignet sich unbewusst schon als kleines Kind Verhaltensmuster als ‚Überlebensstrategien' an. Im Alltag werden wir oft unbewusst getriggert, egal von wem. Dies lässt uns dann auf eine unbeherrschte Art und Weise reagieren, die mit der aktuellen Situation kaum etwas zu tun hat. Das wiederum löst beim Gegenüber Unverständnis aus … Heute weiß ich, dass es den eigenen Anteil gibt bei Problemen. Es ist ein langer und schmerzlicher Weg, die Zusammenhänge zu verstehen. Einigen gelingt es nie, weil der unbewusste Widerstand zu hoch ist. Ich bin sehr froh, dass ich die Einsicht zulassen konnte, aber natürlich ist es auch für mich noch ein weiter Weg." (Angela)

In den Ausnahmesituationen hat die HSP mit ihren überwältigenden Gefühlen umzugehen, und Sie haben es mit einer gefühlsintensiven Person zu tun, die außer sich ist. Solch blinder Wut zu begegnen kann für Sie verunsichernd und sehr verletzend sein. Bedenken Sie, dass die schneidend scharfen Sätze, die dann zu Ihnen gesagt werden, und die eisige Schulter, die Ihnen gezeigt wird, meist gar nicht wirklich Ihnen gelten (jedenfalls nicht in der Heftigkeit), sondern Bezugspersonen aus der Vergangenheit der HSP.

Lassen Sie mich klarstellen: Gefühle und auch starke Gefühle haben immer ihre Daseinsberechtigung (dafür sollte niemand kritisiert werden), aber es ist nicht in Ordnung, sie unkontrolliert und destruktiv auszuagieren – auch nicht in Stresssituationen. Dagegen können Sie sich verwahren. Der starken Emotionalität eine betonte Sachlichkeit entgegenzusetzen wirkt allerdings oft, als ob Sie Öl ins Feuer gießen. Angebrachter und nützlicher – vermutlich auch authentischer – ist es, wenn auch Sie Gefühle zeigen, am besten allerdings in der Heftigkeit mindestens eine Stufe unter der Ihres hochreaktiven Gegenübers, dann wirkt es am ehesten deeskalierend. Sagen Sie ruhig, dass der Gefühlsausbruch Sie verunsichert und trifft, dass die radikalen Vorwürfe oder der Sarkasmus Sie verletzen, dass Sie sich ratlos fühlen.

No-go-Sätze sind: „Jetzt bleib doch mal sachlich“ (das kann der andere in dem Zustand ganz sicher nicht leisten, und Gefühle sind ja auch nicht per se unangebracht), „Du überreagierst“ oder „Du steigerst dich in etwas hinein“ (stimmt irgendwie, aber das sind ‚Diagnosen‘ von oben herab, die zusätzlich verärgern). Besser wäre: „Stopp! Ich akzeptiere nicht, wie du mit mir sprichst“, „Ich weiß nicht, was ich jetzt sagen soll …“, „Bitte lass uns für eine Weile auseinandergehen, damit wir uns beide wieder beruhigen können. Wir sprechen später/morgen weiter.“ Bitte nicht einfach wortlos gehen, sondern das Wiederkommen zusichern.

> „Schlimm ist es, wenn der andere geht, mich zurücklässt oder ignoriert. Da bin ich dann wieder das Kind, das alleine in sein Zimmer gesperrt wurde, wenn es ungehorsam war, und darauf warten muss, dass es wieder geliebt wird.“ (Bea)

> „Für mich ist es durchaus typisch, dass ich bei Ungerechtigkeiten oder Streits sofort total ex- oder implodiere. Früher habe ich immer gleich losgeweint, das ist zum Glück heute nicht mehr so. Inzwischen kann ich mich meistens nach außen hin beherrschen. Im persönlichen Umfeld wird es schon schwieriger. Da kann ich mich in ein Streitthema reinsteigern und mich darin verheddern. Manchmal gelingt es mir erst Tage später, mich wieder zu beruhigen. Es ist sehr schwierig, mich aus dieser Situation herauszuholen. Was ich dann genau brauche, kann ich nicht generell sagen. Manchmal wäre es schon hilfreich, in den Arm genommen zu werden.“ (Michaela)

> „Mein Appell an alle, die mit einer ausrastenden Person zu tun haben: Wenn möglich, eine räumliche Distanz schaffen. Raus aus der ‚Schusslinie‘, so lange, bis ein normales Gespräch

> wieder möglich ist. Abwarten, bis der ‚Sturm' vorüber ist. Auf keinen Fall widersprechen, sich rechtfertigen oder Ähnliches. Der ‚Wüterich' ist während des Ausrasters für keinerlei Argumente zugänglich. Er braucht Zeit. Nach dem ‚Gewitter' ist es wichtig, verständnisvoll zu sein und ruhig zu argumentieren." (Svenja*)

Natürlich kann es leicht passieren, dass Sie als Reaktion ebenfalls ausfallend und ungerecht werden. Sie sind ja kein Übermensch. Vielleicht sind Sie aber dennoch derjenige, der etwas mehr den Überblick behalten und dafür sorgen kann, dass nicht allzu viel Porzellan zerschlagen wird. In heller Aufregung kann einfach kein klärendes Gespräch geführt werden. Dann brauchen beide Gesprächspartner Abstand und Zeit, um wieder runter und zu sich zu kommen und um zu vermeiden, dass sich die Emotionen immer weiter aufschaukeln. Gehen Sie davon aus, dass die HSP erst einmal wieder Boden unter die Füße bekommen muss und Sie ihr dabei nur sehr wenig helfen können. Die Beruhigung lässt sich nicht beschleunigen, ihr kann nur Raum gegeben werden. Stellen Sie im späteren Klärungsgespräch Ihre Sicht der Dinge neben die Ihres Gesprächspartners. Nehmen Sie den anderen und sich selbst wichtig und ernst. Vermeiden Sie jeden Kampf ums Rechthaben.

Wut ist ein starker Affekt, der schwer zu kontrollieren ist und unter Umständen ganz außer Kontrolle geraten kann. Dennoch sollte Wut nicht verdammt oder tabuisiert werden. Wut kommt aus gutem Grund auf, wenn einem selbst (oder anderen) Unrecht widerfährt oder man sich durch andere Menschen oder bestimmte Umstände in seiner Selbstbestimmung und Selbstentfaltung erheblich eingeschränkt fühlt, wenn die eigene Unversehrtheit in Gefahr ist, wenn die Würde angetastet wird. Wut dient dazu, eine notwendige Distanz zu schaffen, Kräfte zu mobilisieren sowie lebensdienliche Abwehrhandlungen zu befeuern, und hat somit eine wichtige Schutzfunktion. – Das gilt für die HSP und für Sie.

3.4.8 *HSP streben nach Harmonie und scheuen Konflikte*

Vielen HSP fällt es schwer, anderen unumwunden zu sagen, was sie brauchen, bzw. ablehnen und ein klares Nein auszusprechen und beizubehalten. Sie scheuen kontroverse Diskussionen und Auseinandersetzungen. Jede Disharmonie wird als beunruhigend oder sogar bedrohlich erlebt und daher viel dafür getan, offenen Meinungsverschiedenheiten oder Streits aus dem Weg zu gehen sowie Harmonie zu erhalten bzw. ganz schnell wieder herzustellen.

> „Mein Umfeld wünscht sich, dass ich mich wehre, wenn ich mich ungerecht behandelt fühle, und mich mehr durchsetzen soll. Auch mal Nein sagen soll. Da mir diese Dinge

schwerfallen, haben manche Kollegen und Freunde Schwierigkeiten zu merken, wo sie meine Grenzen überschreiten." (Svenja*)

„Für mich ist es am schwierigsten, dass ich so viele Gefühle und Emotionen der anderen spüre bzw. meine zu spüren. Ich beziehe alles schnell auf mich, gebe mir die Schuld daran oder versuche, im Vorfeld schon alles zu tun, damit es den anderen gut geht, da ich Disharmonie so schlecht aushalten kann.

Es kommt öfter vor, dass ich nicht wirklich ehrlich sage, was ich möchte/brauche, um andere nicht zu verletzen/einzuschränken/zu belasten. Ich versuche, es allen recht zu machen, und nehme dabei wenig Rücksicht auf mich selbst. Gibt es einen Konflikt, bemühe ich mich sehr, diesen schnell zu lösen und lieber mehr auf den anderen einzugehen, damit sich der Streit schneller auflöst. Ich kann auch ganz schlecht einschlafen, wenn es Ärger gab." (Rike*)

Insbesondere dann, wenn in der Kindheit und Jugend der Drang nach Selbstbestimmung und Selbstentfaltung wiederholt mit Unterdrückung, Beschämung und Liebesentzug beantwortet wurde, können sich eine außerordentliche Harmoniebedürftigkeit und ein angepasstes Verhalten ausgeprägt haben, was bis ins Erwachsenenalter beibehalten wird.

Im Bestreben, Wohlwollen, Freundlichkeit und Zugehörigkeit sicherzustellen und nur ja keine verletzende Bloßstellung, keine kränkende Zurückweisung und keinen Kontaktabbruch zu riskieren, werden eigene Bedürfnisse zurückgestellt (bzw. dem Bedürfnis nach Harmonie wird absolute Priorität eingeräumt) und vorrangig Wünsche und Erwartungen der Menschen im Umfeld erfüllt. Aufkommender Ärger wird heruntergeschluckt und nur im Stillen bewegt. Dann schwelt die Unzufriedenheit im Inneren, geht auf Kosten der Lebensfreude und der Lebendigkeit in der Beziehung. Die Folge kann ein vorübergehender oder andauernder innerer Rückzug sein (bis hin zur Depression) oder schließlich ein dramatischer Gefühlsausbruch, wenn eines Tages das Fass durch eine Kleinigkeit zum Überlaufen gebracht wird. Dann strömen aufgestaute Vorwürfe und Anklagen nur so heraus und können kaum mehr konstruktiv kanalisiert werden.

„Es kann sein, dass ich gar nichts sage, getreu dem Motto ‚hat eh keinen Zweck' bzw. um des lieben Friedens willen. Mit der Folge, dass irgendwann eine Explosion stattfindet und das Gegenüber überhaupt nicht versteht, warum ich jetzt auf einmal so extrem reagiere." (Antje*)

„Ich war immer eher der Runterschlucktyp, hab also nie negative Gefühle wie Wut, Trauer, Angst usw. gezeigt. Die Quittung ist dann allerdings, dass mir mein Körper zeigt: ‚Hey, da ist was nicht in Ordnung.' Z. B. bekomme ich Bauchschmerzen, wenn ich Wut unterdrücke. Wenn bei mir zu arg die Wut hochkam, habe ich schon andere gebeten, mich eine Runde laufen zu lassen. Dann bin ich wieder runtergekommen. Wollte nämlich nie, dass jemand Falsches darunter leidet. Hängt auch damit zusammen, dass ich immer unter den Wutausbrüchen meiner Mutter litt. Ich denke, dass das alles nicht nur mit HS zu tun hat, sondern was man als Kind erlebt hat und wie man als Kind gelernt hat, mit Gefühlen umzugehen. Ich bin hier noch am Lernen, dass ich zumindest über das, was ich fühle, rede. Da dieses ständige Runterschlucken krank machen kann, eben weil es in psychosomatische Beschwerden umschlägt, sollte man sich nicht scheuen, therapeutische Hilfe in Anspruch zu nehmen. Ich kenne HSP, die erhebliche Beschwerden haben und leider meinen, sie bräuchten keine Hilfe. Mir hat Therapie geholfen, krank machende Verhaltensmuster abzulegen." (Heike)

Es gibt noch eine weitere Erscheinungsform von Harmoniestreben: Einigen HSP ist so sehr bewusst, dass echte Harmonie nur durch das Klären von Konflikten entstehen kann, dass sie zu wahren Klärungsfanatikern werden und im Ansprechen und Ausdiskutieren von Konflikten kein rechtes Maß finden. Sie sind dabei geleitet von der illusorischen Hoffnung, eines Tages alle Unstimmigkeiten aus dem Weg geräumt zu haben und den Zustand der Konfliktlosigkeit zu erreichen.

Hinweise für den Umgang mit der HSP

Natürlich kommt es sehr darauf an, welches Ihr eigenes Konfliktmuster ist. Sind Sie selbst auch sehr friedliebend, dann ist es Ihnen vermutlich recht, wenn Sie möglichst wenige Konflikte ausfechten müssen. Sind Sie hingegen jemand, der die Problempunkte gern beim Namen nennt und offensiv angeht, bevor sie zu ausgewachsenen Problemen werden, dann werden Sie mit einem defensiven, ausweichenden Verhalten Ihre liebe Not haben.

Eine pauschale Aufforderung „Sag, was du willst" und „Sag ruhig öfter mal Nein" hat eher wenig Aussicht auf Erfolg. Aussichtsreicher ist eine Aussage in der betreffenden Situation, sofern sie echt und glaubwürdig rüberkommt: „Es ist okay, wenn du jetzt Nein sagst" (das muss dann aber auch unbedingt für Sie so stimmen).

Ich meine, Konflikte verlieren etwas von ihrem Schrecken, versteht man sie als das Aufeinanderstoßen unterschiedlicher Meinungen, Interessen und Wünsche. Es sind im wahrsten Sinne des Wortes Meinungsverschiedenheiten. Konflikte bleiben im Miteinander nicht aus, es tauchen immer wieder neue auf bzw. dieselben erneut, wenn es sich um unlösbare Konflikte handelt (auch die gibt es). Äußerst wichtig ist aber die Art, wie mit solchen Meinungsverschiedenheiten umgegangen wird.

Unbedingt vermieden werden sollten eine unfaire Auseinandersetzung, ein destruktiver Gesprächsverlauf mit verletzenden Vorwürfen, Schuldzuweisungen und Herabwürdigungen und dem erbitterten Versuch beider Seiten, recht zu behalten, sich durchzusetzen und zu gewinnen. Gefragt ist Konfliktfähigkeit, wozu eine gewisse Konflikttoleranz ebenso gehört wie das Beherrschen von praktikablen Methoden zur konstruktiven Konfliktbewältigung (z. B. GFK!), eventuell auch das In-Anspruch-Nehmen von professioneller Hilfe (z. B. Beratung und/oder Mediation). Die ermutigende Aussicht: Neue Erfahrungen sind möglich!

3.4.9 *HSP brauchen mehr Distanz*

Da HSP sehr vieles emotional sehr nahegeht und sie nur schwer einen schützenden inneren Abstand herstellen können, müssen sie sehr darauf achten, was und wen sie (näher) an sich heranlassen und wovon sie sich besser fernhalten bzw. entfernen. Vielfach brauchen sie einen realen äußeren Abstand zu dem, was sie beeinträchtigt, belastet, aufwühlt und was nervliche Übererregung verursacht (wie z. B. Leid zeigende Filme, hektische, lärmerfüllte Umgebungen, als anstrengend empfundene Personen, Gruppen oder Menschenansammlungen).

HSP halten tendenziell wenig Blickkontakt. Häufig sind unruhige Augenbewegungen zu beobachten. Ist Ihnen das schon aufgefallen? Das Vermeiden von Blickkontakt wird leicht als Zeichen von Unsicherheit, Kontaktscheu oder Unehrlichkeit fehlinterpretiert. Die wahrscheinlichere Begründung ist aber, dass für HSP direkter Blickkontakt so eindringlich wirkt, dass er ihnen schlichtweg zu viel wird und sie ihn deshalb – bewusst oder unbewusst – reduzieren. Des Weiteren wünschen sich HSP oftmals etwas mehr räumliche Distanz zu ihrem Gesprächsgegenüber, auch das, um die Intensität des Kontakts zu mindern.

Hinweise für den Umgang mit der HSP

Signalisieren Sie Respekt für den Distanzwunsch der HSP, indem Sie ein Zurückweichen der HSP mit einem kleinen Schritt zurück Ihrerseits beantworten. Ermutigen Sie die HSP immer wieder darin, sehr bewusst zu entscheiden, welchen Eindrücken und Einflüssen sie sich überhaupt (und wenn ja, wie lange) aussetzt, Stressendes nicht gewohnheitsgemäß auszuhalten, sondern rechtzeitig schützenden Abstand zu schaffen.

3.4.10 HSP haben einen anderen Sinn für Humor

HSP haben ihren ganz eigenen Sinn für Humor, sie mögen subtilen, geistreichen Witz, vielleicht auch skurrilen Humor. Über vieles, was andere witzig finden und als Spaß ansehen, können sie nicht lachen. Außerdem fällt es ihnen des Öfteren schwer, Spaß von Ernst zu unterscheiden. Das wirkt dann auf andere so, als seien sie humorlos. Dabei finden sie nur manche Witze einfach zu plump oder zu derb, vielleicht auch geschmacklos oder pietätlos. Natürlich finden sie es furchtbar, selbst Gegenstand der Belustigung zu sein.

> „Andere sagen mir, dass ich alles so ernst nehme, zu genau, und man daher immer so vorsichtig sein muss mit mir, da ich alles gleich für bare Münze nehme.“ (Rike*)

> „Manchmal frage ich mich, ob ich zu wenig Spaß verstehe. Einige Arten Humor fallen wirklich unten durch. Schwarzen Humor finde ich total daneben.“ (Lisa*)

> „Es passiert mir öfter, dass ich Witze nicht verstehe. Ich vermute Tiefsinniges, und sie sind einfach nur platt. Oder ich denke dreimal um die Ecke, während die Pointe naheliegend ist. Oder aber es sind taktlose Späße, die auf Kosten Schwächerer gehen oder Anwesende bloßstellen. Da hört der Spaß auf. Und: Vulgärsprache geht für mich gar nicht.“ (Viviane*)

Hinweise für Sie für den Umgang mit der HSP

Seien Sie bitte extrem vorsichtig, was spaßhafte Bemerkungen über die HSP angeht. Das Sprichwort „Die Seele versteht keinen Spaß“ ist für HSP sehr zutreffend. Manche sagen ja (und ich gehöre dazu), dass in jedem Spaß zumindest ein Funken Ernst steckt. Wie sonst wäre jemand gerade auf diesen Spaß gekommen? Insofern gibt es für die feinfühlige HSP auch einen guten Grund, etwas Persönliches herauszuhören. Ich empfehle Ihnen, sich nicht reflexhaft vollständig von dem spaßhaft Gesagten zu distanzieren („Ach, das war doch nur Spaß“), sondern auf Nachfrage – oder bei sichtlicher Irritation – Auskunft darüber zu geben, was an Ernsthaftem im Spaß steckt. Sollten Sie das nicht sofort parat haben, gehen Sie in sich, um darüber Klarheit zu gewinnen. Stehen Sie zu dem Körnchen Wahrheit, das Sie aufgespürt haben, teilen Sie Ihre eigentliche Botschaft eindeutig mit, lassen Sie die HSP nicht mit dem Rätselraten allein.

3.5 Unterschiede überbrücken

„Das echte Gespräch bedeutet: Aus dem Ich heraustreten und an die Tür des Du klopfen.“

Albert Camus (1913–1960)

Es gibt keine richtige oder falsche Wahrnehmung, keine richtige oder falsche Sichtweise, auch keine richtige oder falsche Empfindung. Es gibt einfach unterschiedliche Wahrnehmungen, Sichtweisen und Empfindungen, und die sind jeweils subjektiv. Meist ohne sich dessen bewusst zu sein, schaut jeder aus seinem Blickwinkel und durch seine persönliche Brille auf Dinge, Menschen, Geschehnisse um ihn herum, hört mit seinen in bestimmter Weise ausgerichteten Ohren, empfindet gemäß seines Naturells und seiner Lebenserfahrungen. Jeder Mensch hat ein anderes inneres Bild von der Welt. Sie können davon ausgehen, dass sich die Erlebniswirklichkeit der HSP erheblich von Ihrer unterscheidet. Vielleicht mögen Sie die HSP bitten, Ihnen durch Schilderungen Einblicke in ihre Welt zu geben; erzählen Sie ihr umgekehrt auch von Ihrer Welt. Das fördert das gegenseitige Verständnis.

Um anschaulich zu machen, wie sehr es auf den Standpunkt des Betrachters und seine Sichtweise ankommt, stelle ich im Coaching gerne als einfaches Beispiel eine Henkeltasse zwischen den anderen, der mir gegenübersitzt, und mich auf den Tisch. Ich schaue auf die Tasse und sage: Der Henkel ist rechts. Mein Gegenüber schaut auf dieselbe Tasse und stellt fest, dass der Henkel links ist. Nun könnten wir trefflich streiten, was ‚richtig‘ ist – rechts oder links? Lädt mein Gegenüber mich nun ein, zu ihm herumzukommen, um von dort aus auf die Tasse zu schauen, und folge ich dieser Einladung, dann kann ich sehen, dass aus seiner Warte der Henkel links erscheint. Gehe ich dann wieder zurück an meinen Platz, behalte ich eine Vorstellung davon, wie sich derselbe Sachverhalt aus dem anderen Blickwinkel darstellt, und wir können uns problemlos darauf einigen: Aus meiner Sicht ist der Henkel rechts, aus der Sicht des anderen links. Das erspart uns den Streit ums Rechthaben.

Von zentraler Bedeutung im Umgang mit einer HSP ist, dass Sie dem Wesenszug Hochsensibilität mit all seinen Auswirkungen auf das Erleben, Denken, Fühlen und Wollen so viel Verständnis und (vor allem!) Akzeptanz wie nur möglich entgegenbringen. Wünschenswert ist ein Interesse am hochsensiblen Mitmenschen, das nicht nur oberflächlich ist, sondern sich auf das Erkennen seines Wesenskerns ausrichtet.

Der Gedanke, dass die HSP im Leben besser zurechtkäme, wenn sie ihre sensible Art ablegen und sich ein ‚dickes Fell‘ zulegen würde, scheint naheliegend und mag wirklich gut gemeint sein (wie auch schon von den vielen anderen Menschen, die im Lauf des Lebens einer HSP versucht haben, sie zu verändern), geht aber von einer irrigen Annahme aus. Hochsensibilität ist ein beständiges Persönlichkeitsmerkmal, aus ‚dünner Haut' wird beim besten Willen kein ‚dickes Fell'. Die HSP hat es sich nicht ausgesucht, hochsensibel zu sein, kann nicht beschließen, es nicht mehr zu sein, kann (und sollte!) auch nicht ‚einfach' darüber hinweggehen. Ein entsprechender Appell („Sei doch nicht so empfindlich!") wäre mehr von dem, was das wahre Wesen einer HSP verkennt und unbedingte Wertschätzung vermissen lässt.

Über Selbstbeobachtung und Selbstreflexion können Sie nicht nur gewahr werden, welche Sprache Sie gebrauchen, sondern auch, wie es um Ihre innere Haltung bestellt ist. Dann kann Ihnen auch auffallen, wenn sich bei dem, was Sie laut sagen, ein Subtext in Richtung „Stell dich nicht so an" einschleicht. (Unter Subtext versteht man in der Linguistik eine Ebene, die der expliziten Aussage eines Satzes als zusätzliche, implizite Bedeutungsebene unterlegt ist.) Sie erinnern sich: HSP sind sehr begabt darin, auch Unterschwelliges wahrzunehmen.

Bei aller wünschenswerten Rücksicht und Vorsicht wäre es allerdings fehl am Platze, die HSP mit Samthandschuhen anzufassen; sie ist verletzlich, ja, aber nicht zerbrechlich. Übermäßige Behutsamkeit und Fürsorglichkeit würden implizieren, dass Sie die HSP als schwach und hilfsbedürftig ansehen. HSP wünschen sich eine gewisse Bereitschaft zur Rücksichtnahme, wollen aber keine Sonderbehandlung, die sie in die Ecke von Krankheit und Behinderung rücken und ausgrenzen würde. Eigentlich (aber wohl nur eigentlich!) ist die Lösung ganz einfach: Wenn Sie generell einen achtsamen und achtungsvollen Umgang mit Ihren Mitmenschen pflegen, dann bedarf es für HSP keiner besonderen Abwandlung, sondern lediglich besonderer Beachtung.

3.6 In Kürze – ein Dutzend Empfehlungen

Wichtige allgemeine Empfehlungen für den Umgang mit einer HSP:

1. Begegnen Sie der HSP aus einer inneren Haltung heraus, die sich auf Wertschätzung, Empathie und Authentizität gründet.
2. Vermeiden Sie Verhaltensweisen, die eine verbindende Kommunikation stören, wie Bagatellisieren, Diagnostizieren, Beschämen, Bewerten, Beschuldigen, Ratschlagen, Bedrängen; weisen Sie umgekehrt entsprechende Verhaltensweisen Ihres Gegenübers zurück.
3. Schenken Sie der HSP Aufmerksamkeit, hören, schauen und spüren Sie zu ihr hin, interessieren Sie sich für ihre Gedanken, Gefühle, Bedürfnisse und Wünsche (was nicht automatisch heißt, dass Sie für die Erfüllung zuständig sind), bemühen Sie sich ernsthaft um Verständnis.

4. Bedenken Sie, dass die Erlebniswirklichkeit der HSP sich erheblich von Ihrer unterscheidet, akzeptieren Sie die Unterschiedlichkeit, vermeiden Sie Streit ums Rechthaben.
5. Teilen Sie sich über eigene Ansichten, Gefühle, Bedürfnisse, Wünsche und Erwartungen mit.
6. Achten Sie die Empfindungen der HSP, nehmen Sie sie mit dem, was sie als Schwierigkeiten erlebt, ernst, gehen Sie in stimmigem Maße auf die HSP ein.
7. Wenn Sie der HSP entgegenkommen möchten, nehmen Sie sich in der Lautstärke und der Eindringlichkeit Ihrer Sprache und in Ihrer Forschheit ein Stück zurück.
8. Es ist schön, wenn Sie zu einer gewissen Rücksicht und einem gewissen Entgegenkommen bereit sind, aber verbiegen Sie sich nicht.
9. Handeln Sie für sich eigenverantwortlich, selbstbestimmt und selbstfürsorglich und treten Sie für Ihre Interessen ein.
10. Trauen Sie der HSP Eigenverantwortlichkeit, Selbstfürsorge und Selbstbestimmung zu und bestärken Sie sie darin.
11. Halten Sie sich mit Hauruck-Problemlösungen zurück, widerstehen Sie dem Impuls, eigenmächtig Dinge für die HSP regeln zu wollen.
12. Gehen Sie keine faulen Kompromisse ein, streben Sie gemeinsam mit der HSP nach konsensfähigen kreativen Lösungen.

4. Wie Sie als Familienmitglied ein gutes Verhältnis ermöglichen können

Wie im gesamten Buch beziehe ich mich hier ausschließlich auf erwachsene hochsensible Personen und adressiere in erster Linie deren nahe Verwandte aus der Herkunftsfamilie. Was das Thema hochsensibles Kind angeht, verweise ich auf entsprechende Literatur (siehe Empfehlungen unter „Literatur"). Wenn hier von ‚Kind' die Rede ist, geht es für Sie als Mutter oder Vater um Ihre Tochter bzw. Ihren Sohn, die/der inzwischen erwachsen ist und dennoch immer Ihr Kind bleibt.

Familiäre Bande sind für jeden das Kernstück des persönlichen Beziehungsnetzes. Soweit es die Ursprungsfamilie betrifft, sind diese Bande unauflöslich, selbst wenn gerade kaum oder kein Kontakt besteht. Familienmitglieder kann man nicht aussuchen, ‚umtauschen' oder abwählen (allenfalls den Kontakt abbrechen). Man kann sie nicht ändern, muss sie nehmen, wie sie sind, kann nur das Bestmögliche aus den Verbindungen machen. Ist das Verhältnis der Familienmitglieder untereinander gut, gibt die Familie jedem Mitglied einen wohltuenden sozialen Halt. Gibt es Unstimmigkeiten und Ressentiments oder gar Animositäten und Intrigen, beeinträchtigt das bewusst oder unbewusst den Seelenfrieden jedes Einzelnen (den von HSP mehr noch als den von anderen). Es ist daher jeden ernst gemeinten Versuch wert, Klärung und Befriedung herbeizuführen. Voraussetzung ist natürlich immer eine gewisse Gesprächsbereitschaft, Reflexionsfähigkeit und Einsichtigkeit auf allen Seiten, jenseits von Rechthaberei, Anklagen und Rechtfertigungen.

4.1 Familie: Ein komplexes System

> *„Liebe ist die Fähigkeit, den Menschen, die uns wichtig sind, die Freiheit zu lassen, die sie benötigen, um so sein zu können, wie sie sein wollen. Unabhängig davon, ob wir uns damit identifizieren können oder nicht."*
>
> George Bernard Shaw (1856–1950)

Die heute erwachsenen HSP erinnern sich vielfach an eine schwierige Beziehung zu ihren Eltern und Geschwistern in der Kindheit und Jugend und daran, wie schmerzlich unverstanden, verkannt und unfair behandelt sie sich in der Familie fühlten. Oft bleiben die Beziehungen bis in die Gegenwart kompliziert, und nicht immer können Aussprachen alles klären und zurechtrücken, schon gar nicht auf die Schnelle. Der Weg zu einer echten Annäherung ist oft lang und erfordert viel Geduld, Unbeirrbarkeit und Liebe.

Betrachtet man das Familiengefüge systemisch, wird deutlich, wie sehr alles mit allem zusammenhängt (selbst über Generationen hinweg) und sich wechselseitig beeinflusst. Das ergibt eine enorme Komplexität – erst recht, wenn man neben der Herkunftsfamilie die junge Gegenwartsfamilie (sofern es eine gibt) und die Schwiegerfamilie einbezieht –, eine Komplexität, auf die ich hinweisen möchte, die abzubilden mir jedoch nicht ansatzweise möglich ist.

Auch heute noch zeigt die Kriegsvergangenheit in vielen Familien Spuren, bis in die zweite und dritte Generation hinein, zumal bei den fein spürenden HSP. Sehr empfehlenswert zum tieferen Verständnis für die weitreichenden Nachwirkungen des Zweiten Weltkriegs sind die Bücher von Sabine Bode (siehe Empfehlungen unter „Literatur").

Die folgenden Erfahrungsberichte von HSP, die Schlaglichter auf Problemstellungen in der Herkunftsfamilie werfen, können Ihnen aufschlussreiche Einblicke geben.

> „Ich pflege ein eher distanziertes Verhältnis zu meinen Eltern (die geschieden sind), zu meinem Vater distanzierter noch als zu meiner Mutter, zu meiner älteren Schwester habe ich bewusst keinen Kontakt – zum Selbstschutz. Zu meinem jüngeren Bruder habe ich wenig Kontakt. Gut daran ist, dass ich so Distanz zur Familiendynamik gewonnen habe, mich selbst relativ wirksam schütze vor Grenzüberschreitungen und Manipulationen. Als Familienmensch würde ich mir die Beziehungen lieber vertraut, eng, liebevoll, herzlich, unterstützend wünschen, aber dafür bräuchte ich wohl eine andere Familie. So kann ich nur das Beste aus der Situation machen und auf mein Seelenheil achten.
>
> Einmal, da war ich Anfang 20, gab es einen Vorfall in Bayreuth, wo wir (mein Vater und seine neue Frau, mein Freund und ich) uns zu einem Besuch bei meinem Bruder getroffen hatten. Da bin ich aus Verzweiflung einfach ins Auto gestiegen und nach Hause gefahren. Was dem voranging: Bei einem Spaziergang hielt mein Vater mir mal wieder Vorträge, verharmloste dabei das, was meine ältere Schwester mir die ganze Kindheit hindurch angetan hatte. Ich sagte ihm, dass es damals wirklich schlimm für mich war. Daraufhin wurde er sauer, ich solle mich nicht so anstellen und das mit meiner Schwester nicht so hochpushen und was weiß ich noch alles. Mir liefen die Tränen, und ich ließ mich zurückfallen. Mein Freund kam zu mir und redete auch noch auf mich ein, wählte nicht gerade hilfreiche Worte, nahm meinen Vater in Schutz statt mich. Ich wusste einfach nicht, wo ich hinsollte, sah nur den radikalen Weg (allein nach Hause fahren), um Raum für mich zu haben. Mein Vater trägt mir das bis heute nach.
>
> Ich glaube, um meine familiäre Situation auf einen guten Weg zu bringen, bräuchte es einen ganzen Sack voller Wunder. Was sicherlich eine gute Grundlage für eine Veränderung

wäre: wenn man mich endlich so sehen, anerkennen und akzeptieren würde, wie ich bin." (Lisa*, 28)

„Ich gestalte die Beziehung mit Mutter, Bruder und Familie, Opa und Oma heute so liebevoll, wie ich kann (mein Vater ist vor vier Jahren verstorben). Ich habe mit meiner Mutter das Thema Hochsensibilität schon besprochen, viel verändert hat sich nicht, sie lebt in ihrem Muster weiter, würde gerne, aber ... Sie selbst hat zumindest auch hochsensible Anteile. Mutter und Großeltern sind sehr angstvoll. Ich versuche, das verständnisvoll zu sehen. Meine Kindheit als Erstgeborener war von Nachgeben und Um-Verständnis-gebeten-Werden für meinen fünf Jahre jüngeren Bruder geprägt. Zu ihm habe ich heute ein distanziertes Verhältnis, finde ihn anstrengend (nicht nur ich). Schwierig war für mich auch mein Übergewicht als Kind, für die Familie nicht einfach zu verstehen. Heute mache ich viel Sport und bin schlank, das verstehen sie auch nicht recht. Auch die Umstellung auf vegetarisch war mühsam in der Familie, keiner verstand es. Im Gegenteil. Mittlerweile gibt es aber nur noch selten ‚dumme' Kommentare. Insgesamt wird es immer leichter, so empfinde ich es. – Mein Wunsch wäre, dass generell die ganze Familie an bewusster Entwicklung interessiert wäre und wir dadurch Verbesserung spüren könnten." (Bernd, 44)

„Für meine Kindheit hätte ich mir gewünscht, dass meine Eltern meine Sensibilität akzeptiert und wertgeschätzt hätten. Außerdem hätte ich mir gewünscht, dass meine Eltern, die große Eheprobleme hatten, sich entweder zusammengerauft oder getrennt hätten, um der Kälte ein Ende zu machen. Sie haben ständig versucht, sich gegenseitig zu ändern, sie haben nach Fehlern gesucht und sich geärgert, geärgert, geärgert. Als Kind habe ich sehr oft erlebt, wie jemand ausrastete: meine Eltern und meine Schwester. Ich war diejenige, die versucht hat, dem entgegenzusteuern, um die Harmonie in der Familie wiederherzustellen, und lernte so sehr früh, diplomatisch zu sein.

Jahrelang habe ich meine Eltern dafür verurteilt, dass sie so waren, wie sie waren. Bis ich irgendwann verstanden habe, dass sie ihr Bestes gegeben haben und es einfach nicht besser konnten. Meine Mutter vermisste ihre Familie und Freunde, die im 500 km entfernten Bielefeld lebten, sie brauchte etliche Jahre, bis sie sich im Schwabenland einigermaßen wohlfühlte. Mein Vater, der in seiner Kindheit von seinem kriegsversehrten Vater tyrannisiert wurde, flüchtete sich in die Arbeit. Zuhause war er sehr streng.

Heute haben wir eine liebevolle, enge Beziehung. Jeder hilft jedem, so gut er kann. Wir gehen wesentlich verständnisvoller miteinander um. Und jeder wird in seinem Sosein akzeptiert, ob hochsensibel oder unsensibel.

Was meine Eltern beigetragen haben, dass sich das Verhältnis so gebessert hat: Sie sind in den Gesprächen, die ich gesucht habe, auf mich eingegangen. Es hat zwar lange gedauert, bis sie akzeptieren konnten, dass ich manchmal auch Abstand brauche, aber mittlerweile geben sie mir die Zeit." (Svenja*, 42)

4.2 Blick zurück

„Gute Eltern sind für mich Eltern, die ihre Kinder wahrnehmen, ernst nehmen und vor allem Verantwortung für ihre eigenen Fehler übernehmen.“

Jesper Juul

Eine Rückschau auf Kindheit und Jugend der HSP ist insofern von Belang, als die Vergangenheit für die Eltern-Kind-Beziehung, die Geschwisterbeziehung(en) und die gesamte Familiendynamik in der Gegenwart eine große Rolle spielt. Das Miteinander-Auskommen und der Grad der möglichen emotionalen Nähe heute haben viel mit prägenden früheren Erfahrungen zu tun.

HSP, die sich als Kinder und Jugendliche in ihrem Sosein nicht gesehen, geachtet und angenommen gefühlt haben, können ihren Eltern und Geschwistern (und anderen nahen Familienmitgliedern, die schon früher für sie wichtig waren) oftmals nur schwer vorbehaltlos begegnen. Was bedeutet das aber für Sie? Die Vergangenheit ist nicht mehr zu ändern. Was Sie tun können, ist, sich mit ihr angemessen auseinanderzusetzen, auch in Gesprächen mit der HSP, sie nicht zu verleugnen und eine andere Sichtweise als die eigene zuzulassen.

Seien Sie versichert: Es liegt mir fern, Schuld zuzuweisen. Vielmehr geht es mir um das Erkennen, was Ihr gegenwärtiges Verhältnis zur HSP vielleicht noch überschattet. In keiner Familie ist jederzeit alles ‚optimal‘ gelaufen, Eltern sind niemals perfekt (ich weiß, wovon ich spreche, ich bin selbst Mutter!) und müssen es auch nicht sein. Es ist menschlich, Fehler zu machen. Jeder handelt so gut, wie er es unter bestimmten Umständen zu tun vermag. Für uns alle gibt es in der Vergangenheit etwas, was wir mit dem Wissen und der Reife von heute anders entscheiden, anders angehen, anders ausführen würden.

Man darf eines nicht vergessen: Bis in die 2000er-Jahre war Hochsensibilität im deutschsprachigen Raum noch ein gänzlich unbekanntes Phänomen. Eine taugliche Unterstützung für die Eltern durch Aufklärung und Rat gebende Experten und Bücher gab es für diesen Fall nicht. Eltern waren beunruhigt und im Zweifel, ob mit ihrem eigenartig sensiblen Kind alles in Ordnung ist (und Eltern, die nichts über Hochsensibilität wissen, sind es noch heute). Die Erziehung orientierte sich an allgemeinen Maßstäben (wobei das mit der ‚Erziehung‘ ohnehin so eine Sache ist, sofern man damit ein ‚Formen‘ meint). Sehr wahrscheinlich trugen zahlreiche Reaktionen und Verhaltensweisen der Eltern dem Hochsensibelsein des heranwachsenden Kindes nicht genug Rechnung, und wahrscheinlich wurde dem Kind nur unzureichende Unterstützung in der Entfaltung seines besonderen Potenzials zuteil.

Sicherlich mit dem wohlmeinenden Gedanken, das Kind lebenstüchtiger zu machen, versuchten viele Eltern seinerzeit, ihrem hochsensiblen Kind seine hohe Empfindlichkeit abzuerziehen. Abgesehen davon, dass das nicht funktionierte, beinhaltete das unweigerlich die Botschaft, dass es so, wie es ist, nicht in Ordnung und nicht liebenswert sei. HSP hatten und haben in der Folge häufig mit einem Gefühl von Minderwertigkeit und mit einem schwachen Selbstvertrauen zu kämpfen, und es bedurfte bzw. bedarf für sie einiger Anstrengungen, zu einem neuen Selbstbewusstsein und zu mehr Selbstannahme zu gelangen.

4.3 Sind Sie selbst hochsensibel?

„Wer nicht zuweilen zu viel und zu weich empfindet, der empfindet gewiss immer zu wenig."

Jean Paul (1763–1825)

Da Hochsensibilität erblich ist, ist die Wahrscheinlichkeit gar nicht mal so klein, dass wenigstens ein Elternteil und/oder ein Geschwister (oder auch andere Blutsverwandte) ebenfalls hochsensibel ist/sind. Sind Sie es? Schauen Sie sich die Fragen am Ende dieses Buchs durch!

> „Ich bin das jüngste von vier Geschwistern, habe eine Schwester und zwei Brüder. Die beiden Brüder sind eher unsensibel, bei meiner Schwester gehe ich von einer erhöhten Sensibilität aus (z. B. wegen ihrer Geräuschempfindlichkeit). Bei ihr finde ich daher eine gewisse Resonanz, wenn ich meine Sensibilität anspreche. Meine beiden Brüder reagieren stereotyp mit völligem Unverständnis, ganz nach den in der Kindheit von den Eltern eingetrichterten Verhaltensmustern. Da die Eltern beide zur Kriegsgeneration gehörten (Vater Soldat, Mutter Krankenschwester), war deren Kriegserfahrung ein dominantes Motiv in der Kindererziehung, ohne dass die Erlebnisse jemals direkt angesprochen wurden (die waren tabu). Ich bin dazu übergangen, das Thema Hochsensibilität gegenüber meinen Brüdern gar nicht mehr erwähnen, weil sie es einfach nicht verstehen können." (Ingo, 54)

Als hochsensibler Elternteil tun Sie sich einerseits leichter, sich in Ihr hochsensibles Kind einzufühlen, andererseits können Sie nicht automatisch davon ausgehen, dass Ihr Sohn/Ihre Tochter die Dinge genauso wie Sie erlebt und genau das braucht, was Sie brauchen bzw. gebraucht hätten. Auf jeden Fall aber profitiert Ihr Kind – auch noch als Erwachsener – davon, wenn Sie Ihre Vergangenheit begreifen, Schmerzliches verarbeiten, inneren Frieden finden und eigene belastende Erfahrungen ummünzen in Beziehungskompetenz und Lebensweisheit.

Sind Sie als Elternteil selbst nicht hochsensibel, lohnt sich jedes Bemühen, sich in die Erlebniswelt Ihres hochsensiblen Kindes hineinzudenken und einzufühlen. Zu diesem Zweck lesen Sie ja auch dieses Buch. Vor allem gilt es, die Andersartigkeit, auch wenn Sie sie nur ansatzweise erfassen können, zutiefst zu achten. Aus dieser respektvollen Haltung heraus relativieren sich die Probleme, die Sie bisher miteinander hatten. Eine neue Ära der Beziehung kann beginnen.

4.4 Umgang mit Verletzungen

„Je tiefer frühere Verletzung,
umso höher spätere Verletzlichkeit."

Michael Jung

Machen wir uns klar: Verletzungen bleiben im engen Zusammenleben nicht aus, sie sind unvermeidlich. Es können kleinere oder größere Verletzungen sein, solche, die schnell vergessen sind, oder solche, die tief treffen und schwer heilen. Die Überlegungen und Empfehlungen in den folgenden Abschnitten rühren im Wesentlichen von Hans Jellouschek aus seinem Buch *Liebe auf Dauer*. Was er über den Umgang mit Verletzungen in der Paarbeziehung ausführt, sehe ich als allgemeingültig, egal, ob es sich nun um neuere oder alte Verletzungen handelt.

Derjenige, der verletzt worden ist (‚der Verletzte' – weiblich oder männlich), kann eine gravierende Verletzung nur bedingt wegstecken (HSP können es noch weniger als andere). Für den Verletzten ist es besser, die eigenen Gefühle gelten zu lassen, statt sich selbst der Überempfindlichkeit zu bezichtigen und zu versuchen, diese Gefühle zu ignorieren. Dadurch würden die Verletzungen nicht verschwinden, sie würden im Untergrund weiterwirken und der Beziehung schaden.

Derjenige, der verletzt hat (‚der Verletzer' – weiblich oder männlich), wird in der Regel beteuern, dass er den anderen gar nicht verletzen wollte. Auch wenn das in den allermeisten Fällen stimmt (wer verletzt schon mit Vorsatz?), kann doch dadurch die Verletzung nicht ungeschehen gemacht werden. Der vehement vorgetragene Satz „Ich wollte das doch nicht!" (oder: „Es war nicht böse gemeint!") wirkt so, als ob dem Verletzten die Berechtigung für seine Gefühle abgesprochen werden soll („Ich wollte das nicht – also darfst du nicht verletzt sein!"). Die Gefühle des Verletzten werden somit nicht gewürdigt. Entscheidend ist nicht, ob jemand verletzen wollte oder nicht, sondern ob das, was er gesagt, getan oder unterlassen hat, zu einer Verletzung geführt hat. Geschehene Verletzungen sind Realitäten, die nicht einfach übergangen werden dürfen.

Ein heilsamer Umgang mit Verletzungen besteht darin, dass der Verletzer die Tatsache, dass der Verletzte sich verletzt fühlt, ernst nimmt und darauf verzichtet, die Verletzung wegreden oder kleinreden zu wollen. Oftmals ist es zudem erforderlich, dass der Verletzer ausdrücklich anerkennt, dass durch ihn eine Verletzung geschehen ist (das muss natürlich ehrlich gemeint sein). Er kann eine Begründung für sein Handeln (oder Nichthandeln) geben, sollte aber unbedingt hinzufügen: „Ich sehe, dass ich dich damit verletzt habe. Das tut mir leid." Fehlt diese ausgesprochene Einsicht und Anerkennung, wirken Erklärungen wie ein Sich-Herausreden und ein Wegargumentieren. Dadurch würden den alten Verletzungen neuerliche hinzufügt. Und das wäre mehr von dem, was schon in der Vergangenheit der HSP so zugesetzt hat.

Dem Thema Verzeihen nähere ich mich mit vorsichtiger Zurückhaltung. Um Verzeihung zu bitten kann eine zu große Bitte sein. Wie ich es sehe, dient der Wunsch nach Vergebung vorrangig der Entlastung des Verletzers und vernachlässigt womöglich das (nachträgliche) Verständnis für denjenigen, dem Härten, Lieblosigkeiten und Ungerechtigkeiten zugemutet worden sind. Sobald die Rechtfertigung und Rehabilitation des Verletzers in den Fokus rückt („Ich habe es doch nur gut gemeint" oder „Ich konnte nicht anders"), ist es im Grunde vorüber mit dem empathischen Verstehen.

4.5 Der große Wunsch: Verstanden werden

„Ich glaube daran, dass das größte Geschenk, das ich von jemandem empfangen kann, ist, gesehen, gehört, verstanden und berührt zu werden. Das größte Geschenk, das ich geben kann, ist, den anderen zu sehen, zu hören, zu verstehen und zu berühren. Wenn dies geschieht, entsteht Kontakt."

Virginia Satir (1916–1988)

Wie oft sind HSP am Unverständnis der wichtigen Bezugspersonen um sie herum verzweifelt. Aufgrund ihrer Wesensart befremdet, verdutzt, ungläubig, belustigt, mitleidig, abschätzig oder verächtlich angeschaut und nicht für voll genommen zu werden war für sie ein Graus. Die erste Erleichterung mit dem Erkennen der Hochsensibilität ist die, sich selbst zu verstehen, auf einmal einordnen zu können, was mit einem los ist. Gleich danach kommt der Impuls, die Erkenntnis mit den Menschen zu teilen, die einem nahestehen, verbunden mit dem sehnlichen Wunsch, endlich von ihnen verstanden zu werden. Die angestrengten Versuche von HSP, mehr Verständnis zu finden, sind mal mehr, mal weniger erfolgreich.

„Ich habe meinen Eltern von meiner Erkenntnis über meine Hochsensibilität erzählt, sie glauben jedoch beide nicht daran und halten es für Quatsch. Für mich selbst war es eine große, wichtige Erkenntnis, der der Beschluss folgte, mein Leben (nach jahrelangen unerklärlichen gesundheitlichen Problemen und Erschöpfungszuständen) HSP-gerechter zu gestalten – inklusive Kündigung meines schrecklichen Jobs, Wahl einer großen Fortbildung, Besuch eines Gründungsseminars. Es gab daraufhin eine Art Familienverschwörung. Ich bekam Nachrichten, in denen mir erklärt wurde, dass ich gerade jede Menge Fehler begehe. Ich habe mich distanziert und die Entscheidungen durchgezogen, unterstützt von meinem Mann, der daraufhin auch angegriffen wurde. Dabei war das alles das Beste, was ich für mich und meine Gesundheit tun konnte. Seither wird in der Familie das Thema Hochsensibilität totgeschwiegen. Mehr Verständnis als früher gibt es nicht. Nach wie vor höre ich regelmäßig Sätze wie ‚du bist ja so empfindlich', ‚du verträgst überhaupt keine Kritik' … Ich versuche dann, die Situation schnellstmöglich zu verlassen – alles andere führt nur zu noch mehr Problemen." (Lisa*, 28)

„Zurzeit ist leider der Kontakt zu meinen Eltern und meiner jüngsten Schwester auf Eis gelegt. So, wie es aussieht, ist auch keine Änderung in Sicht. Zu einer Schwester habe ich zwar Kontakt, aber ein distanziertes Verhältnis. Leider konnte nie was geklärt werden, weil meine Eltern und eine Schwester nicht reden wollen. Der anderen Schwester hab ich von meiner Hochsensibilität erzählt – sie bestärkte mich darin, was mir auch guttut. Schwierig ist, dass meine Eltern nicht über Vergangenes reden und zu mir keinen Kontakt mehr haben wollen. Ich würde mir einfach eine Erklärung wünschen, warum sie mich so behandelt haben. Ein Brief, in dem sie schreiben, dass sie mich so akzeptieren, wie ich bin, würde mir sehr helfen. (Ich hatte ihnen diesen Wunsch per Brief mitgeteilt, aber keine Antwort bekommen.) An einem neutralen Ort zusammensitzen, essen und reden – so wie in den Rosamunde-Pilcher-Filmen – mit anschließender Versöhnung, das wäre mein Traum, der wahrscheinlich auch ein Traum bleiben wird." (Heike, 41)

„Meiner Familie, die 600 km von mir entfernt wohnt, habe ich von meiner Hochsensibilität erzählt, gleich nachdem ich es selbst begriffen hatte. Sie haben es vielleicht nicht genau verstanden, aber stillschweigend akzeptiert. Bei uns wurde nie über Befindlichkeiten gesprochen. Meine Eltern, die selbstständig waren, hatten immer viel zu tun. Der Alltag musste funktionieren. Außerdem hatten sie in ihren Ursprungsfamilien das Diskutieren nicht gelernt. Ich somit auch nicht, und diese Fähigkeit fehlt mir bis heute sehr." (Elsa*, 55)

„Ich war über Weihnachten bei meinen Eltern und habe dort ein besonderes Geschenk bekommen. Ich hatte schon seit Monaten versucht, mit ihnen über meine Hochsensibilität zu sprechen, und sie konnten einfach nichts damit anfangen. Bei meinem Besuch habe ich mehr erzählt, was das konkret für mich bedeutet, wie sie sich auswirkt, warum ich immer wieder Zeit für mich brauche, warum ich Hintergrundmusik nicht ertrage und und und. Endlich verstehen mich meine Eltern viel viel besser als in den letzten 44 Jahren – für beide Seiten eine große Erleichterung. Dann habe ich meinem Vater noch das Buch *Mit viel Feingefühl* gegeben, weil es auch für das Gegenüber so gut verständlich ist, und er liest es seither. Er hat erstaunt gesagt: ‚Das sind ja alles Facts.' Facts haben für ihn einen sehr großen Stellenwert, er ist Geologe, und er liest alles, was er liest, wie ein Wissenschaftler.

Mein Vater ist ein großer Skeptiker. Aber jetzt hat er akzeptiert, dass es Hochsensibilität gibt, und spricht auch immer wieder davon. Meine Mutter wundert sich immer noch über manches bei mir, und mein Vater sagt dann: ‚Das ist typisch für Hochsensible, steht doch in dem Buch.' Ich schätze in dem Buch sehr den positiven Ansatz, dass Hochsensible und Normalsensible sich gegenseitig verstehen und die Hochsensibilität schätzen können. Und Brücken bauen! Das habe ich bei meiner Familie gemacht und auch zu mir selbst, weil ich mich selbst erst verstehen musste. Bevor ich von Hochsensibilität erfahren habe, wusste ich nur, dass ich anders bin als andere, und habe mich oft wie ein Alien gefühlt. Zum Gegenüber waren es eher Mauern, die ich aufgebaut hatte, um mich zu schützen. Diese Mauern kann ich jetzt immer mehr einreißen, weil ich gelernt habe, für mich selbst zu sorgen und mich auch ohne Mauern zu schützen. Ich kann gar nicht genug sagen, was mir das bedeutet, nach so langer Zeit endlich von meiner Familie verstanden zu werden."
(Barbara, 44)

Zum Verstehen – bzw. zum ernsthaften Bemühen ums Verstehen – sollten auch noch das Ernstnehmen und das Respektieren, möglichst auch das Akzeptieren und das Wertschätzen hinzukommen.

4.6 Empfehlungen für die Kommunikation

„Bemerke, höre, schweige. Urteile wenig, frage viel."

August von Platen (1796–1835)

Interessieren Sie sich mit größtmöglicher Offenheit für die HSP, für ihre hochsensible Wesensart und – ganz wichtig! – ihre einzigartige Persönlichkeit, für ihre Gedanken, Gefühle, Sichtweisen, Wertvorstellungen und Wünsche. Da könnte Nachholbedarf bestehen.

Der Knackpunkt in der Kommunikation mit der HSP liegt darin, ihre Wahrnehmungen und Empfindungen, so wenig nachvollziehbar sie Ihnen bisweilen auch erscheinen mögen, ernst zu nehmen und zu respektieren. Das heißt keineswegs, dass Sie es sich zur Aufgabe machen sollten, die geäußerten Wünsche allesamt zu erfüllen und der HSP alles recht zu machen. Sie sind sehr wohl auch gefordert, gut auf sich selbst aufzupassen, sich nicht zu verbiegen und zu verausgaben. Machen Sie der HSP nichts vor, seien Sie transparent, echt und ehrlich.

Seien Sie besonders behutsam im Falle eines vorangegangenen Zerwürfnisses. Geben Sie Raum, lassen Sie Zeit, wahren Sie Distanz, verhalten Sie sich achtungsvoll. Geben Sie sich mit kleinen Schritten der Annäherung zufrieden. Zeigen Sie sich zugänglich (so zugänglich, wie es für Sie stimmig ist), aber bedrängen Sie die HSP nicht. Lassen Sie bildlich gesprochen die Tür einen Spalt offen. Sprechen Sie auch über Ihre eigene Verletzlichkeit und über Kränkungen, die Sie erlebt haben. Vermeiden Sie aber Beschuldigungen, nehmen Sie die HSP nicht in die Pflicht (siehe Kommunikationssperren, Abschnitt 3.2.3). Achten Sie jederzeit auf die Signale Ihres Gegenübers und korrigieren Sie daraufhin gegebenenfalls Ihr Verhalten.

> „Wenn ich mir etwas von meinen Geschwistern wünschen könnte, dann würde ich mir von meiner Schwester mehr Beschäftigung mit dem Thema Hochsensibilität wünschen (da ich vermute, dass sie auch eine HSP ist). Daraus könnte sich dann ein regerer Austausch ergeben. Bei meinen Brüdern wäre es schön, wenn sie zumindest eine gewisse Akzeptanz meines Andersseins zeigen würden." (Ingo)

> „Eigentlich wünsche ich mir, einfach normal behandelt zu werden. Ich will keine übertriebene Rücksichtnahme, will mich auch nicht ständig erklären müssen." (Rike*)

> „Meine Tipps für Eltern, die sich ein besseres Verhältnis zu ihren [erwachsenen] Kindern wünschen: Mit ihren Kindern reden oder einen Brief schreiben. Die Kinder wissen lassen, dass man sie bedingungslos liebt, egal, was war, was ist oder was noch kommt. Sie wissen lassen, dass man immer für sie da ist, wenn sie einen brauchen. Man kann sagen/schreiben, dass einem die Fehler, die man gemacht hat, sehr leidtun. Mehr als ihnen das mitzuteilen und zu versichern, dass die Tür immer offen steht, kann man, glaube ich, nicht tun. Doch: sich selbst vergeben." (Svenja*, 42)

4.7 Herausforderung Familientreffen

> *„Zu wissen, dass Veränderung möglich ist,*
> *und der Wunsch, Veränderungen vorzunehmen,*
> *dies sind zwei große erste Schritte."*
>
> Virginia Satir (1916–1988)

Familienfeiern sind für HSP in vieler Hinsicht eine große Herausforderung. Gerade an besonderen Festtagen wie Weihnachten gibt es hohe Erwartungen und Ansprüche von allen Seiten (oftmals nicht übereinstimmende), die HSP erahnen, erspüren, bedenken und am liebsten auch noch erfüllen möchten. Das kann reichlich Druck erzeugen und zu einem Gefühl der inneren Zerrissenheit führen. Außerdem haben HSP ein Ideal im Kopf: Das Fest soll schön werden. Falls sie selbst eine Feier (z. B. anlässlich ihres Geburtstags) ausrichten, sind sie schon von den Vorbereitungen erschöpft: Die Mahlzeit(en) planen, einkaufen, vorbereiten, zubereiten, aufräumen, putzen, den Tisch dekorieren (bei Weihnachten noch Geschenke überlegen, aussuchen und kaufen).

Schon allein die Abweichung vom gewohnten Tagesablauf verursacht eine gewisse Aufregung.

Dann ist das lange, nahe Zusammensein mit mehreren Menschen gleichzeitig eine Schwierigkeit – Trubel, Stimmengewirr, Lautstärke, eventuell Spannungen untereinander führen leicht zur Überreizung. Hinzu kommt, dass Gespräche in größerer Runde eher über belanglose Themen geführt werden, oft oberflächlich und bruchstückhaft bleiben, was sonst kaum jemanden stört. In geselliger Runde wird meist gern Alkohol getrunken, HSP geraten mit wenig oder gar keinem Alkoholgenuss oftmals ins Abseits, spätestens wenn es feucht-fröhlich wird und sie im Vergleich zu anderen ernst bleiben. In der Gesamtheit ergibt sich eine Nichtpassung, die schnell in ein frustrierendes Gefühl von Nichtzugehörigkeit mündet. Bei längeren Verwandtenbesuchen, die HSP machen oder empfangen, werden die sozialen Aktivitäten an mehreren Tagen hintereinander zu viel, weil nicht genug Zeiten bleiben, um für sich allein zu sein und wieder zur Besinnung zu kommen.

> „Familienfeiern könnten von mir aus weniger sein – mein Geburtstag könnte komplett ausfallen. Ich kann es nicht leiden, alle hier zu haben und zu bewirten, das Gefühl, verantwortlich dafür zu sein, dass es allen gut geht. – Familienfeste mit der Familie meines Mannes sind durch Lautstärke und Getümmel anstrengend. Er hat fünf Geschwister, und mit Ehepartnern und Kindern ist es eine ganz schön große Runde. Da aber alle von ihnen gern und viel reden, kann ich mich zurücklehnen und mich raushalten. Wird es mir zu viel, gehe ich heim, um mich um unseren Hund zu kümmern. Der ist für mich einfach eine tolle Hilfe, weil ich dadurch kein schlechtes Gewissen haben muss. Wobei seine Familie Bescheid weiß und auch Rücksicht nimmt." (Rike*)

> „Familienfeiern sind schön, aber sehr anstrengend. Das mag auch mit Erwartungshaltungen zu tun haben, aber ich finde so viele Leute auf einmal, denen man gerecht werden möchte, stressig." (Elsa*)

> „Familienfeste in meiner Familie, bei denen wir ‚gezwungenermaßen' zusammenkommen, bereiten mir Monate im Voraus Kummer. Meine Eltern sind seit ihrer Trennung nicht mehr an einen Tisch zu bekommen, und meiner Schwester möchte ich nicht mehr begegnen. Wenn es doch sein muss, ist es ein einziger Krampf und reißt alte Wunden wieder auf. Ich brauche meist Tage bis Wochen, um mich wieder zu fangen und zu erholen.
> Die Familienfeier an Weihnachten bei den Schwiegereltern war Chaos und Lärm und Hektik. Als ich wieder zu Hause war, war ich total k.o. Der Geräuschpegel, 3 Sprachen, 11 Erwachsene, 2 Kleinkinder und 1 Baby auf engstem Raum, der Hund auch noch zwischendrin. – Hilfe!" (Lisa*)

Wie sollten Sie sich der HSP gegenüber bei solchen Gelegenheiten am besten verhalten? Vor allem: Nehmen Sie die HSP in jeder Hinsicht ernst. Versuchen Sie nicht, sie zu längerem Bleiben oder weiteren Aktivitäten zu überreden, wenn sie schon signalisiert hat, dass es ihr zu viel ist/wird. Tolerieren Sie ihren (zeitweisen) Rückzug. Gehen Sie auf Lösungsvorschläge der HSP möglichst ein, es sei denn, dies würde wirklich Ihren eigenen Interessen total zuwiderlaufen. Wenn dem so ist, suchen Sie nach einem tragfähigen – auch für die HSP erträglichen! – Kompromiss (besser noch: Konsens).

Für HSP haben sich folgende Strategien bewährt: Familientreffen von vornherein zeitlich begrenzen; nicht zu viel in die Besuchstage packen, egal, ob sie selbst besuchen oder besucht werden; Zusammenkünfte entzerren, nicht alle auf einmal; späteres Dazukommen oder früheres Verabschieden; sich ausklinken bei bestimmten Programmpunkten; sich zwischendurch eine Pause für sich allein nehmen, eine Weile in ein anderes Zimmer gehen, einen Spaziergang machen (kaum etwas entspannt so gut wie ein Aufenthalt in der Natur, Bewegung hilft, Stress abzubauen); ein Hotelzimmer nehmen, statt auf der Couch zu schlafen; sich mit Kaffee, Alkohol und ungewohntem, schwerem Essen zurückhalten.

Finden Sie in der Familienrunde den Mittelweg zwischen dem Hochspielen und dem Herunterspielen der Hochsensibilität. Gehen Sie damit so nichtproblematisierend und unverkrampft wie nur möglich um (Hochsensibilität ist keine Krankheit!), nur machen Sie darüber keine Witze. Hat nicht jeder irgendwelche Dinge, die er nicht mag oder nicht verträgt? Sollte es nicht selbstverständlich sein, darauf Rücksicht zu nehmen? Behalten Sie auch die bereichernden Seiten der Hochsensibilität im Sinn und im Blick (Feingefühl, Einfühlungsvermögen, Gefühlsintensität, Begeisterungsfähigkeit, Kreativität …). Verlieren Sie bei passender Gelegenheit anerkennende Worte (nur ehrlich gemeinte!) über das, was Sie an der HSP schätzen.

4.8 Über das Loben

„Gegen Angriffe kann man sich wehren.
Gegen Lob ist man machtlos."

Sigmund Freud (1856–1939)

Immer wieder begegnet man der Empfehlung, seinen Mitmenschen mehr Komplimente zu machen und sie mehr zu loben. Tatsächlich rangiert das Bedürfnis, gesehen und anerkannt zu werden, ganz weit oben bei den sozialen Bedürfnissen. Aber ist ein Lob wirklich so geeignet, dieses Bedürfnis zu erfüllen?

Lob kritisch zu betrachten lernte ich im Gordon-Familientraining. Einmal sensibilisiert, fand ich die Kritik am Lob plausibel dargelegt in dem Buch *Die neue Familienkonferenz* von Thomas Gordon und geradezu leidenschaftlich vorgetragen in dem Buch *Die Entscheidung liegt bei dir! Wege aus der alltäglichen Unzufriedenheit* von Reinhard K. Sprenger. Marshall B. Rosenberg sieht Lob und Komplimente als Teil einer trennenden Sprache an und widmet das 13. Kapitel seines Buchs *Gewaltfreie Kommunikation: Eine Sprache des Lebens* der lebensdienlichen Art und Weise, Wertschätzung und Anerkennung auszudrücken.

Selbstverständlich kommt es beim Loben wie ganz allgemein in der Kommunikation auf die zugrunde liegende Haltung an. Insofern kann ein spontanes, aufrichtiges Kompliment/Lob („Das hast du super gemacht!", „Du bist einfach wundervoll!") aus einer respektvollen und wertschätzenden Haltung heraus (nicht von oben herab und ohne manipulative Absicht) völlig in Ordnung sein.

Ansonsten aber erweist sich das Loben bei genauerem Hinsehen als tückisch. Das möchte ich Ihnen erläutern. Die heiklen Punkte beim Loben sind folgende:

Lob und Tadel liegen dicht beieinander. Beim Lob spielt häufig eine Haltung von Überlegenheit mit, und das gibt dem, der gelobt wird, ein Gefühl von Unterlegenheit. Die heikle Form von Loben basiert auf hierarchischen Verhältnissen: Der Lobende ist in der Position, Lob und Tadel zu erteilen; er legt fest, was gut und richtig und was schlecht und falsch ist. Dem Loben wie dem Tadeln geht immer eine Beurteilung voraus, bezogen auf ein Verhalten, eine Leistung, eine Eigenschaft. Dabei sind die Bewertungskritierien die des Beurteilenden. Auch ein positives Urteil, ein Lob, ist ein Urteil über einen anderen. Wer lobt („Das hast du gut gemacht"), nimmt sich bei anderer Gelegenheit das Recht heraus, zu kritisieren bzw. zu tadeln („Das hast du falsch gemacht"). Dass von oben nach unten gelobt wird, wird dadurch anschaulich, dass man es als unpassend empfindet, wenn ein Mitarbeiter seinen Chef lobt oder ein Kind seine Eltern.

Lob kann die Eigenständigkeit schwächen. Lob kann den eigenen Antrieb, die Eigenverantwortlichkeit und die Entscheidungsfähigkeit untergraben. Es kann weniger selbstsichere Menschen dazu bringen, sich über Gebühr anzupassen und die Handlungsmöglichkeiten zu wählen, die Beifall finden.

Lob formuliert unterschwellig Ansprüche. Oftmals wird Lob genutzt, um andere dazu zu bewegen, sich so zu verhalten, wie der Lobende es für wünschenswert hält. Lob soll ein für gut befundenes Verhalten bestärken, was manches Mal durch ein angehängtes „weiter so" deutlich wird. Der Gelobte durchschaut häufig die manipulative Absicht und reagiert entsprechend abweisend.

Lob behindert die offene Kommunikation. Ein Lob, das nicht mit der Selbsteinschätzung übereinstimmt, wird abgelehnt. Wer mit sich unzufrieden ist, reagiert auf die positive Einschätzung eines anderen wie auf eine Leugnung seiner Gefühle in diesem Moment. So kann ein Lob als ein Mangel an Verständnis empfunden und demzufolge abgewehrt werden.

Es gibt Alternativen zum Lob von oben nach unten. Anerkennung zu geben ist ein so wichtiger Teil verbindender Kommunikation, dass es schade wäre, wenn das aufgrund der Befürchtung, etwas falsch zu machen, unterbliebe. Als Alternative zum Lob empfiehlt Thomas Gordon die ‚positive Ich-Botschaft'. Während die Du-Botschaft eine Aussage über die andere Person trifft, nimmt die Ich-Botschaft zwar Bezug auf eine Handlung, ein Verhalten, eine Eigenschaft des anderen, trifft dann aber eine Aussage darüber, welchen konkreten Nutzen man für sich selbst erlebt und welches angenehme Gefühl bei einem ausgelöst wird. Eine weitere Alternative zum Lob ist in vielen Fällen schlicht das aufmerksame Interesse am Gegenüber, das schon mit einem freundlichen Blick und einem Lächeln kundgetan wird.

Wenn man nach dem Verständnis der GFK Anerkennung und Wertschätzung ausdrückt, dann nicht, um etwas zu bekommen. Rosenberg: „Unsere einzige Absicht ist es, die Art, wie unser Leben durch andere schöner wurde, zu feiern." Das Ausdrücken einer Wertschätzung hat in der GFK drei Bestandteile. Es benennt: 1) die Handlung, die zum eigenen Wohlgefühl beigetragen hat, 2) das spezielle Bedürfnis, das zufriedengestellt wurde, und 3) das freudige Gefühl als Ergebnis davon. Wird Anerkennung so gegeben, kann sie am ehesten gut aufgenommen werden.

4.9 In Kürze – ein Dutzend Empfehlungen

Sie leisten einen wichtigen Beitrag für ein gutes Verhältnis zur HSP, wenn Sie …

1. Ihre grundlegende Einstellung prüfen: Ist die achtungsvoll? Nicht abwertend? Weitgehend unvoreingenommen? Annehmend?
2. ihr die Freiheit lassen, so zu sein, wie sie ist, bzw. immer mehr der Mensch zu werden, der sie ist.
3. sich mit größtmöglicher Offenheit dafür interessieren, die HSP besser (bzw. auf neue Weise) kennenzulernen und sie auch in ihrer persönlichen Entwicklung wahrzunehmen.
4. der HSP aufmerksam zuhören, wenn sie erzählt, wie sie die Welt (und das Familiengeschehen) erlebt.
5. im Fall einer problematischen Beziehung zu einer klärenden Aussprache bereit sind, auch wenn das eigene Gefühle von Ärger, Trauer, Schuld und Scham berührt.
6. für Ihre gemachten Fehler Verantwortung übernehmen, sagen, dass es Ihnen leidtut, wenn Sie die HSP verletzt haben, und die eigene Rechtfertigung zurückstellen.
7. sich um Verständnis für die HSP bemühen, wobei gegebenenfalls statt „Ich verstehe dich" auch ein „Ich habe dir aufmerksam zugehört" reicht.

8. so weitgehend wie möglich auf die Vorschläge und Lösungsstrategien der HSP betreffend gemeinsamer Unternehmungen / Familienfeiern eingehen – selbstverständlich ohne sich selbst zu verleugnen oder zu sehr zu vernachlässigen.
9. nicht versuchen, die HSP zu früherem Kommen, längerem Bleiben, mehr Zusammensein, mehr gemeinsamen Aktivitäten zu überreden, vielmehr ihr Bedürfnis nach relativ viel Rückzug und Alleinzeit respektieren.
10. bei Zusammenkünften weder zu viel Aufhebens um das Hochsensibelsein machen noch es herunterspielen.
11. keine Witze über die HSP machen und sehr vorsichtig sind mit ironischen Bemerkungen (und seien sie noch so spaßhaft gemeint).
12. zum Ausdruck bringen, inwiefern die Eigenschaften und Taten der HSP Ihnen Freude bereiten und Ihr Leben bereichern.

5. Was Sie als Partner für eine glückliche Beziehung tun können

„Glück entsteht oft durch Aufmerksamkeit in kleinen Dingen, Unglück oft durch Vernachlässigung kleiner Dinge."

Wilhelm Busch (1832–1908)

Die meisten Menschen messen nach wie vor einer auf Dauer angelegten, erfüllenden Liebesbeziehung große Bedeutung bei – allen Scheidungs- und Trennungsstatistiken zum Trotz. „Es ist die Sehnsucht nach dem bedingungslosen Geliebtsein, dem Aufgehobensein in der Liebe", schreibt der Schweizer Psychiater Jürg Willi, der sich seit den 1960er-Jahren in seiner Forschungstätigkeit auf Partnerbeziehungen spezialisierte, in seinem Buch *Psychologie der Liebe. Persönliche Entwicklung durch Partnerbeziehungen.* „Das Alleinleben", so Willi, „kann eine gewählte Lebensform sein mit dem Vorteil der Freiheit und der Unabhängigkeit. [...] Für die meisten ist das Alleinleben aber nicht die eigentlich gewünschte Lebensform, sondern die zweite Wahl."

Für hochsensible Personen allerdings ist eine Partnerschaft mit Zusammenleben vor allem aufgrund der intensiven emotionalen und realen Nähe zum Partner eine große Herausforderung. Elaine Aron zufolge sollten sich HSP deshalb gegenüber Alternativen zur traditionellen Partnerschaft nicht verschließen. „Wir sollten nicht glauben, dass eine Liebesbeziehung oder das gemeinsame Leben mit einem Partner der einzige Weg ist, um glücklich zu sein", schreibt Aron in ihrem Buch *Hochsensibilität in der Liebe. Wie Ihre Empfindsamkeit die Partnerschaft bereichern kann.*

Interessanterweise fand Aron, die sich eingehend mit Hochsensibilität und Liebe befasst hat (und selbst langjährig verheiratet ist), in ihren Forschungen heraus, dass HSP insgesamt dazu neigen, unzufriedener in ihrer Partnerschaft zu sein als Nicht-HSP. Als Grund vermutet sie, dass HSP gründlicher über die Beziehung und darüber, wie sie sich in ihr fühlen, nachdenken. Dabei seien ihre Empfindungen facettenreich und häufig auch ambivalent. In meinen Augen kommt hinzu, dass viele HSP mit ihrem Idealismus und Perfektionsstreben mehr noch als andere dem romantischen Beziehungsideal, der Vorstellung von der ‚wahren' Liebe und der vollkommenen Partnerschaft anhängen und dann enttäuscht feststellen müssen, wie sehr die Realität dahinter zurückbleibt.

5.1 Wunsch und Wirklichkeit

„Ehe ist gegenseitige Freiheitsberaubung in beiderseitigem Einvernehmen.“

Oscar Wilde (1854–1900)

Eine reale Liebesbeziehung ist einerseits eine Quelle des Wohlbefindens, der Bestätigung und der Erweiterung, andererseits eine des Unbehagens, der Auseinandersetzungen und der Einengung. Der Paarberater Michael Mary sieht in realistischen Erwartungen das Geheimnis für eine glückliche Partnerschaft. In seinem Buch *Lebt die Liebe, die ihr habt. Wie Beziehungen halten* schreibt er: „Glückliche Paare wollen nicht alles miteinander, was vorstellbar ist oder wünschenswert wäre, sondern leben die Liebe, die sie haben – und haben meist auch ein Leben unabhängig von der Beziehung.“ Er meint, Beziehungen würden halten, wenn es den Partnern gelingt, auftauchende Schwierigkeiten und Konflikte zu bewältigen. Probleme in Beziehungen seien unvermeidbar, aber auch nützlich. Sie seien wichtige Warnsignale, die zu notwendigen Veränderungen aufrufen und anzeigen, was zukünftig mehr berücksichtigt werden sollte.

Beziehung wird von Mary als ein nicht vorhersehbarer, lebendiger Prozess angesehen. Charakteristisch fürs Lebendige sei, dass es weder zu lenken noch zu beherrschen ist. Daher sei jeder Form von Patentrezept für eine funktionierende Beziehung zu misstrauen. Sich mit der Beziehung zu beschäftigen sei sicher sinnvoll, sie lasse sich aber nicht nach Belieben gestalten. Mary möchte Beziehungen von überzogenen Erwartungen und irrealen Wunschträumen entlasten: Wer „sich an seinen Idealen abgearbeitet hat, wer die zweite, dritte oder vierte Beziehung nicht an seine Erwartungen anzupassen vermochte, der mag bereit sein, sich auf die Möglichkeiten seiner Beziehung einzustellen. Dann gerät eine Desillusionierung zur Befreiung […].“ (Aus: *Lebt die Liebe, die ihr habt*)

Jürg Willi ist ebenfalls Realist: „Zumindest zeitweilig richten in allen Beziehungen die Partner massive, emotional geladene Vorwürfe aneinander.“ Seiner Ansicht nach müssen die Partner „sich miteinander auseinandersetzen und gemeinsame Lösungen erstreiten, mit denen sich beide identifizieren können.“ Die Menschen überfordern sich seiner Meinung nach, wenn sie in einer Partnerschaft auf Erwartungen, Kritik und Vorwürfe gänzlich verzichten wollen. „Den Partner in seinen Gefühlen zu akzeptieren mag möglich sein, sein Verhalten aber und sein Handeln wird man nicht bedingungslos akzeptieren können, weil man selbst davon betroffen ist.“ (Alle Zitate in diesem Abschnitt aus: *Psychologie der Liebe*) Ich stimme dem uneingeschränkt zu, möchte allerdings hinzufügen, dass ich es gerade deshalb für ungeheuer wichtig halte, dass Paare sich ein Know-how in konstruktiver Konfliktlösung aneignen, um ‚gewaltfrei' (d. h. ohne Gewalt mit Taten und Worten) für ihre eigenen Belange eintreten zu können, Kritik nur auf bestimmte Verhaltensweisen, nicht auf die Person als Ganzes zu beziehen und die Gefühle des Partners zu achten.

5.2 Die Bedeutung der Paarkonstellation

„Liebe ist gemeinsame Freude an der wechselseitigen Unvollkommenheit."

Ludwig Börne (1786–1837)

Die Aussicht auf Glück hängt nicht von einer bestimmten Partnerkonstellation – Nicht-HSP + Nicht-HSP oder HSP + HSP oder Nicht-HSP + HSP – ab. Es gibt nicht die ideale Kombination. Jede dieser Verbindungen hat ihre typischen Vorzüge und Nachteile. Hier schaue ich mit Ihnen auf die Chancen und Herausforderungen in einer Partnerschaft, in der Sie als weibliche oder männliche Nicht-HSP mit einem hochsensiblen Partner bzw. einer hochsensiblen Partnerin zusammengekommen sind. Ähnlich verhält es sich, wenn Sie zwar ebenfalls eine HSP, in vielem aber graduell weniger empfindlich sind.

Auch in diesem Kapitel bleibe ich beim vereinfachenden Sprachgebrauch: ‚Die HSP' ist geschlechtsneutral zu verstehen, ‚der Partner' meint zugleich den männlichen Partner wie die weibliche Partnerin. Dabei ist es durchaus nicht in jeder Hinsicht egal, ob der Mann oder die Frau bei einem ‚gemischten' Paar hochsensibel ist. Eine diesbezügliche Differenzierung würde jedoch den Rahmen sprengen (und wäre auch wieder nur prototypisch). Nur so viel: Frauen empfinden ihre Beziehung mit einem hochsensiblen Mann häufiger als schwierig und anstrengend, als Männer eine Beziehung mit einer hochsensiblen Frau dies tun. Zwar schätzen Frauen einen Mann, der empathisch auf sie eingeht, sie vermissen aber vielfach einen Eroberer, Beschützer und aktiven Problemlöser. Die mehr oder weniger ausgesprochenen (und größtenteils unerfüllbaren) Erwartungen an den hochsensiblen Mann lauten, er solle grundlegend robuster, konfrontationsfreudiger, entschlossener und zupackender sein – wie es einem konventionellen Rollenverständnis entspricht. Dem kann nur ein sehr selbstsicherer hochsensibler Mann, der sich seiner besonderen Stärken bewusst ist, souverän begegnen.

Beachten Sie bitte, dass die Hochsensibilität nur ein Faktor von vielen Faktoren ist, die über das Wohl und Wehe einer Beziehung entscheiden. Führen Sie nicht jede auftauchende Schwierigkeit auf die Hochsensibilität Ihres Partners zurück! So, wie jeder Mensch einzigartig ist, ist auch jede Beziehung einzigartig, was ihr Potenzial und ihre Problempunkte angeht. Im Übrigen ist mir folgende Betrachtungsweise wichtig: Beziehung ist etwas, das sich zwischen den Partnern formt. Zu dem, was miteinander geschieht, tragen beide bei. Dinge, die gelingen, sind ebenso ein Gemeinschaftswerk wie Dinge, die schieflaufen. Es führt also kein Weg daran vorbei, dass jeder der beiden Partner Eigenverantwortung übernimmt, eine Problemlösekompetenz ausbildet und in die Beziehung einbringt.

> „Meine Beobachtung in meinen Beziehungen ist, dass sich Prägungen durch die eigene Erziehung und die Lebensentwicklung stärker auf die Konfliktfähigkeit in der Partnerschaft auswirken als die HSP-/Nicht-HSP-Kombination. Um in einer problematischen Partnerschaft besser, konstruktiver, toleranter mit Konflikten umgehen zu können, setzt das die Lern- und Veränderungsbereitschaft beider voraus – und eine gewisse Lebensreife, unabhängig von HSP oder Nicht-HSP." (Christoph)

Ich habe gesagt, es kommt nicht auf die Partnerkonstellation an. Eine günstige Verbindung gibt es aber doch: die Beziehung zwischen zwei Glücklichen. Denn: Je positiver und zufriedener eingestellt der Einzelne für sich genommen ist, umso glücklicher ist er auch in der Beziehung – und das nicht nur in der Verliebtheitsphase. Die Zufriedenheit überträgt sich und hat einen positiven Einfluss auf die Beziehungsatmosphäre. Ist jemand hingegen für sich genommen unglücklich, wird ihn auch die Beziehung nicht glücklich machen. So wohltuend und heilsam Beziehung wirken kann, sie löst nicht automatisch persönliche Probleme.

Für die sehr sensible Wesensart den Terminus Hochsensibilität gefunden zu haben ist für die HSP selbst eine aufregende und erleichternde Erkenntnis, für den Partner im ersten Moment oftmals überfordernd.

> „Ich war schon mit meinem Partner zusammen, als ich (vor 2 Jahren) von Hochsensibilität erfahren habe. Während sich bei mir 1000 Schleusen der Erkenntnis geöffnet haben, war er erst mal irritiert, überfordert. Er fand es zwar interessant, hat sich auch für mich gefreut, dass ich etwas gefunden habe, was für mich hilfreich ist, aber so wirklich konnte er damit nichts anfangen. Er sagte: ‚Du warst schon immer so, und nur weil dein Phänomen jetzt einen Namen hat, bist du kein anderer Mensch.' Die größte Herausforderung war wohl, dass ich ihn mit meiner Euphorie nicht überschütte." (Bea)

> „Es ist wichtig, um die generellen Unterschiede in den Empfindungen und Verhaltensweisen von HSP und Nicht-HSP zu wissen, um nicht daran zu scheitern. Ich verstehe inzwischen, dass die Ausreißer auf der Gefühlsebene nach oben wie auch nach unten bei HSP extrem sind, verglichen mit dem Partner. Dieser kommt dann nicht mehr mit, reagiert erstaunt und verständnislos. Das kann von der HSP schnell als ignorant und oberflächlich eingestuft werden. Auch durch die unterschiedliche Tiefe im Nachdenken über Themen besteht gegenseitiges Unverständnis: Statt Schwarz und Weiß gibt es für die HSP auch Grau, und

zwar Hellgrau, Dunkelgrau, ein helleres Hellgrau, ein helleres Dunkelgrau usw. Problematisch ist auch der Hang der HSP, alles ‚zu Tode' zu diskutieren oder bei Entscheidungen Alternativen endlos abzuwägen. Das Wissen um HS erleichtert bei beiden Partnern den Umgang damit." (Antje*)

5.3 Das Potenzial

„‚Gegensätze ziehen sich an.'
Aber Liebe wird daraus nur, wenn sie sich ergänzen."

Ernst Reinhardt

Begegnen sich die Partner respektvoll und wertschätzend, hat die Beziehung zwischen Nicht-HSP und HSP das Zeug, für beide interessant, inspirierend und bereichernd zu sein. Durch ihre Unterschiedlichkeit ermöglichen sich die Partner gegenseitig Perspektivwechsel und Horizonterweiterung. Gemeinsam verfügen beide über eine große Bandbreite an Fähigkeiten und Stärken. Jeder ist Lebenskünstler auf seine Art. Was dem einen nicht liegt, kann der andere; so können sie wechselseitig Defizite kompensieren, sich aber auch einiges voneinander abschauen. Ein starkes Band zwischen den Partnern entsteht dann, wenn beide mit den Qualitäten, die der jeweils andere zur Beziehung beiträgt, tatsächlich etwas anfangen können, sie aufrichtig zu schätzen wissen und das auch zum Ausdruck bringen.

Zu den Qualitäten, die eine HSP in die Beziehung einbringt, gehören Empathiefähigkeit, Gefühlsintensität und Feingefühl. Infolge ihrer reichen Gedanken- und Gefühlswelt kann die HSP den Partner zu differenzierten Betrachtungen und ungewöhnlichen Gedankengängen anregen, tiefgründige Gespräche initiieren, eine innige Verbundenheit herstellen, mit ihrer Begeisterungsfähigkeit und ihrem Streben nach Erkenntnis anstecken. Die HSP kann beim anderen die Freude an Kleinigkeiten wecken. Ihre feine Wahrnehmung und ihr frühzeitiges Erkennen von problematischen Entwicklungen können helfen, Schwierigkeiten anzugehen, solange sie noch überschaubar und handhabbar sind. Was davon entspricht Ihren Erfahrungen? Was schätzen Sie an Ihrem Partner?

Qualitäten, die HSP an ihren nichthochsensiblen Partnern üblicherweise schätzen, sind Gelassenheit, Unbeschwertheit, Unerschütterlichkeit, Widerstandsfähigkeit, Stabilität, Entschlossenheit, Tatkraft, Pragmatismus, Bodenständigkeit, was allerdings nicht ausschließt, dass sie bisweilen genau an diesen Eigenschaften Anstoß nehmen. Wie erleben Sie das in Ihrer Partnerschaft?

Sie als nichthochsensibler Partner können für die HSP in vieler Hinsicht ausgleichender Gegenpol sein. Sie können die HSP liebevoll auf den Boden der Tatsachen zurückholen, wenn sie zu geistigen Höhenflügen abhebt. Sie können das Wesentliche im Auge behalten, wenn die HSP dabei ist, sich in Details zu verlieren. Sie können ins Handeln kommen, wenn die HSP sich mit allzu viel Bedenken aufhält. Sie können Zuversicht ausstrahlen, wenn die HSP voller Besorgnis ist. Sie können Ruhe bewahren, wenn die HSP übererregt ist. Sie können einspringen, wenn die HSP erschöpft ist. Und Sie können der gelegentlichen Neigung der HSP, sich zu sehr zurückzuziehen, (sanft!) entgegenwirken, für gemeinsame spannende Unternehmungen sorgen, die Ihre Liebe beleben.

> „Die Nicht-HSP kann der Ausgleich sein. Sie kann durch ‚einfache' Lösungen eine Entscheidung beschleunigen. Durch das Herunterbrechen auf Grundsätzliches kann alles Komplizierte verschwinden, was für die HSP hilfreich ist. Oft genügt dann ein kurzer Hinweis, um die HSP zum Reflektieren zu bringen: ‚Okay, das kann jetzt übertrieben sein, man könnte es auch einfach so sehen.' Das setzt allerdings gegenseitige Akzeptanz der Verschiedenheit voraus." (Antje*)

> „Ich liebe an meinem Mann seine Ruhe und Gelassenheit, seine (manchmal fast schon nervende) positive Denkweise, seinen Humor, der mich oft aus meinen Gedanken lockt, seine Entscheidungsfreudigkeit, seine trotzdem sensible Art und dass er meine Stärken (Genauigkeit, Zuverlässigkeit, Sensibilität und Einfühlungsvermögen …) schätzt. Ich bin sehr dankbar, dass er meine geringere Belastbarkeit nicht als negative Eigenschaft sieht. Wir ergänzen uns z. B. darin, dass er mich mit seiner aktiven Art oft aus der Reserve lockt." (Rike*)

> „Mein Mann ist nicht hochsensibel, und eine Zeit lang fiel es mir schwer, damit umzugehen. Ich dachte dann so was wie ‚wie kann man nur so unsensibel sein?!'. Mittlerweile kann ich mich in meiner sehr sensiblen Art und ihn in seiner weniger sensiblen Art besser akzeptieren und auch wertschätzen. Ich schätze an meinem Mann mittlerweile (meistens) seine Leichtigkeit, seine Unbekümmertheit. Er macht sich wenig Gedanken oder Sorgen, lebt im Moment, lässt alles entspannt auf sich zukommen und ist dabei meist sehr optimistisch. Er ist oft auf eine kindliche Art unbeschwert, lebt das ‚Kind im Manne'. Allerdings sind das auch genau die Eigenschaften, die mich immer mal wieder auf die Palme treiben. Toll finde ich, dass er Rücksicht darauf nimmt, dass ich z. B. in Supermärkten oder bei Stadtbummeln innerhalb kürzester Zeit genug habe und wieder nach Hause möchte." (Lisa*)

Für das gemischte Paar ist es ausgesprochen hilfreich, wenn beide Partner gut über Hochsensibilität Bescheid wissen; das erklärt einiges – wenn auch nicht alles. Zumindest wird deutlich, wie fehl am Platz wechselseitige Vorwürfe sind, die sich auf die Wesensart des anderen beziehen: „Sei doch nicht so empfindlich" versus „Sei doch nicht so unsensibel" oder „Du bist furchtbar dünnhäutig" versus „Du bist schrecklich dickfellig".

5.4 Befürchtungen aufseiten der HSP

„Toleranz sollte eigentlich nur eine vorübergehende Gesinnung sein: Sie muss zur Anerkennung führen. Dulden heißt beleidigen.“

Johann Wolfgang von Goethe (1749–1832)

Eine Liebesbeziehung einzugehen und zu führen ist für nahezu alle Menschen auch mit Befürchtungen und Ängsten verbunden. Bei HSP sind etwaige Unsicherheiten nicht ursächlich auf die Hochsensibilität zurückzuführen, sondern auf negative Erfahrungen mit den ersten wichtigen Bezugspersonen und früheren Liebespartnern. Verletzende Erfahrungen haben bei HSP jedoch eine stärkere Wirkung und Nachwirkung.

Einige Befürchtungen sind bewusst, andere begleiten die Menschen unbewusst in einer Beziehung. Zu den häufigen Befürchtungen von HSP gehören unter anderem:

- Die Angst davor, verlassen oder betrogen zu werden. Wer Verlassenwerden oder Betrug in der Kindheit und/oder mit früheren Partnern erlebt hat, kann ein tief sitzendes Misstrauen und Zweifel am eigenen Urteilsvermögen zurückbehalten haben. Er tut sich schwer, wieder Vertrauen zu fassen.
- Die Angst davor, sich zu öffnen und zu zeigen. Die Nähe in einer Partnerschaft bedeutet auch, sich so zu zeigen, wie man ist, körperlich, mit seinen Gedanken und Gefühlen – und mit seinem Wesen. Das ist unter Umständen mit Schamgefühlen verbunden. Wer befürchtet, in seinem Sosein nicht angenommen zu werden, wird sich zum eigenen Schutz eher verschließen.
- Die Angst davor, sich selbst zu verlieren. In einer so engen und intimen Beziehung kann die Grenze zwischen dem Partner und einem selbst so sehr verschwimmen, dass man gar nicht mehr recht weiß, was man eigentlich selbst will und wer man ist.
- Die Angst davor, verletzt zu werden. HSP wissen, wie tief und nachhaltig sie sich von Schroffheit, Ärger und Wut eines Partners, von dessen Kritik und Vorwürfen getroffen fühlen.
- Die Angst davor, selbst intolerant zu sein. HSP stören sich an vielem am Partner und sind oft schon von Geringfügigem irritiert. Das lässt sie fürchten, dass ihre eigenen Liebesgefühle darunter leiden könnten.
- Die Angst davor, selbst aggressiv zu werden. Es kann erschrecken, Wut und Ablehnung gegenüber dem Partner zu empfinden und destruktive Impulse bei sich festzustellen. Die Befürchtung, den anderen zu verletzen und die Liebe zu zerstören, liegt nahe.

Als Partner sollten Sie um die möglichen Befürchtungen und Ängste wissen (auch um Ihre eigenen!), sie gegebenenfalls ernst nehmen, weder bagatellisieren noch dramatisieren. Die eigenen Ängste zu erkennen und sich ihnen zu stellen nimmt ihnen schon einen Teil ihres Schreckens. Selbstreflexion (auf beiden Seiten!) ist sehr nützlich, um in der Paarkommunikation wahrhaftig sein zu können.

Als ehrlicher, zuverlässiger, wohlwollender und annehmender Partner können Sie dazu beitragen, dass die Ängste der HSP möglichst wenig neue Nahrung bekommen. Machen Sie es sich aber nicht zur Aufgabe, sie aufzulösen. Wenngleich HSP eine stärkere Tendenz zu Ängsten haben, verfügen sie in aller Regel aber auch über Fähigkeiten, sich erfolgreich damit auseinanderzusetzen: das Interesse an ihrer inneren Welt, einen guten Zugang zu ihren Gefühlen und Bedürfnissen, die Bereitschaft, etwas für ihr persönliches Wachstum zu tun.

> „Ich finde, eine besondere Herausforderung für HSP ist, dass sie bei sich bleiben und sich nicht vom anderen abhängig machen. Das Problematischste für mich früher war, dass ich mich selbst aufgab und immer alles recht machen wollte. Heute habe ich gelernt, dass ich bei mir bleiben muss und auch nach mir schauen darf. Worin ich mich gerade verändere: Ich gestehe mir zu, das zu tun, was mir guttut, ohne dauernd zu fragen, ob es okay ist." (Heike)

5.5 Der kritische Blick der HSP

„Es ist viel einfacher, Kritik zu üben, als etwas anzuerkennen."

Benjamin Disraeli (1804–1881)

Die intensive und detailreiche Wahrnehmung der HSP bezieht sich auf alles Mögliche, auch auf die (vermeintlichen) ‚Mankos' und ‚Marotten' ihres Partners. Eine unablässige, scharfe und kritische Beobachtung kann den Partner unangenehm berühren, in die Enge drängen und frustrieren. Es kommt ihm dann so vor, als werde jedes seiner Worte auf die Goldwaage gelegt, als würden all seine Eigenschaften, Ansichten, Angewohnheiten auf den Prüfstand gestellt, als würde er permanent Gefahr laufen anzuecken und als könne er nichts mehr richtig und recht machen. Geht es Ihnen ab und zu oder gar des Öfteren auch so?

Sich selbst als Bezugspunkt und Maßstab nehmend, kommen HSP womöglich dazu, ihren Partner oberflächlich, egoistisch, ignorant, laut, grob, rücksichtslos, vordergründig usw. zu finden. Jede ihrer Feststellungen sagt mindestens so viel über sie selbst wie über ihr Gegenüber aus. Der Satz „Du bist oberflächlich" könnte meinen „Ich wünsche mir ein tief gehendes Gespräch mit dir"; „Du bist egoistisch und ignorant" wäre womöglich eigentlich „Ich will, dass meine Interessen von dir gesehen werden"; „Du bist laut" hieße vielleicht „Ich bin geräuschempfindlich, Ruhe ist mir wichtig"; „Du bist grob und rücksichtslos" ließe sich übersetzen in „Ich bin verletzlich und brauche mehr Rücksicht"; „Du bist vordergründig" ist möglicherweise „Ich möchte mehr zu Wort kommen".

Vielleicht können Sie aus den Beschwerden die jeweiligen Bedürfnisse und Wünsche der HSP heraushören und beachten. Sie können die Vorwürfe auch zum Anlass für Selbstkritik nehmen; so überzogen sie auch sein mögen, ganz aus der Luft gegriffen sind sie wahrscheinlich nicht. Zeigen Sie sich gesprächsbereit, verkennen Sie aber andererseits nicht, dass Kritik an Ihrer Person in Form von derartigen ‚Du-Botschaften' immer etwas Kränkendes hat. Bitten Sie deshalb die HSP, ihre Vorwürfe in ‚Ich-Botschaften', in konkrete Verbesserungsvorschläge und Bitten zu verwandeln. Sagen Sie der HSP, wie es Ihnen damit geht, wenn Ihr Tun und Lassen so kritisch beäugt und kommentiert wird (falls dem so ist). Wirken Sie auf einen konstruktiven Dialog über Gefühle, Bedürfnisse und Wünsche hin. Fordern Sie die HSP zu mehr Respekt und Akzeptanz Ihnen gegenüber auf und bitten Sie sie, über die ein oder andere Ihrer Eigenarten liebevoll hinwegzusehen. Elaine Aron zitiert den Psychiater Peter Kramer, der sagt, eine hochsensible Person, die eine Beziehung eingeht, müsse „die bewusste Anstrengung unternehmen, etwas zu ignorieren, das mit großer Genauigkeit wahrgenommen wird." (Aus: *Hochsensibilität in der Liebe*)

„Ich bin mit meinem Mann wohl genauso streng wie mit mir selbst. Das hat schon häufig zu Streit geführt und bei ihm zu dem Gefühl, er könne es mir nicht recht machen. Im letzten Jahr bin ich gelassener geworden, versuche, uns beide besser in unserem Wesen zu akzeptieren und den Blick auf das Positive zu richten – bei realistischeren Vorstellungen von einer Partnerschaft. Das wirkt sich sehr positiv auf die Harmonie in der Partnerschaft aus." (Lisa*)

„Über Eigenheiten meiner Partnerin kann ich durchaus liebevoll hinwegsehen. Was ich aber nicht kann, ist, Verletzungen oder die Ignoranz gegenüber den von mir geäußerten Bedürfnissen hinnehmen, ohne darüber reden zu können. So was muss ich dann klären und ausräumen können." (Christoph)

„Für mich ist Distanz die Lösung Nr. 1. Ich kann mir das Zusammenleben in einer gemeinsamen Wohnung nicht vorstellen. Durch Distanz wird für mich dieser Blick durchs Vergrößerungsglas auf die Fehler des Partners abgeschwächt, und ich kann mich dann wieder eher freuen, den anderen zu sehen und mit ihm Zeit zu verbringen." (Paula*)

„Manchmal sehe ich meinen Partner wie durch ein großes Brennglas. Sehe seine Stärken, aber auch seine Schwächen und denke: Mann-o-Mann, warum kannst du nicht … machst du nicht … Ich bin keinesfalls unzufrieden, doch Ambivalenzen kenne ich nur zu gut. Wie schwer ist es dann, ihn einfach so sein zu lassen." (Katinka*)

5.6 Die Geräuschempfindlichkeit

„Musik wird oft nicht schön gefunden,
weil stets sie mit Geräusch verbunden."

Wilhelm Busch (1832–1908)

Die hohe Empfindlichkeit der HSP gegenüber akustischen Reizen liefert in Partnerschaften einigen Konfliktstoff. Der häusliche Alltag ist voller Geräusche, die einer HSP in der Summe sehr wörtlich genommen auf die Nerven gehen können: das Schließen („Zuschlagen") von Türen, Fenstern, Schubladen, das Abstellen („Fallenlassen") von Gegenständen, das Hantieren („laut Klappern") in der Küche, Hin- und Herlaufen („Stapfen"), Telefonieren („Schreien"), Musikhören, Fernsehen, manchmal Kleinigkeiten wie das Umblättern von Zeitungsseiten, Tastentöne des Smartphones, das gedankenversunkene Spielen mit Gegenständen, dann Menschliches wie Atemgeräusche, Niesen, Schnäuzen, Räuspern, Husten, lautes Gähnen, Kaugeräusche ...

Für Nicht-HSP ist es oft befremdlich und unverständlich, wenn ihnen immer wieder gesagt wird, sie seien so laut und würden stören. Das Unverständnis verstärkt sich vielleicht noch durch die Beobachtung, dass HSP selbst vergleichbare Geräusche, zum Beispiel beim Hantieren im Haushalt, machen, sie dann aber weit weniger schlimm finden. (Erklärung: Selbst verursachte Geräusche, über die man die Kontrolle hat, stören einen weit weniger.)

Häufig aufgefordert zu werden, dies und das einzuschränken oder zu lassen, kann leicht als Eingriff in die Privatsphäre und als Maßregelung aufgefasst werden. Zudem würde ein Befolgen der Aufforderungen den persönlichen Handlungsraum einschränken, was auf Dauer frustrierend sein kann. Trifft das, was ich hier sage, auf Sie zu? Wie geht es Ihnen damit?

Diskussionen, ob etwas wirklich zu laut ist oder nicht, führen zu nichts außer zu Ärger; es gibt eben die verschiedenen subjektiven Empfindungen und Einschätzungen. Wie aber können Lösungen aussehen? Was haben Sie schon ausprobiert? Was hat sich bewährt, was nicht?

Ich denke, HSP können sich insgesamt mit Beschwerden bewusst etwas zurückhalten, in manchen Fällen mit etwas arrangieren, in anderen Situationen der Reizquelle aus dem Weg gehen und in wieder anderen den Partner (freundlich!) um Rücksicht bitten. Der Partner kann sein Verhalten ein Stück weit anpassen, manche Angewohnheiten in Richtung Geräuschminderung ändern und auf kurze verabredete Zeichen hin mit etwas aufhören (z. B. den Schlüsselbund aus der Hand legen). Es braucht viel guten Willen auf beiden Seiten. Und es braucht insgesamt einen flexiblen Mittelweg, der für beide gangbar und fair ist. Dabei ist es an der HSP, aufzupassen, dass sie sich nichts zumutet, was ihr den letzten Nerv raubt, und am Partner, sich nicht im Entgegenkommen und Einschränken zu überfordern. Beides hätte am Ende einen negativen Effekt auf die Beziehung.

5.7 Die unterschiedlichen Wohlfühlbereiche

„Wir beide haben eine Beziehung, die ich schätze und bewahren möchte. Aber jeder von uns ist ein selbstständiger Mensch mit eigenen Bedürfnissen und dem berechtigen Anspruch, sie zu befriedigen."

Thomas Gordon (1918–2002)

Die Partner müssen damit zurechtkommen, dass sie nur eine begrenzte Schnittmenge haben, was ihre Wohlfühlbereiche (ich meine hier die Spanne zwischen Langeweile und Überforderung) angeht, und damit auch recht unterschiedliche Vorstellungen von Genuss und Vergnügen. Unternehmen beide etwas gemeinsam, erleben sie de facto dasselbe, gefühlt aber etwas ganz Verschiedenes.

In einer so engen Beziehung wie der Partnerschaft fällt der Unterschied besonders ins Gewicht. Beispiele aus dem Beziehungsalltag gibt es zuhauf: im häuslichen Bereich, bei Feiern und Treffen in der Familie und mit Freunden, beim Ausüben von Hobbys, auf Reisen … Häufig wünschen sich Nicht-HSP mehr unmittelbares Zusammensein als HSP. HSP hingegen möchten sich öfter zurückziehen, zum Beispiel nach einem anstrengenden Arbeitstag erst einmal eine Weile allein sein, um abschalten zu können.

Übrigens ist es durchaus nicht so, dass HSP sich immer schonen möchten. Ist ihre Begeisterung für etwas geweckt und entspricht etwas ihren Leidenschaften, staunt der Partner zuweilen über so viel Unternehmungslust und Durchhaltevermögen. Die Motivation aus sich selbst heraus macht den Unterschied. Extrem anstrengend wird es für HSP, wenn sie etwas nicht aus eigenem Antrieb tun, sondern nur um mitzuhalten, dem Partner einen Gefallen zu tun oder um dem Partner/der Familie den Spaß nicht zu verderben.

Die Bereitschaft von HSP, ihrem Partner entgegenzukommen und ihren Wohlfühlbereich bis an die Grenzen auszuschöpfen, ist zweifellos begrüßenswert. Sie darf nur nicht so weit gehen, dass HSP sich etwas abverlangen, was sie genau genommen nicht leisten können, ohne in größeren Stress zu geraten. Ebenfalls eine prima Sache ist die Bereitschaft des weniger empfindlichen Partners, sich in vielen Fällen nach den besonderen Wünschen des hochsensiblen Partners zu richten – zum Beispiel wenn es darum geht, beim Gaststättenbesuch den Sitzplatz, im Urlaub das Hotel und bei der Wohnungssuche die Wohnlage auszusuchen; allerdings nur, wenn es ihm wirklich egal ist bzw. nur ein kleines Zugeständnis bedeutet. Dass er in vielem nicht ganz so eigen ist, ist vorteilhaft für die Möglichkeiten des Miteinanders. Aus Rücksicht auf die HSP deren Bedürfnissen grundsätzlich Vorrang einzuräumen könnte jedoch leicht darauf hinauslaufen, dass der nichthochsensible Partner sich übermäßig einschränkt und sich vieles versagt und entsprechend frustriert sein wird.

Der Punkt ist: Der Wunsch nach mehr Anregung und Aktivität ist ebenso ernst zu nehmen wie der nach Reizreduzierung und Rückzug. Niemand kann beschließen, seinen Wohlfühlbereich zu verlagern – höchstens sich temporär darüber hinwegzusetzen. Immer wieder wird Paaren zu Kompromissen geraten. Dazu möchte ich an dieser Stelle anmerken: Kompromisse, bei denen der eine tendenziell übererregt ist und der andere eher gelangweilt, halte ich für eine denkbar schlechte Lösung. Das ist nicht Win-Win, das ist Lose-Lose. Der Deal, sich gegenseitig Opfer zu bringen, das heißt in diesem Fall dem Partner zuliebe etwas auszuhalten bzw. auf etwas zu verzichten, geht meiner Überzeugung nach langfristig nicht auf. Die Partner werden sich die Zumutungen – früher oder später, bewusst oder unbewusst – gegenseitig anlasten.

Für deutlich beziehungsförderlicher halte ich es, wenn jeder Partner darauf achtet, dass er sich im Großen und Ganzen in seinem individuellen Wohlfühlbereich aufhält und seinen Vorlieben – und damit sich selbst – treu bleibt. Damit bei unterschiedlichen Bedürfnissen und Interessen keiner zu kurz kommt, müssen sich die Partner von der Vorstellung lösen, das Glück läge in möglichst viel Zusammensein. Nicht jeder Wunsch und jeder Traum muss gemeinsam realisiert werden. Wichtiger, als alles gemeinsam zu tun, ist die Übereinstimmung in den Wertvorstellungen. Was es brauchen würde, ist ein von beiden akzeptiertes Partnerschaftskonzept, in dem Freiräume vorgesehen sind, die ermöglichen, dass jeder einem Gutteil seiner individuellen Interessen nachgehen und die wichtigsten seiner persönlichen Wünsche und Träume erfüllen kann.

So ist es für den hochsensiblen Partner womöglich wichtig, mit einzelnen Freunden zum intensiven Gedankenaustausch zusammenzukommen, allein beschauliche Spaziergänge in der Natur zu machen, einen Ferienmalkurs zu besuchen oder entspannt allein zu Hause zu bleiben, während der Partner unterwegs ist. Für den nichthochsensiblen Partner ist es unter Umständen wichtig, häufiger mit der Freundesclique unterwegs zu sein, auf einem Fest auch einmal durchzumachen, eine riskantere Sportart auszuüben, auch mal einen Abenteuerurlaub zu machen.

Elaine Aron sieht in einer solchen Lösung allerdings eine Gefahr: „Es kann problematisch sein, wenn sich ein HSP/Nicht-HSP-Paar auf ein gemeinsames Leben mit vielen getrennten Unternehmungen einigt. Zwar werden sie damit ihren unterschiedlichen Bedürfnissen an äußerer Stimulation gerecht, doch wenn sie es zu sehr übertreiben, kommt es leicht zu einer Entfremdung." (Aus: *Hochsensibilität in der Liebe*) Tatsächlich ist das ein wichtiger Gesichtspunkt: Jedes Paar braucht für den Zusammenhalt auch echte Gemeinsamkeiten wie geteilte Interessen und gemeinsame Projekte (z. B. die Fürsorge für eigene Kinder oder ein soziales Engagement). Die Gemeinsamkeiten lassen sich nicht konstruieren, wohl aber entdecken und kultivieren. Es ist es wert, beständig nach Möglichkeiten Ausschau zu halten und etwas daraus zu machen. Die gemeinschaftliche Freude an dem, was für beide erquicklich, vergnüglich, begeisternd und sinnstiftend ist, tut der Liebe gut.

> „Bei uns gibt es viele Freiheiten für alle Parteien, die Teens mit 18 und 16 sind recht selbstständig und machen ihr Ding, meine Frau und ich haben gemeinsame Hobbys, z. B. gemeinsam im Chor singen, jedoch auch getrennte: Sie reitet, ich klettere und laufe, sie ist gerne mit ihren Freundinnen zusammen und ich mit meinen Sportsfreunden." (Bernd)

5.8 Die Balance zwischen Nähe und Distanz

„Nähe beglückt, zu viel Nähe erdrückt."

Helmut Glaßl

Für den Paartherapeuten Hans Jellouschek bedeutet eine Balance hinsichtlich Bindung und Autonomie: „Mann und Frau fühlen sich in einer festen Bindung miteinander, jeder von beiden hat aber auch seinen individuellen Freiraum. Jeder hat seine eigene Welt mit eigenen Interessen, Aktivitäten und Beziehungen, sie haben aber auch eine abwechslungsreiche, lebendige und ausgedehnte gemeinsame Welt." (Aus: *Liebe auf Dauer*)

In der Beziehung eine stimmige Ausgewogenheit zu finden zwischen Nähe und Distanz ist für HSP von immenser Bedeutung. HSP nehmen unablässig eine Unmenge von Eindrücken vom anderen auf, sobald der ihnen nahe ist. Sie haben den Partner quasi immer ‚mit auf dem Schirm'. Darüber hinaus sind es die zahlreichen Regungen aus dem eigenen Inneren, die durch den Partner angestoßen werden. Je enger eine Beziehung gelebt wird, umso unmittelbarer droht eine Überstimulation. Das Zusammenwohnen stellt in dieser Hinsicht die größte Herausforderung dar, erst recht, wenn beide die meiste Zeit zu Hause sind (durch Selbstständigkeit, Home Office, In-Rente-Sein usw.).

Wie ich es sehe, ist es für HSP von ausschlaggebender Bedeutung für ihr Wohlfühlen in der Beziehung, ob sich ihr wiederkehrender Wunsch nach Rückzug und Alleinsein im Alltag problemlos erfüllen lässt.

„Es braucht viel Verständnis für das Ruhebedürfnis und den Wunsch nach Alleinsein, ohne dass jedes Mal darüber diskutiert werden muss. Das empfinde ich schon als sehr große Herausforderung für den Partner, weil es eine gewisse Großzügigkeit erfordert." (Antje*)

„Mein Mann hat eine ganze Weile gebraucht, um mein Bedürfnis nach Alleinzeit zu akzeptieren. Bewährt hat sich auf jeden Fall, klar anzusprechen, wenn ich Zeit für mich brauche, und am besten für danach etwas Gemeinsames in Aussicht zu stellen. Schwierig ist es für ihn, wenn ich mich wortlos zurückziehe oder mein Bedürfnis übergehe, was sich dann in gereizter Stimmung meinerseits äußert. Für mich geht es ganz gut, wenn ich alleine mit Hund oder Pferd losziehe. Oder im Wohnzimmer alleine Musik höre. Oder in den Garten gehe und dort ein paar Handgriffe erledige. Wesentlich besser geht es mir, seit ich nur noch halbtags arbeite. So habe ich den Nachmittag gesichert für mich und kann die Abende und Wochenenden mit meinem Mann besser genießen." (Lisa*)

„Wir haben das große Glück, über genügend Fläche verfügen zu können. Jeder hat sein eigenes Arbeitszimmer. Dazu gibt es als Rückzugsmöglichkeit eine ‚Multifunktionsfläche' (z. B. für Gymnastik, Musikhören, Computerspiele) außerhalb des gemeinsamen Wohnzimmers. Hört sich paradiesisch an. Aber: Sobald ich Zeit für mich allein wünsche, ist bei mir das schlechte Gewissen da. Und mein Partner nimmt das persönlich, ist beleidigt, fühlt sich abgelehnt. Mit dem schlechten Gewissen ist die freie Zeit ‚vergiftet'. – Da ich halbtags auswärts arbeite und er zu Hause, hat er viel mehr Zeit für sich alleine in der Wohnung, auch wenn die mit Arbeitstätigkeiten gefüllt ist. Das fühlt sich für mich ungleichgewichtig an. Denn es ist für mich ein Unterschied, ob noch jemand in der Wohnung ist oder nicht. Ich bin gerne mal ganz für mich allein. Sehr schwierig ist es nur, das jemandem zu vermitteln, der dieses Bedürfnis nicht so hat." (Elsa*)

Die notwendige Selbstbestimmung sehe ich am ehesten in Gefahr, wenn die Raumaufteilung in einer gemeinsamen Wohnung in klassischer Weise gehandhabt wird: ein großes gemeinsames Wohnzimmer und ein gemeinsames Schlafzimmer, dann eventuell Kinderzimmer und/oder ein Gästezimmer, manchmal noch ein Arbeitszimmer für den, der das beruflich braucht. Es ist nämlich schwierig, im selben Raum Unterschiedliches zu tun, weil jeder alles von anderen mitbekommt, egal, ob er das schön findet oder nicht. Reizoffene HSP haben es da besonders schwer. Die Folgen haben aber letztlich immer beide zu tragen: überstrapazierte Nerven und erhöhte Reizbarkeit der HSP führen schnell zu Missklang und Reibereien.

Ich bin immer sehr dafür, in erster Linie nach hilfreichen praktischen Lösungen zu suchen, statt sich selbst und dem Partner laufend etwas zuzumuten, was zu Unzufriedenheit und Unwillen führt. Lieber frühzeitig die äußeren Umstände den Bedürfnissen anpassen, als beiden über Gebühr Anpassung und Toleranz abzuverlangen. Das kann den Alltag deutlich konfliktfreier und die Beziehung harmonischer machen. Seien Sie möglichst offen für Veränderungen. Prüfen Sie, ob Ihre eigenen Vorstellungen wirklich unverrückbar sind. Setzen Sie sich gegebenenfalls über Konventionen hinweg. Je flexibler

Sie beide bei der Lösungsfindung sind, desto besser. Ersinnen Sie gemeinsam kreative Lösungen, experimentieren Sie, finden Sie miteinander das Passende für sich heraus.

Getrenntes Wohnen. Manche HSP schwärmen von einer Wochenendbeziehung: sich am Wochenende intensiv auf den Partner einlassen, Zusammensein und gemeinsame Unternehmungen genießen, unter der Woche Ruhe um sich herum haben, nach eigenem Gutdünken eigenen Interessen nachgehen, sich nur um sich selbst kümmern. ‚Living apart together' ist ein Begriff für ein frei gewähltes getrenntes Wohnen als Paar (nicht aus einer Notwendigkeit heraus wie z. B. Arbeitsplätzen an weit voneinander entfernten Orten). Das Übliche ist jedoch nach wie vor, dass Paare nach einer Weile zusammenziehen, sei es aufgrund einer geplanten Familiengründung oder um sich besser unterstützen zu können (z. B. im Alter) oder um mit dem gemeinsamen Haushalt Geld zu sparen oder eben aus ihrem Beziehungsideal heraus. Dennoch: Beziehen Sie die Möglichkeit des getrennten Wohnens in Ihr Denken mit ein!

Für jeden ein eigenes Zimmer. Die Partner haben in einer gemeinsamen Wohnung in der Regel keine Räume jeweils für sich allein, in die sie sich nach Belieben zurückziehen können. Insofern sind sie schlechter gestellt als ein Kind, das meist ein eigenes Zimmer hat. Ein eigenes Zimmer ist ein dringender Wunsch, den ich regelmäßig von HSP höre und der sehr ernst zu nehmen ist. Es kann ihnen als Rückzugsort dienen, um immer wieder zur Ruhe und zu sich zu kommen und ungestört ein Hobby auszuüben. Sie können sich dort gezielt mit Dingen umgeben, die ihnen guttun. Dasselbe kann natürlich für den nichthochsensiblen Partner gelten, der in einem eigenen Raum unbehelligt seine Lieblingsmusik hören (na ja, wenn es nicht zu laut ist), seine Lieblingsfilme ansehen, Dinge um sich herum ausbreiten und liegen lassen kann etc., ohne den anderen zu stören und ohne schief angesehen zu werden (nicht umsonst erfreut sich der Hobbykeller so großer Beliebtheit). Selbst in einer kleinen Wohnung kann man erwägen, statt Wohn- und Schlafzimmer einen Raum für jeden einzurichten (und weiterhin die Frage „Gehen wir zu mir oder zu dir?" zu klären). Bedauerlich finde ich, dass moderne Standardarchitektur mit großem offenem Küche-/Ess-/Wohnbereich und eher kleinen übrigen Zimmern zu solchen Konzepten nicht passt.

> „Mein Wunsch wäre ein Zimmer im Haus nur für mich, quasi ‚meinen sicheren Ort', mit einem Sofa, der Möglichkeit, Musik zu hören, und Platz für kreative Tätigkeiten, wo ich einfach bei Bedarf hineingehen und die Tür schließen könnte. Mein Mann meint allerdings, dass er die Vorstellung nicht angenehm findet, so vor verschlossener Tür zu stehen." (Lisa*)

Getrennte Schlafzimmer. Getrennte Schlafzimmer oder zumindest die räumliche Möglichkeit, bei Bedarf bequem (!) getrennt schlafen zu können (ein Bett im zuvor genannten eigenen Zimmer), geben beiden Partnern die Freiheit, ihrem unterschiedlichen Schlafrhythmus entsprechend früh oder spät ins Bett zu gehen (viele HSP gehen relativ früh schlafen bzw. ins Bett, weil sie lange brauchen, um abzuschalten und schlafbereit zu sein), im Bett nach Belieben noch zu lesen, Musik zu hören, eventuell fernzusehen, bei offenem oder geschlossenem Fenster, hell oder dunkel zu schlafen. In einem gemeinsamen Schlafzimmer ist das alles aus Rücksicht auf den anderen nur eingeschränkt möglich bzw. um den Preis, dass einer etwas erduldet, der andere sich etwas verkneift oder beide faule Kompromisse eingehen. Schnarchen, Atemgeräusche und häufiges nächtliches Umdrehen können insbesondere die HSP sehr im Schlaf stören und sich über kurz oder lang zur Streitsache auswachsen. Ich will es klar sagen: Für manche HSP ist nur der Schlaf allein wirklich erholsam. Bitte sehen Sie im Wunsch nach getrenntem Schlafen keine persönliche Ablehnung oder mangelnde bzw. nachlassende Zuneigung. Unter Umständen rettet genau das Ihr Beziehungsglück.

„Da mein Mann ebenfalls viel Raum für sich braucht, ist das mit Nähe/Distanz bei uns nicht so ein Problem. Bewährt hat sich bei uns: ein großes Wohnzimmer, eine Wohnküche, ein Büro und eine Werkstatt im Keller. Wenn wir nicht gemeinsam im Wohnzimmer sein wollen, geht einer in die Küche. Mein Mann ist auch sehr gern im Büro oder in der Werkstatt. Im Schlafzimmer haben wir es so gelöst, dass ich meist früher ins Bett gehe und dadurch allein einschlafe. Gehen wir mal gemeinsam ins Bett, kuscheln wir für eine Weile, und dann geht jeder auf seine Seite. Mit Körperkontakt (sei er noch so klein) kann ich nicht einschlafen.“ (Rike*)

„Nach meiner Erfahrung findet das Paarleben idealerweise in getrennten Bereichen statt: Im Haus hat jeder ein eigenes Zimmer, und es gibt gemeinsame Räume wie Wohn- und Schlafzimmer. Oder alternativ hat eben jeder eine eigene Wohnung.“ (Antje*)

„Mittlerweile finden mein Partner und ich immer mehr eine gute Balance zwischen Nähe und Distanz. Ihm ist der Garten wichtig, da hat er sein Reich, die Gartenarbeit macht ihn ausgeglichen. Und ich beschäftige mich mit Dingen, die mir guttun, gönne mir z. B. ein Bad, wo mich niemand stören darf.“ (Heike)

„Das mit der Distanz ist bei mir einer der Punkte, die noch ‚in Bearbeitung‘ sind. Wenn es mir nicht gut geht und ich eigentlich Ruhe benötige, ist mein Partner immer sehr besorgt und will mich umsorgen. So lieb das auf der einen Seite ist, so anstrengend kann es auch sein. Ein eigenes Zimmer wäre klasse, ist zurzeit aber nicht machbar. Ich habe Kopfhörer – wenn ich unter ihnen verschwinde, weiß die Familie, dass ich alleine sein möchte. Das mache ich aber noch viel zu selten. Ab und an fahre ich allein einen Tag ans Meer, um zur Ruhe zu kommen. Das ist extrem wichtig für mich. Wenn es die Zeit nicht erlaubt, muss der näher gelegene Wald herhalten. Aber am besten für mich sind ruhige Stunden alleine zu Hause.“ (Bea)

5.9 Die Verletzlichkeit

„Auch höfliche Kränkungen verletzen."

Kurt Haberstich

Manchmal genügt eine unachtsame Geste, ein schräger Blick, ein unbedachtes Wort – und schon ist die Kränkung passiert. Oft werden Sie schwerlich nachvollziehen können, was an Ihren Handlungen und Äußerungen für die HSP verletzend war. Aber auch das, was für Sie rätselhaft bleibt, ist existent, die Gefühle haben ihre Daseinsberechtigung und verdienen Respekt und Würdigung. Um Verständnis und Einfühlung bemüht zu sein heißt nicht automatisch, dass Sie die Ansicht des anderen teilen oder seinen Vorwurf gänzlich akzeptieren.

Fassen Sie möglichst nicht jede emotionale Irritation der HSP als schwerwiegenden Vorwurf auf, betrachten Sie sich jedoch auch nicht als am Problem unbeteiligt. Schieben Sie nicht einfach alles auf die hohe Sensibilität Ihres Partners; das hieße, sich aus der Verantwortung zu stehlen. Die liegt immer auf beiden Seiten. Übernehmen Sie die Verantwortung für Ihren Anteil. Geben Sie den Versuch auf, den Vorfall objektiv betrachten zu wollen und zu argumentieren. Und sehen Sie ab von der Aufforderung, sachlich zu bleiben. Natürlich ist die eine wie die andere Sichtweise subjektiv, und natürlich sind Gefühle im Spiel. Zeigen Sie auch Ihre eigenen Gefühle, den Ärger, die Ratlosigkeit oder was auch immer. Geben Sie der aufgeregten HSP und sich selbst Zeit und Raum, um wieder ruhiger zu werden.

> „Oh, wie ich das kenne, diese heftigen Gefühle! Mein Problem ist, dass ich nur sehr mühsam, manchmal erst nach vielen Stunden, den Weg heraus finden kann. Was mir dabei helfen würde? Ein emotional betroffenes Gegenüber, das seine Gefühle authentisch und angemessen äußern kann und mir bloß nicht mit Argumenten kommt!" (Katinka*)

> „Ich kenne Ausraster von mir, aber auch von meinem Mann. Bei mir passieren Ausraster zum einen, wenn ich mich angegriffen fühle, dann reagiere ich wie ein verletztes Tier, das wild um sich schlägt. Zum anderen gibt es eine sehr hohe Reizbarkeit, wenn mir gerade alles zu viel ist. Dann reicht ein falsches Wort, und ich meckere mein Gegenüber richtig an – wobei das Gegenüber dann immer mein Mann ist. Bei anderen zeige ich mich nicht so (das ist dann wohl der Nachteil für den Menschen, der mir am nächsten steht). In den betreffenden Situationen werde ich sehr hart und kalt und schiebe sämtliche Verantwortung von mir weg. Ich kann dann auch richtig schreien und mich aufbauen, selbst wenn ich zuvor noch so kraftlos war. Ich sage ‚es passiert' – das zeigt wohl, dass ich in den Momenten nicht das Gefühl habe, noch irgendeine Kontrolle zu haben. Wenn ich überreizt bin, hilft es, wenn ich mich rechtzeitig zurückziehe. Wenn ich gerade keine Auszeit nehmen kann, warne ich meinen Mann mittlerweile vor, das entschärft die Situation. Wir haben inzwischen in den meisten Fällen einen guten Umgang gefunden, sodass es kaum noch zu solchen

> Ausbrüchen kommt. Schwierig wird es, wenn mein Mann mich sehr verletzt hat und mich dann nicht meine Auszeit nehmen lässt, sondern mich weiter bedrängt, mir nachläuft, selbst explodiert. Das Beste ist, mich dann erst mal das Weite suchen zu lassen und mir Zeit zu geben. Später kann dann ein ruhiges Gespräch stattfinden." (Lisa*)
>
> „Manchmal ist es genau das Nüchterne, Geerdete, das ich eigentlich an meinem Partner schätze, was mich verletzt. Meine Verletzlichkeit macht ihn eher hilflos, er hat es ja nicht böse gemeint. Aber wir können miteinander reden und die Probleme besprechen. Manchmal dauert es mir zu lang. Mein Partner braucht erst etwas Zeit zum Runterkommen, ich halte diese Zeit schwer aus. Auch da lernen wir, uns entgegenzukommen." (Bea)

Treffen Sie in ruhigen Zeiten mit Ihrem Partner die Vereinbarung, dass in akuten Stress- und Streitsituationen Auszeiten genommen werden können. Zur Vereinbarung gehört, dass derjenige, der für sich den Rückzug braucht bzw. die Notwendigkeit einer Gesprächspause erkennt, das Weggehen kurz ankündigt und ein Wiederkommen zusagt, statt einfach wortlos aus dem Raum zu gehen. Die Auszeit sollte mindestens 20 Minuten dauern, schneller kann sich schon rein physiologisch gesehen die Aufregung nicht legen. Die Unterbrechung und das Abstand-Gewinnen können ein Aufschaukeln der Gefühle, ein Ausweiten auf alle möglichen anderen Streitpunkte und ein Verhärten der ‚Fronten' (oh, das hört sich kriegerisch an) verhindern. Im Disput neigen beide Seiten dazu, ihre extremsten Standpunkte einzunehmen, der Toleranzbereich geht gegen null. Später stellt sich oft heraus, dass die Meinungen doch gar nicht so weit auseinander liegen und eine Einigung gut möglich ist.

Für die Bewältigung von Verletzungen ist das Anerkennen der Tatsache, dass der eine Partner den anderen verletzt hat, ob er es nun wollte oder nicht, überaus wichtig. Dazu Hans Jellouschek: „Ich höre […] immer wieder: ‚Wenn er/sie nur anerkennen könnte, dass mich das verletzt hat, dann könnte ich's gut sein lassen!' Dass jemand immer wieder auf alten Verletzungen ‚herumreitet', hat nicht selten darin seinen Grund, dass der andere sie niemals anerkannt hat. ‚Ja, ich anerkenne es, ich habe dich damit schwer verletzt' – das wäre oft der erlösende Satz, der bewirken könnte, dass die Verletzung in der Vergangenheit versinkt!" (Aus: *Liebe auf Dauer. Die Kunst, ein Paar zu bleiben*) Um echten Frieden zu erreichen, muss seitens desjenigen, der sich verletzt gefühlt hat, ein aufrichtiges Bemühen hinzukommen, den Vorfall zu den Akten zu legen und dem anderen nicht endlos vorzuhalten. (Betreffend Kränkbarkeit und emotionaler Hochreaktivität siehe auch Kapitel 3.4.6 und 3.4.7, betreffend Umgang mit Verletzungen siehe Kapitel 4.4.)

5.10 Empfehlungen für die Paarkommunikation

„Solange du dem anderen sein Anderssein nicht verzeihen kannst, bist du noch weit weg vom Weg der Weisheit."

Aus China

Der Unterschied in der Sensibilität kommt als weitere Herausforderung zur altbekannten Mann-Frau-Thematik hinzu. Die typischen Schwierigkeiten sind immer wieder Gegenstand von mehr oder weniger ernsthaften Abhandlungen. Ich denke zum Beispiel an Bestseller wie *Männer sind anders, Frauen auch: Männer sind vom Mars, Frauen von der Venus* von John Gray und *Du kannst mich einfach nicht verstehen: Warum Männer und Frauen aneinander vorbeireden* von Deborah Tannen aus den 1990er-Jahren oder an das anhaltend erfolgreiche Theaterstück *Caveman*.

Miteinander zu reden, ermöglicht, sich gegenseitig Einblicke in die verschiedenen Vorstellungswelten zu geben, Missverständnissen vorzubeugen bzw. sie aufzulösen, sich im Konfliktfall anzunähern. Wobei miteinander sprechen nicht immer gleichbedeutend ist mit einander verstehen (sehr zum Leidwesen der HSP). Was der eine rüberbringen möchte und was beim anderen ankommt, ist grundsätzlich zweierlei. Jeder hat seine ganz eigene Auffassung, seine Sichtweise, seine Empfindungen. Bei einem gemischten Paar (Nicht-HSP + HSP) liegen mitunter einfach Welten zwischen den Erlebniswirklichkeiten der beiden Partner. Umso höher ist der Gesprächsbedarf. (Siehe auch „Unterschiede überbrücken", 3.5)

Hans Jellouschek empfiehlt allen Paaren: „Seien Sie neugierig und interessiert am anderen. Sprechen Sie alles an, was Ihnen an ihm ‚frag-würdig' erscheint. Und: Tun Sie es, bevor Sie über das Fremde, das Ihnen in ihm begegnet, ärgerlich werden und das Bedürfnis haben, es zu kritisieren." (Aus: *Liebe auf Dauer: Die Kunst, ein Paar zu bleiben)* Diesen Vorschlag vom Paarexperten finde ich hervorragend.

> „Problematisch ist bei uns, dass ich alles sehr ernst nehme und erst lernen musste, mit der ironischen Art meines Mannes klarzukommen. Verstehe ich es nicht, oder habe ich das Gefühl, es falsch verstanden zu haben, frage ich ihn meist konkret: ‚Hast du das jetzt so und so gemeint?' – auch wenn ihn das manchmal nervt." (Rike*)

Eine Kernaussage von Jürg Willi geht in dieselbe Richtung: „Eine Partnerbeziehung ist ein ununterbrochener Prozess des Einander-Suchens und Sich-einander-Erklärens." (Aus: *Psychologie der Liebe*) Dafür brauche es Geduld und Ausdauer auf beiden Seiten. Jeder sei immer wieder aufs Neue gefordert, sich einerseits selbst zu klären und dem Partner zu erklären, andererseits den Erklärungen des Partners aufmerksam und offen zuzuhören und bereit zu sein, das innere Bild über den Partner zu modifizieren. Willi betont, wie schwierig es für die Partner ist, die Sicht des jeweils anderen einzunehmen. Streng genommen sei es gar nicht möglich, sich vollständig in einen anderen hineinzuversetzen. Letztlich könne keiner denken und fühlen wie ein anderer. Beim Versuch, Gedankengänge nachzuvollziehen und Gefühle nachzuempfinden, gehe man nun einmal davon aus, wie man selbst in derselben Situation denken und fühlen würde; Hintergrund sei immer die eigene Persönlichkeitsstruktur. Willi: „Jeder versteht jeden immer nur auf Grundlage seiner Konstruktion der Wirklichkeit, und diese ist von jener des Partners zwangsläufig verschieden." (Aus: *Psychologie der Liebe*)

Das gilt selbstverständlich auch für die empathiebegabten HSP, wenngleich sie erstaunlich gut im Analysieren und Interpretieren sind. Leider trennen sie aber nicht immer so sauber zwischen Tatsachen und Deutungen, wie es nötig wäre. Weisen Sie gegebenenfalls Fehl- und Überinterpretationen der HSP zurück und seien Sie umgekehrt auch eigenen Interpretationen auf der Spur. Bitten Sie darum, gefragt und gehört zu werden. Sagen Sie selbst, was mit Ihnen los ist, was Sie denken und fühlen, woran es Ihnen fehlt bzw. was Sie brauchen, und begegnen Sie damit Spekulationen.

Lassen Sie sich nicht in Gespräche hineindrängen, die Sie nicht führen möchten – außer in dringenden Fällen (solange sie die Ausnahme bleiben). Niemand kann jederzeit gesprächsbereit sein, für den anderen ein offenes Ohr haben und auf ihn eingehen. Sollte Ihnen gerade nicht nach einem tiefschürfenden Gespräch sein, sagen Sie es. Das ist viel besser, als unerklärlich einsilbig zu werden oder sich hinter der legendären Zeitung (dem Tablet?) zu verstecken. HSP können in der Regel viel mit klaren Ansagen, mit Transparenz und authentischem Verhalten anfangen. Weichen Sie jedoch nicht generell klärenden Gesprächen aus. Stellen Sie eine Aussprache konkret und zeitnah in Aussicht und halten Sie sich an Ihre Zusagen. Zuverlässigkeit und Worttreue sind für HSP sehr, sehr wichtig.

> „Ich würde mir von meinem Mann manches Mal klarere Ansagen wünschen, damit ich einfach weiß, woran ich bin, was er bereit ist zu geben und was nicht. Stattdessen verspricht er mir häufig das Blaue vom Himmel und hält es natürlich nicht ein. Ich arbeite weiter an meiner Gelassenheit und dem liebevollen Blick aufs Positive!" (Lisa*)

So sehr es der Beziehung zugutekommen kann, wenn das, was irritiert, stört und belastet, zeitnah besprochen und geklärt wird, so wichtig ist es, öfter auch einmal Schwieriges und Konfliktträchtiges beiseitezulassen. Vor lauter ernsten Gesprächen dürfen Spontaneität, Lebendigkeit, Unbeschwertheit, Freude und Spaß im Miteinander nicht verloren gehen. Locker-leichte Unterhaltungen und Gespräche über interessante, inspirierende Dinge außerhalb des Beziehungsgeschehens gehören unbedingt ebenfalls zum bereichernden Austausch. Auch das gemeinsame Schweigen (solange es kein eisiges ist) hat etwas für sich.

Dazu noch einmal Michael Mary: „Je ausführlicher die verbale Kommunikation, desto größer wird die Gefahr, dass Unterschiede und nicht Gemeinsamkeiten betont werden. Damit würde der Eindruck der Übereinstimmung gestört und das Gefühl des Einsseins zerstört. […] Die Liebe lässt sich nämlich auch mit bestem Willen nicht herbeireden, man kann sie aber durchaus wegreden. Sie lässt sich durch den Versuch vertreiben, Unterschiede auszuräumen […].“ (Aus: *Lebt die Liebe, die ihr habt)*

Im Übrigen ist nicht jedes Problem sofort lösbar, manches auch gar nicht – auch nicht mit noch so viel Darüberreden. Die Lösung liegt dann am ehesten in einer größeren Gelassenheit und Problemtoleranz.

> „Konstruktive Kommunikation ist extrem wichtig. Unbedingt in guten Zeiten üben. Nur dann steht sie uns in schwierigen Situationen auch tatsächlich zur Verfügung und kann uns helfen, mit Unterschiedlichkeiten liebevoll umzugehen.“ (Katinka*)
>
> „Was hilft, ist, frühzeitig offen und tiefgründig miteinander zu sprechen, immer mit dem Fokus, den anderen zu akzeptieren, zu verstehen und gemeinsame Wege zu finden.“ (Bernd)
>
> „Wir haben sehr unterschiedliche Formen der Konfliktbewältigung. Während mein Mann oft nach einer kurzen Entschuldigung (die mir eher strategisch vorkommt) wortlos zum Alltag übergeht, möchte ich darüber sprechen, analysieren, was geschehen ist, Lösungen erarbeiten, damit es zukünftig besser läuft. Ist doch blöd, immer wieder in die gleiche Situation zu rennen. Ich finde sehr zentral, überhaupt zu kommunizieren, statt einfach über Dinge hinwegzugehen oder sie als bekannt vorauszusetzen. Wichtig ist Selbstreflexion. Den Partner an Entscheidungsprozessen und Gedanken teilhaben lassen. Wertschätzend kommunizieren. Verletzungen und Provokationen möglichst vermeiden, lieber eine Auszeit nehmen und zur Ruhe kommen.“ (Lisa*)
>
> „Ich lebe seit fast 20 Jahren mit meinem Partner zusammen und kann sagen, dass ich glücklich mit ihm bin und vor allem dankbar, dass er mich so nimmt, wie ich bin. Am Anfang unserer Beziehung war Streiten für mich ein Weltuntergang, für meinen Mann überhaupt nicht. Das Aushalten seiner Gefühle war definitiv das Schwierigste. Ich musste erst lernen, dass er mich trotzdem liebt, auch wenn er mal böse mit mir ist. Für mich war es sehr wichtig, über alles zu reden, was ihm schwerfiel. Er wollte kurz sprechen und dann Gras über die Sache wachsen lassen, und am nächsten Tag war für ihn wieder alles in Ordnung. Durch viele Gespräche mit einem befreundeten Ehepaar lernten wir, aufeinander zuzugehen. Er hat akzeptiert, dass ich nicht ins Bett gehen kann, ohne den Streit zu klären, und ich habe gelernt, ihn auch mal für eine Weile sauer sein zu lassen. Ausdauer und Geduld sind wichtig und der große Wille, den anderen zu verstehen. Wichtig finde ich auch, immer wieder die Beziehung zu hinterfragen, um nicht unbemerkt in

etwas hineinzurutschen. Bei uns hat sich bewährt, den anderen regelmäßig zu fragen, wie es ihm gerade in der Beziehung geht, was ihm vielleicht helfen könnte, aber auch, was er gut findet. Reden, aber auch mal bewusst schweigend beieinander zu sein, Zeit zusammen genießen, aber den anderen auch für sich lassen können, sich zu verändern, statt den anderen verändern zu wollen, miteinander zu wachsen – das sind, glaube ich, die Hauptpunkte. " (Rike*)

Abschließend möchte ich nochmals an die drei förderlichen Grundhaltungen für die Kommunikation erinnern: unbedingte Wertschätzung, empathisches Verstehen und Authentizität (siehe 3.1).

5.11 In Kürze – ein Dutzend Empfehlungen

Sie tragen zu einer glücklichen Beziehung mit Ihrer hochsensiblen Partnerin / Ihrem hochsensiblen Partner bei, wenn Sie ...

1. dem Erkennen der Hochsensibilität Bedeutung beimessen, sich damit eingehend beschäftigen und den Fokus auf die damit verbundenen Stärken richten. (Versuchen Sie aber nicht, alles damit zu erklären: Sie beide sind in erster Linie Individuen, nicht HSP und Nicht-HSP, und auch Ihre Beziehung ist einmalig.)
2. sich bewusst um Sensibilität, Einfühlung und Verständnis bemühen, soweit es Ihnen ohne Krampf möglich ist, denn das sind für die HSP wichtige Zeichen von Liebe.
3. mit viel Kreativität, Flexibilität und Experimentierfreude gemeinsam nach fairen Alltagslösungen in der Partnerschaft bzw. in der Familie suchen, die die unterschiedlichen Bedürfnislagen berücksichtigen.
4. nicht sofort zu Lösungsvorschlägen übergehen, bevor Sie nicht gut zugehört und Einfühlung gegeben haben. (Gehört und verstanden zu werden ist für HSP unglaublich wichtig.)
5. auf eine gute Balance zwischen Nähe (Bindung, Zweisamkeit) und Distanz (Autonomie, Für-sich-Sein) achten. (HSP haben häufig ein Defizit an Zeit für sich allein, erst recht, wenn Kinder da sind.)
6. mit der HSP überlegen und ausprobieren, welche Freizeitbeschäftigungen und Engagements Sie sinnvollerweise jeder für sich und welche Sie zusammen ausüben wollen / können. (Gemeinsames Tun stärkt den Zusammenhalt.)
7. Wege finden, wie Sie gemeinsam sowohl entspannende Aktivitäten (Lesen, Musikhören, Fahrradfahren, Wandern ...) als auch anregende Unternehmungen (Freunde treffen, Ausflüge zu neuen Zielen, Kino, Theater ...) erleben können.

8. das relativ häufige Bedürfnis der HSP nach Reizreduzierung und Rückzug respektieren und ihr helfen, deshalb kein schlechtes Gewissen zu haben. (Alleinzeit mit schlechtem Gewissen ist nicht wirklich erholsam.)
9. ernsthaft mit überlegen, wie sich der Wunsch der HSP nach einem eigenen Raum (bzw. nach einer Regelung zur zeitweiligen alleinigen Nutzung eines bestimmten Raums oder der Wohnung) und/oder getrenntem Schlafen (falls es ihn gibt) in der gemeinsamen Wohnung erfüllen lässt.
10. offen und ehrlich – und freundlich und vorwurfsfrei – sagen, wenn Ihnen gerade nicht nach tief gehenden philosophischen oder persönlichen Gesprächen ist, sich aber nicht generell solchen Gesprächen entziehen.
11. im Konfliktfall zeitnah – aber nachdem sich die Aufregung gelegt hat – für ein klärendes Gespräch zur Verfügung stehen bzw. das Gespräch suchen. (Solange HSP das Konfliktthema nicht aus dem Kopf bekommen, steht es zwischen Ihnen.)
12. sich reiflich überlegen, was Sie der HSP zusagen/versprechen/in Aussicht stellen,und unbedingt Wort halten – oder zumindest nachvollziehbar erklären, warum Sie es nicht tun. (HSP legen extrem viel Wert auf Vertrauenswürdigkeit und Verlässlichkeit.)

6. Was Sie als Freund für eine erfreuliche Freundschaft tun können

Unsere sozialen Bedürfnisse werden aufs Beste in Freundschaften erfüllt: Wir stoßen auf Interesse und Resonanz, wir sind in einem freundlichen, offenen und aufbauenden Austausch, wir bekommen ehrliche Anerkennung und erfahren herzliche Verbundenheit. Freundschaft ist schon der Definition nach eine positive Beziehung, die auf Sympathie und Vertrauen beruht. Freunde mögen, schätzen und verstehen sich. Gute Freunde sind es, die emotionalen Rückhalt geben, die Anteil nehmen an traurigen wie freudigen Erlebnissen, an Misserfolgen wie an Erfolgen. Sie sind es, die Bestätigung geben, Mut zusprechen und helfen, Probleme zu meistern.

6.1 Worauf HSP in Freundschaften Wert legen

„Die Freundschaft fließt aus vielen Quellen, am reinsten aber aus dem Respekt."

Daniel Defoe (1660–1731)

Enge Freundschaften bieten den optimalen Rahmen, sich unverstellt zu geben, ganz man selbst zu sein bzw. immer mehr der zu werden, der man ist – ohne die Angst, verurteilt zu werden. Gute Freunde stehen sich wohlwollend gegenüber, fordern sich aber auch gegenseitig heraus, sich mit sich selbst auseinanderzusetzen, sich zu klären und zu erklären. Das fördert das persönliche Wachstum, etwas, woran hochsensiblen Personen viel liegt.

Viel mehr als lose und eher oberflächliche Kontakte im Bekanntenkreis entsprechen langjährige, stabile und verbindliche Freundschaften den Bedürfnissen und Wünschen von HSP. Tendenziell haben sie wenige gute Freunde, mit denen sie eine innige Beziehung pflegen. In einer Freundesclique fühlen sie sich nur bedingt wohl. Zum einen ist ihnen die Reizfülle in einer Gruppe leicht zu viel, zum anderen finden sie den Austausch meist nicht tief gehend genug.

HSP ist es außerordentlich wichtig, sich bei ihren Freunden wirklich gut aufgehoben zu fühlen und sich ihres Respekts sicher sein zu können. Größten Wert legen sie auf Wahrheitsliebe, Worttreue, Authentizität, Zuverlässigkeit, Integrität, Vertrauenswürdigkeit, Taktgefühl und Loyalität.

„Echte, tiefe Freundschaften geben einem ein gutes Gefühl, weil man sich verstanden und wertgeschätzt fühlt. Ein Freund sollte zu mir passen, das heißt, ähnliche Interessen wie ich haben, auch tiefsinnig sein, gern sinnvolle Gespräche führen, nicht einfach alles so machen wie die Masse. Richtige Freunde habe ich eher wenige, ganz enge sind es zwei. Ich fühle mich von den beiden gut verstanden, einer ist selbst auch HSP, der andere nur teilweise, aber er ist sehr offen für uns. Das ist sehr angenehm!" (Bernd)

„Ich habe drei langjährige sehr gute Freundinnen. Sie sind alle sensible Personen, aber nicht hochsensibel. Ansonsten gibt es noch ein paar Freunde und ein paar Bekannte. In den letzten Jahren habe ich mich mehr und mehr zurückgezogen und pflege nur Freundschaften, die mir wichtig sind. Zu viele Freunde zu haben ist für mich sehr anstrengend – vor allem in Gruppen. Oberflächliche Gespräche fallen mir schwer. Es muss zwar nicht immer so tief sein, aber nur übers Wetter und Politik reden, kann ich nicht." (Rike*)

„Ich habe viele Freunde, davon drei, mit denen ich durch dick und dünn gehe. Wir geben uns in schwierigen Lebenssituationen Halt. Ein Freund muss mir Zeit geben, die ich für mich allein brauche. Ich kann mir selbst mit meiner besten Freundin nicht vorstellen, einen gemeinsamen Urlaub zu verbringen. Freunde sollten ehrlich sein, mich so nehmen, wie ich bin, gut zuhören können, mich nicht vereinnahmen und meine Grenzen respektieren." (Svenja*)

„Wie wertvoll Freundschaften für mich sind, konnte ich während der letzten Krisenjahre meiner inzwischen geschiedenen Ehe herausfinden. Zuvor hatte ich meine Freundschaften doch sehr vernachlässigt. Mittlerweile habe ich sie als Ausgleich zur Partnerschaft schätzen gelernt. Sie dienen mir zum Austausch über gemeinsame Interessen, zur gegenseitigen Wertschätzung und als Quelle für neue Anregungen. Tiefe Freundschaften pflege ich nur sehr wenige, weniger ist für mich mehr. Lockere, etwas distanziertere Freundschaften gibt es auch noch, und auch diese sind für mich durchaus bedeutsam. Hier geht es vor allem um den kollegialen Austausch und die Solidarität untereinander. Ich bevorzuge Personen, die eher leise als laut auftreten. Hochsensibilität ist keine Voraussetzung, muss aber (stillschweigend) Akzeptanz finden." (Ingo)

6.2 Was HSP zu geschätzten Freunden macht

„Ein Freund ist jemand, der dich mag, obwohl er dich kennt."

Elbert G. Hubbard (1856–1917)

Viele HSP tun sich nicht so leicht damit, auf fremde Menschen zuzugehen, sie haben jedoch ein natürliches Talent für den Beziehungsaufbau und die Beziehungspflege. Sie interessieren sich für Menschen und Menschliches, verfügen über Feingefühl (Sensibilität!) und Empathie. Sie sind in der Regel integer, wahrheitsliebend, vertrauenswürdig und zuverlässig.

Was sie vor allem beliebt macht, ist ihre Fähigkeit und Neigung, sich intensiv auf andere einzustellen, sich in deren Gedanken- und Gefühlswelt hineinzudenken bzw. einzufühlen. HSP gelten als gute Zuhörer und Ratgeber, sie helfen Freunden in problematischen Lebenslagen, ihre Situation zu durchdenken und Lösungen zu finden. – Welche Stärken erleben und schätzen Sie an der HSP, mit der Sie befreundet sind?

> „Geschätzt wird meine Neigung zur Direktheit und Authentizität. Weiterhin mein überdurchschnittliches Einfühlungsvermögen. Dazu kommt ein reger Geist, der eigentlich nie ruhen möchte. Gern angenommen wird sicher auch meine Solidarität und Unterstützung." (Ingo)

> „Ich kann gut zuhören. Wenn ein Freund Hilfe braucht, versuche ich, ihm so gut ich kann zu helfen. Ich denke, dass ich mich gut in andere hineinversetzen kann. Ich bin aber auch für jeden verrückten Spaß zu haben, z. B. spontan auf eine Halloween-Party gehen, barfuß durch den Schnee rennen, sich kaputtlachen etc." (Svenja*)

> „Meine Freunde sagen, sie mögen meine liebevolle, verständnisvolle Art, mein Gespür, meine Ehrlichkeit, mein Wissen, meine Hilfsbereitschaft." (Bernd)

> „Ich höre gerne zu, kann Informationen für mich behalten. Ich liebe es, Leute glücklich zu machen, Wünsche zu erfüllen, das Internet nach ‚nicht lieferbaren' Dingen zu durchforsten, Geschenke zu machen." (Elsa*)

Bevor Sie den Eindruck gewinnen, ich würde ein einziges Loblied auf HSP anstimmen, hier gleich die Einschränkung: Die genannten Qualitäten kommen nur dann richtig zum Tragen, wenn HSP einigermaßen mit sich im Reinen sind und sich wohlfühlen. Sind sie problembeladen, chronisch überfordert oder situativ überreizt, ist es damit nicht so weit her.

6.3 Mögliche Schwierigkeiten

„Man kommt in der Freundschaft nicht weit,
wenn man nicht bereit ist, kleine Fehler zu verzeihen."

Jean de La Bruyère (1645–1696)

Sind HSP reizüberflutet, geraten sie leicht aus der Fassung und reagieren dann überraschend heftig, wenngleich das in Freundschaften weit weniger wahrscheinlich ist als in der Familie oder in der Partnerschaft, weil Freundschaften weniger dicht, verpflichtend und einengend sind. In solch kritischen Situationen ist es an den robusteren Freunden, so viel Verständnis wie möglich aufzubringen und die Lage so gut es geht zu entschärfen. Wenn sie Ruhe bewahren, Druck herausnehmen und Raum geben, kann die HSP sich wieder beruhigen und in den ‚Normalzustand' zurückkehren.

Die Zufriedenheit in Freundschaften kann darunter leiden, dass HSP mitunter sehr hohe Ansprüche haben. Von anderen erwarten sie, worum sie auch selbst stets bemüht sind: Authentizität, Aufrichtigkeit, Loyalität, Hilfsbereitschaft … Enttäuschung macht sich breit, wenn sie feststellen, dass ein Freund sich nicht echt verhält, es mit der Wahrheit nicht so genau nimmt, Zusagen nicht einhält, im Bedarfsfall nicht für sie da ist. Mit der Freundschaft (nahezu) vorbei ist es bei heftigen Vorwürfen, Ignoranz, Rücksichtslosigkeit, Dominanz, Herabwürdigung und Egoismus bzw. Verhaltensweisen, die den HSP den Eindruck davon vermitteln. Zum Umgang mit Verletzungen siehe auch 4.4.

> „Ich habe wohl anspruchsvolle Vorstellungen von einer Freundschaft (die mich manchmal selbst überfordern). Ich stelle mir vor, dass man füreinander da ist, ehrlich miteinander ist, einander vertrauen kann. Dass man ein verständnisvolles Ohr für die Sorgen des anderen hat, ohne zu urteilen. Wenn mir jemand am Herzen liegt, möchte ich uneingeschränkt für denjenigen da sein. Ich stehe mit Rat und Tat bereit und das auch noch, wenn es die 13. Trennung in einer On-Off-Beziehung zu überwinden gilt. Das geht bis hin zur Aufopferung. Meine große Schwierigkeit ist das Verhältnis von Geben und Nehmen. Häufig fühlte ich mich früher oder später ausgenutzt. Ich wurde teilweise nur aufgesucht, wenn der andere Probleme hatte und meine Unterstützung brauchte. Schon in der Schule ging es den meisten hauptsächlich darum, von mir Hausaufgaben abschreiben zu können … Ich möchte auf jeden Fall nicht mehr nur Kummerkasten sein und auch Gehör für meine Sorgen finden." (Lisa*)

> „Mitunter problematisch ist, dass meine Vorstellungen von gegenseitiger Aufmerksamkeit und Zeit füreinander nicht geteilt werden. Mittlerweile habe ich begriffen, dass die Menschen individuell sehr unterschiedlich sind. Das hilft, die eigenen Erwartungen zu relativieren und Enttäuschungen besser einzuordnen. Am besten ist es für mich, mir selbst ein verständnisvoller und aufmerksamer Freund zu sein und den Austausch mit anderen auf das zu beschränken, was diese selbst erfahren haben. Meine Hochsensibilität hilft mir, schnell herauszufinden, wo mein Gegenüber Resonanz empfindet und wo eher nicht." (Ingo)

Haben HSP in der Vergangenheit wiederholt in Freundschaften die schmerzliche Erfahrung gemacht, dass sie wegen ihrer sensiblen Art belächelt und verurteilt oder auch in ihrer Nachgiebigkeit und Gutmütigkeit ausgenutzt wurden, hat sie das grundsätzlich zurückhaltend, vorsichtig oder misstrauisch werden lassen.

„Mittlerweile fällt es mir schwer, das Vertrauen zu fassen, dass der andere mich nicht ausnutzt. Ich habe mich daher sehr verschlossen. Es ist auch nicht leicht, überhaupt Menschen kennenzulernen, die für eine Freundschaft passen könnten, da ich eben ‚anders' bin und meine Interessen für Gleichaltrige eher ungewöhnlich sind. Eine weitere Schwierigkeit ist mangelndes Verständnis für meine Nöte, eben das klassische ‚Du bist viel zu empfindlich' …" (Lisa*, 28)

Als respektvoller, zuverlässiger und auf Fairness bedachter Freund können Sie durchaus das Vertrauen der vorverletzten HSP gewinnen und mit einer stabilen Freundschaft zu deren emotionalen Stabilität beitragen. Sie können zu einem Abbau von Vorurteilen und einem Aufbau von Zuversicht einladen. Um Misstrauen überwinden zu können, muss die Person allerdings von sich aus offen sein für neue (positive!) Erfahrungen und eine Veränderung ihres Menschenbilds. Um nicht in Anklagen hängen zu bleiben, muss sie erkennen, dass sie selbst einen Teil der Verantwortung für den Lauf der Dinge trägt und einigen Spielraum für selbstbestimmtes Handeln (u. a. fürs Neinsagen!) hat. Eine heilsame Entwicklung setzt zudem voraus, dass die HSP sich selbst immer mehr annimmt und zunehmend selbstbewusst für sich eintritt. Mögen Sie Ihren hochsensiblen Freund darin bestärken, sich selbst ein guter Freund zu sein bzw. zu werden?

Die bemerkenswerte Gabe von HSP, Stimmungslagen zu erspüren und in Resonanz mit dem Gegenüber zu gehen, hat als Schattenseite, dass sie die Gefühle ihres Gegenübers oft unwillkürlich übernehmen und sich dessen Probleme zu eigen zu machen. Steckt der Freund, mit dem eine HSP zusammentrifft, in einem Tief, wird das Mitfühlen unversehens zu einem Mitleiden. Die eigene ursprüngliche Stimmung kann nicht aufrechterhalten und später nur langsam wieder zurückgewonnen werden. Für Sie als Freund heißt das, dass Sie dann von der HSP kaum mehr aufgeheitert werden können. Sie müssten beide den Fokus auf Hoffnungsvolles schwenken und den Dreh zur Lösungsorientierung kriegen.

„Ich kann mich schlecht abgrenzen und übernehme daher die Probleme meiner Freunde, tauche einfach zu tief in ihre Gefühle ein. Eine Lösung sehe ich da für mich nicht, denn ich will ja, dass wir über alles reden können. Daher habe ich vielleicht nur wenige gute Freunde." (Rike)

„Eine Schwierigkeit sehe ich vor allem darin, dass sich die Begegnungen leicht im Wälzen von Problemen und Schwerem verlieren und die Leichtigkeit, die ebenso wichtig ist, manchmal fehlt." (Christoph)

„Ich neige dazu, mir Probleme von Freunden zu eigen zu machen, und das kostet mich enorm Energie. Manchmal fällt es mir schwer, meine Grenzen klar aufzuzeigen, aus Angst, den anderen zu verletzen und/oder zu verlieren. Aber ich halte mittlerweile Abstand zu

> Freunden, bei denen ich das Gefühl habe, dass sie permanent ihren Frust bei mir abladen. Freunden, die große Probleme haben, empfehle ich, sich professionelle Hilfe zu holen." (Svenja*)

Durch ihre ausgeprägte Bereitschaft, Hilfestellung zu geben und Beistand zu leisten, kann es vorkommen, dass HSP den Punkt verpassen, an dem sie sich abgrenzen müssten, um sich nicht als ‚helfender Geist', ‚Kummerkasten' und ‚Ratgebertante/-onkel' vereinnahmen zu lassen und sich nicht von der Energie her zu verausgaben. Um die freundschaftliche Harmonie nicht zu gefährden, versäumen HSP oftmals, ein Gespräch rechtzeitig zu beenden bzw. darauf hinzuweisen, dass sie auch etwas von sich erzählen und eigene Anliegen besprechen wollen und sich selbst Unterstützung wünschen.

> „Früher hatte ich oft das Problem, dass ich versucht habe, Freundschaften zu ‚erkaufen'. Ich tat fast alles, was die Freunde von mir wollten. Dabei ging es z. B. um Fahrdienste übernehmen, Kinder hüten, Besorgungen machen, Telefonseelsorge bei Tag und Nacht (vor allem bei Nacht, und das ausgiebigst). Das Schwierigste für mich war, Nein zu sagen, dann hatte ich ein schlechtes Gewissen und war dadurch unglücklich. – Heute kann ich mich viel besser abgrenzen und habe erstaunlicherweise trotzdem noch Freunde – und was für tolle!" (Michaela)

> „Besonders viel Wert lege ich auf das Geben und Nehmen. Wenn ich mich als ‚seelischer Mülleimer' missbraucht fühle, ziehe ich mich zurück." (Svenja*)

Da Freundschaften langfristig gesehen dann befriedigend sind, wenn sie auf Gegenseitigkeit beruhen, gilt es, Geben und Nehmen aufmerksam in der Balance zu halten. Achten Sie von sich aus darauf, dass Sie die Bereitschaft der HSP, für Sie da zu sein, Ihnen Gehör zu schenken und mit Ihnen über Ihre Belange zu sprechen, nicht überstrapazieren, und seien Sie auf Ausgeglichenheit bedacht.

Jede Veränderung im Leben (Orts- und/oder Jobwechsel, Eingehen einer Partnerschaft oder Trennung, Familiengründung, Interessenverlagerung, persönliche Entwicklung ...) kann auch Veränderungen in den Freundschaften mit sich bringen. Nicht immer passt es, Freundschaften in gleicher Intensität und Qualität dauerhaft aufrechtzuerhalten. Im Zuge der Neuorientierung nach dem Entdecken der Hochsensibilität betrachten HSP auch ihre Freundschaften unter einem neuen Blickwinkel. Die HSP fragt sich vielleicht: Gibt es ausreichend gemeinsame Interessen? Hat sie sich über Gebühr angepasst, nur um eine Freundschaft zu erhalten? Ist die Freundschaft ausgewogen? Entsprechen Häufigkeit, Dauer und Gestaltung der Zusammentreffen sowie die Art des Kontakthaltens wirklich ihren Bedürfnissen? Welche Veränderungen stehen an? Was sollte besprochen werden?

„Mit dem Erkennen der Hochsensibilität hat sich bei mir vor allem verändert, dass ich mich selbst besser akzeptieren und wertschätzen kann und mir dadurch für manche einseitige, kräftezehrende Freundschaft zu schade geworden bin. Jetzt hoffe ich, dass mit der Zeit neue Freundschaften entstehen können." (Lisa*)

6.4 Gute Gespräche

„Ein Freund ist ein Mensch, vor dem man laut denken kann."

Ralph Waldo Emerson (1803–1882)

HSP bevorzugen ruhige und konzentrierte Eins-zu-eins-Gespräche, in denen sie sich ganz auf ihr Gegenüber einstellen können, umgekehrt die ungeteilte Aufmerksamkeit des Freundes genießen und in denen sie persönliche Dinge erfragen und erzählen können. Typischerweise lieben HSP tiefschürfende und hochfliegende Gespräche und Diskurse, in denen man sich gegenseitig gedanklich inspiriert und weiterbringt. Geht es um Erkenntnis und Sinnfindung, sind sie begeistert dabei.

In seinem Buch *Worauf es ankommt. Werte als Wegweiser* erläutert Uwe Böschemeyer, was er unter einem ‚wertorientierten Gespräch' versteht: eines, das nicht nur bloße Unterhaltung ist, sondern „in dem die Partner Wichtiges miteinander zu besprechen haben, in dem sie gemeinsam vor- oder nachdenken, nach Klärungen und Lösungen suchen". Darauf kommt es auch HSP an! Ein gutes Gespräch sei mehr, als abwechselnd zum Ausdruck zu bringen, was man denkt, empfindet und fühlt. „Ein weiterführendes Gespräch lebt im Besonderen von dem, was die Gesprächspartner bisher noch nicht gedacht, empfunden und gefühlt haben: von neuen Gedanken, Empfindungen und Gefühlen, von der Erweiterung des inneren Horizontes. Es lebt von der Ausrichtung auf neue Wert- und Sinnerfahrung." (Aus: *Worauf es ankommt*) Als Voraussetzungen für ein wertorientiertes Gespräch führt Böschemeyer auf: Zeit, Bereitschaft, Offenheit, Achtung, Wahrhaftigkeit, Vertrauen, Aufmerksamkeit sowie Bewusstheit über verschiedene persönliche Blickwinkel und Unterschiedlichkeiten im Wesenstypus.

Fehlt den Gesprächspartnern die Fähigkeit, den eigenen Standpunkt und die eigene Sichtweise zu relativieren und auch eine andere Meinung gelten zu lassen, wird aus einem Gespräch schnell eine hitzige Debatte, in der abweichende Auffassungen bekämpft werden, Fronten entstehen und sich verhärten. Am Ende geht es nur noch ums Rechthaben. In diesem Fall hilft das Besinnen auf die Aussage im Rumi-Zitat: „Jenseits von richtig und falsch liegt ein Ort. Dort treffen wir uns." Rufen Sie sich immer wieder ins Bewusstsein: Schon allein durch den Unterschied HSP/Nicht-HSP sind Ihre Erlebniswelten ziemlich unterschiedlich.

„Mir ist wichtig, dass die Meinung des anderen stehen gelassen werden kann, auch wenn es nicht die eigene Meinung ist." (Christoph)

„Reden und reden lassen, auf den Punkt kommen, keine Tratschereien und üblen Nachreden, sondern über das reden, was uns persönlich betrifft und bewegt." (Simone*)

„Wir reden über Familie, Partnerschaft, Freundschaft, gemeinsame Hobbys, Job, zwischenmenschliche Beziehungen. Das funktioniert, auch wenn wir unterschiedliche Ansichten haben. Mir ist wichtig, dass jeder zu Wort kommt und in seiner Meinung respektiert wird." (Svenja*)

„Gute Gespräche gehen für mich auf jeden Fall über bloßen Small Talk hinaus. Ich spreche gerne über Dinge, die meine Gefühle bewegen, über Themen, die mich gedanklich beschäftigen, über gemeinsame Interessen." (Lisa*)

„Seit einigen Jahren interessiere ich mich besonders für psychologische Themen, und das teile ich gerne mit meinen Freunden. Da aber das Interesse in dieser Hinsicht meist eher limitiert ist, wird daraus selten ein echter Dialog. Ansonsten pflege ich auch typische Männerhobbys wie Motorradfahren, Computer und Modellflug, da gibt es reichlich Material für einen Austausch." (Ingo)

6.5 HSP im Dilemma

„Das Schwierige im Leben ist die Entscheidung."

George Moore (1852–1933)

Aus Angst vor Zurückweisung und Ausgrenzung haben viele HSP in der Vergangenheit regelmäßig angestrengt versucht, sich in ihren Lebensgewohnheiten und Freizeitinteressen an die Mehrheit anzupassen. Sie haben Überreizung und Erschöpfung in Kauf genommen, den Impuls, sich zurückzuziehen, unterdrückt oder gar nicht erst bewusst wahrgenommen.

Tatsächlich fühlen sich die meisten HSP nicht so schnell einsam, sondern genießen regelrecht die Zeit, die sie für sich allein haben. Dabei verarbeiten sie Eindrücke, regenerieren sich, kommen zur Besinnung, beschäftigen sich ungestört mit eigenen Interessen, entfalten sich kreativ. Viele HSP leben mit einem chronischen Defizit an Alleinzeit (insbesondere wenn sie Vollzeit berufstätig sind und schon im Beruf viel mit Menschen zu tun haben, aber auch wenn sie Familie haben), verlieren dadurch etwas von der Freude an der Gesellschaft von Freunden. Das Kunststück besteht darin, auf längere Sicht gesehen das Zusammensein mit anderen Menschen – unter anderem mit Freunden – und das Für-sich-Sein in stimmiger Weise auszutarieren.

Das Dilemma, sich entweder aus eigentlich gewünschter Gemeinschaft herauszunehmen oder sich über Gebühr zu strapazieren, kennt jede HSP. Kommt zum Beispiel von einem Freund oder in einer Gruppe von Freunden nach einem ausgefüllten Tag ein Vorschlag für eine gemeinsame Abendaktivität, kann Stress schon durch die Anforderung entstehen, sich zwischen den widerstreitenden Wünschen entscheiden zu müssen. Die HSP fühlt sich hin- und hergerissen: Noch mitgehen und riskieren, dass es ihr zu viel wird? Zu Hause bleiben, womöglich etwas Schönes verpassen und sich als Außenseiter fühlen und vielleicht beim nächsten Mal gar nicht mehr gefragt werden?

Dann ist da noch die bange Frage, was wohl die anderen denken. HSP haben zuhauf Kommentare gehört wie „Komm schon, sei kein Spielverderber", „Sei nicht so ungesellig", „Zieh dich doch nicht immer so zurück", Sätze, die von Unverständnis zeugen, Vorwürfe enthalten, unter Druck setzen und in Entscheidungsnot bringen. Möchten Sie gern die HSP bei einer Unternehmung (länger) dabeihaben, ist daher ein freundliches und unaufdringliches „Es wäre schön, wenn du mitkommst / noch bleibst!" weit besser geeignet. Lassen Sie ihr möglichst viel Entscheidungsfreiheit. Wie bei jedem geäußerten Wunsch sollte es okay sein, wenn die Antwort Nein lautet. Versuchen Sie, das gelegentliche Nein zu einer Aufforderung oder Einladung nicht als gegen Sie gerichtet zu sehen, sondern als ein Ja zur Selbstfürsorge der HSP.

Haben HSP ihre Belastungsgrenzen ausgelotet und verhalten sie sich selbstbewusst und konsequent, genießen sie Geselligkeit, Jubel, Trubel und Heiterkeit wohldosiert. Ab und zu nehmen sie um des Gemeinschaftserlebens willen einen gewissen Stress auf sich, idealerweise aus einer innerlich freien Entscheidung heraus („Ich will" statt „Ich muss").

In jeder neuen Situation hat die HSP abzuwägen, welches Bedürfnis bei ihr gerade überwiegt, das nach Gemeinschaft und Zugehörigkeit oder das nach Ruhe und Erholung. Das ist nicht leicht, denn die Entscheidung für das eine ist der Verzicht auf das andere. Jedenfalls scheint mir klar, dass HSP weder sich noch anderen einen Gefallen tun, wenn sie lustlos teilnehmen. Es bleibt den Freunden ja nicht verborgen, dass sie nicht richtig mitziehen und sich nicht wirklich amüsieren. Am Ende ist es nicht beziehungsfördernd, wenn sie missmutig werden und auf Kleinigkeiten gereizt reagieren. Sehen Sie also davon ab, die HSP zu überreden. Sie könnten ‚erfolgreich' sein. Aber wollen Sie, dass sie etwas tut, womit sie sich nicht wirklich wohlfühlt?

Durch einen offenen, annehmenden und unaufgeregten Umgang mit der Hochsensibilität fühlt sich die HSP weniger ausgeschlossen, wenn sie sich aus geselliger Runde zurückzieht, und entspannter, wenn sie wieder zurückkehrt bzw. ein anderes Mal wieder dabei ist.

„Inzwischen kann ich gut kommunizieren, wenn es mir zu viel wird, zu lang, zu laut, zu spät. Entscheidungsnot empfinde ich immer seltener, oft nimmt mir mein Körper die Entscheidung ab, indem er mich mit Migräne außer Kraft setzt. Ich lerne immer besser, auf mich zu achten, Körpersignale wahrzunehmen und mir Ruhepausen zu verschaffen, bevor es zu spät ist. Manchmal hilft z. B. die Absprache für ein von vornherein zeitlich begrenztes Treffen, die Verabredung nur auf einen Spaziergang oder für ein Telefonat statt einer Begegnung. Da ich mich hauptsächlich unter ‚meinesgleichen' bewege, gibt es da kaum Probleme, außer dass wir uns manchmal nicht so häufig sehen, wie wir gerne würden." (Simone*)

„Das Dilemma kenne ich gut. Bin erst vor Kurzem von einer Freundin zu einem Wochenende im Hotel eingeladen worden (hatte sie umsonst bekommen). Ich hab mich so gefreut, dass sie mich mitnehmen wollte. Aber zwei Nächte in einem Zimmer und so eng mit ihr zusammen war mir zu viel. Ich hätte das bestimmt mit ihr klären können, aber ich wollte nicht, dass sie sich wegen mir einschränkt. Bei guten Freunden kann ich mich bei Treffen auch ohne großes Erklären zurückziehen. Bei Bekannten nehme ich gern meinen Hund oder die Kinder als ‚Ausrede'. Bei größeren Veranstaltungen freue ich mich, wenn ein paar ‚Alleinunterhalter' (das meine ich nicht negativ) dabei sind, einfach Leute, die gern erzählen und die Aufmerksamkeit auf sich ziehen. Dann kann ich mich raushalten und komme nicht unter Druck." (Rike*)

6.6 Gemeinsame Unternehmungen

„Von allen Dingen, die das Glück des Lebens ausmachen, schenkt die Freundschaft uns den größten Reichtum."

Epikur (341–271 v. Chr.)

Von nicht zu unterschätzender Bedeutung ist die Wahl dessen, was Sie gemeinsam mit der HSP tun. Denken Sie daran, welch großen Einfluss die Umgebungsbedingungen auf das Wohlbefinden von HSP haben. So kann es günstiger sein, sich bei einem von beiden zu Hause zu treffen statt in einem Lokal, gemeinsam in der Natur spazieren oder wandern zu gehen, statt einen Einkaufsbummel zu machen, sich lieber tagsüber als abends zu verabreden, lieber zu zweit als mit mehreren – um nur einige plakative Beispiele zu nennen. Besprechen Sie, an welchem Ort und für wie lange Sie sich verabreden wollen. Gleichen Sie Wünsche und Vorstellungen ab. Finden Sie die Schnittmenge Ihrer beider Vorlieben.

„Bei Treffen mit Freunden achte ich mittlerweile darauf, dass mich das nicht überlastet. Deshalb begrenze ich diese Treffen in geschlossenen Räumen meist auf zwei Stunden, bei gemeinsamen Ausflügen in die Natur kann das natürlich auch länger sein. Meine engeren Freunde kennen diese Restriktion und deren Hintergrund, und ich denke, gerade wegen dieser Offenheit haben sie durchaus Verständnis dafür und nehmen es nicht persönlich, wenn ich mich dann wieder zurückziehen möchte.“ (Ingo)

„Ich finde es schön, gemeinsam mit dem Hund spazieren zu gehen, dafür auch neue Orte und Routen zu entdecken und sich zwischendurch auf eine Bank oder Wiese zu setzen. Ich besuche außerdem gerne Kunsthandwerkermärkte oder Gartenmessen, die draußen stattfinden. In ein Bekleidungsgeschäft zu gehen kann mir auch mal Spaß machen – aber alles für eine begrenzte Dauer, mit der Möglichkeit, rausgehen zu können, wenn ich das möchte. Manchmal gehe ich gerne essen, am liebsten, wo man ruhig und gemütlich draußen sitzen kann. Auch gemeinsames Kochen finde ich schön. Im Sommer mag ich es, im Garten zu sitzen. Lautes Getümmel ist nicht mein Fall.“ (Lisa*)

„Treffen an öffentlichen Orten wie Cafés und Restaurants sind mir zu laut, und die Gespräche dort strengen mich sehr an. Deshalb treffen wir uns hauptsächlich in unseren Wohnungen oder in der freien Natur.“ (Simone*)

„Bewährt haben sich Dinge, die zeitlich begrenzt sind. Was mir nicht liegt, ist ein gemeinsamer Urlaub, zusammen einkaufen, Unternehmungen mit zu vielen Freunden (zu viele Eindrücke), Unternehmungen an Orten, wo viele Menschen sind und wo der Geräuschpegel hoch ist.“ (Svenja*)

„Partys sind mir schon nach kurzer Zeit zu anstrengend, weil mit Reizüberflutung verbunden. Deswegen gibt es bei gemeinsamen Partybesuchen meist unterschiedliche Vorstellungen über die gewünschte Verweildauer.“ (Ingo)

Aus HSP-Sicht fragliche Vergnügungen sind Unternehmungen, an der eine größere Zahl von Leuten teilnimmt, die erst zu später Stunde anfangen, bei denen es hoch hergeht und viel Alkohol getrunken wird, die eine Überstimulation durch Lautstärke, schlechte Luft und Gedränge mit sich bringen (z. B. Volksfeste, Faschingsveranstaltungen, Kneipentouren, Big Partys …).

Die größte Unternehmungslust rufen die Dinge hervor, die HSP selbst reizvoll finden und für die es sich in ihren Augen lohnt, sich einer Reizfülle auszusetzen. Fragen Sie die HSP, was das sein könnte und was davon sie gerne mit Ihnen gemeinsam tun möchte. Seien Sie bereit, Gewohnheiten zu ändern und Neues auszuprobieren. Schauen Sie, was wirklich für Sie beide passt. Selbstverständlich ist es in Ordnung, wenn Sie die HSP für gemeinsame Aktivitäten nach Ihrem Geschmack gewinnen wollen, achten Sie aber sehr gut darauf, wie die Reaktion ausfällt. Wirklich erfreut? Oder leicht gequält zustimmend? Vermeiden Sie faule Kompromisse! Suchen Sie echten Konsens.

Die HSP zu neuen bzw. bekanntermaßen anstrengenden Erfahrungen zu ermutigen ist dann okay, wenn Sie sie grundlegend in ihrem Wesen akzeptiert haben und die

Hochsensibilität nicht gänzlich außer Acht lassen. Hier gilt es, mit Feingefühl das Mitteldingzu finden zwischen einem realitätsfernen „Klar schaffst du das!“ einerseits und vorschnellem Resignieren („Ich sehe schon, das ist nichts für dich“) andererseits. So etwas wie „Probiere es aus, wenn du möchtest“ oder „Denk an die Freude, die du haben kannst“ ermuntert, ohne zu bedrängen.

> „Ich will keine extra Rücksichtnahme, aber auch kein ständiges Drängen zu etwas, was mir schwerfällt und was ich nicht mag. An meinen Nicht-HSP-Freunden schätze ich allerdings auch, dass sie mich manchmal einfach mitnehmen und ich mich so Dinge traue, die ich sonst nicht machen würde.“ (Rike*)

Bevor Sie mit einer HSP eine Reise unternehmen, überlegen Sie gut, wie Sie einerseits gemeinsam unterwegs sein können und andererseits beider Bedürfnisse einigermaßen gerecht werden können. Berücksichtigen Sie unbedingt die unterschiedlichen Wohlfühlbereiche. (Auch wenn es teurer ist, könnten zum Beispiel getrennte Zimmer eine geeignete Lösung sein.) Unter Freunden sollte es doch verhältnismäßig leichtfallen, mit Kreativität und Flexibilität an die Planung und Durchführung zu gehen und sich gegenseitig Freiräume zu gewähren.

6.7 Auf Bitten von HSP eingehen

> *„Man hilft den Menschen nicht, wenn man für sie tut, was sie selbst tun können.“*
>
> Abraham Lincoln (1809–1865)

Sollte es Sie nicht allzu viel Mühe kosten, machen Sie kein großes Aufhebens von den vielen kleinen Bitten der HSP, etwas zu verändern oder abzustellen: für ein Gespräch einen ruhigeren Platz suchen, die Musik leiser drehen, das Fenster schließen, das Licht dimmen, das Spielen mit dem Besteck oder das Ein- und Ausfahren der Kugelschreibermine (all diese ‚unnötigen‘ Geräusche!) sein lassen u.v.a.m. Indem Sie der HSP in solch einfachen Punkten unkompliziert (ohne Augenrollen und missliche Kommentare) entgegenkommen, tun Sie ganz viel für sie, Sie schonen ihre Nerven und drücken Achtung aus.

Ein prima Freundschaftsdienst ist es auch, wenn Sie aus eigener Initiative eine gewisse Fürsorge walten lassen. Das darf nur nicht so weit gehen, dass es bevormundend und entmündigend wird. An dieser Stelle möchte ich das Prinzip Selbstverantwortlichkeit zur Sprache bringen. Meines Erachtens hat in erster Linie die HSP selbst die Aufgabe, gut für sich zu sorgen, auf das hinzuweisen und für das einzutreten, was sie braucht, sowie das abzuwenden, was ihr schadet. Und dazu ist sie prinzipiell auch in der Lage – von Ausnahmesituationen einmal abgesehen. Sie können außerdem beim besten Willen nicht jederzeit wissen, wie die HSP empfindet, was sie stört und stresst, worin sie Rücksicht und Unterstützung braucht. Sagen Sie der HSP, dass Sie immer wieder auf entsprechende Hinweise von ihr angewiesen sind.

Aber: Davon Kenntnis zu erlangen, was die HSP wünscht und braucht, kann für Sie nicht bedeuten, eigene Bedürfnisse komplett zurückzustellen und nicht einmal mehr anzusprechen. Bringen Sie ruhig auch Ihre eigenen Interessen vor. Das wechselseitige Sich-Mitteilen über Bedürfnisse und Wünsche ist die Voraussetzung dafür, auf gleichberechtigter Basis miteinander gangbare Lösungen zu suchen. Grundsätzlich wichtig ist, die Gefühle und Bedürfnisse Ihres Gegenübers ernst zu nehmen und zu würdigen, unabhängig davon, ob Sie die Wünsche erfüllen können oder wollen.

> „Ich mag es, wenn Menschen mir sagen, was sie wollen und was nicht. Dann weiß ich, woran ich bin, muss nicht mutmaßen, und es fällt mir leichter, selbst auch Bedürfnisse zu äußern. Nervig finde ich es, wenn keiner richtig rausrückt und deswegen keine Entscheidungen getroffen werden können. Natürlich wünsche ich mir, dass meine Bedürfnisse nicht belächelt werden. Und was ich überhaupt nicht leiden kann: wenn jemand Annahmen über meine Bedürfnisse trifft und dann dementsprechend bevormundend handelt.“ (Lisa*)

6.8 Über Hochsensibilität sprechen

„Reden über Probleme lässt die Probleme wachsen.
Reden über Lösungen lässt die Lösungen wachsen.“

Steve de Shazer (1940–2005)

Die unzähligen einzelnen Dinge, die den Freunden im Zusammensein mit der HSP schon immer aufgefallen sind und die sie vielleicht verwundert haben, können sich mit dem Wissen um die Hochsensibilität zu einem einzigen Phänomen vereinen und damit besser nachvollziehbar und auch besser handhabbar werden. Das Darüber-Reden schafft Nähe und eröffnet neue Möglichkeiten. Im Verstehen der Unterschiedlichkeit liegt die Chance, dass die Akzeptanz in beide Richtungen zunimmt.

> „Ich habe mit meinen bestenFreunden ausführlich über Hochsensibilität gesprochen, und es ist immer mal wieder Thema. Das Verständnis ist besser geworden und noch mehr Nähe entstanden. Ich habe das Gefühl, bei diesen Freunden so sein zu dürfen, wie ich bin, ohne mich verstellen zu müssen oder so zu tun, als wäre ich wie alle anderen.“ (Rike*)

> „Ich habe den beiden guten Freunden davon erzählt. Sie fanden es spannend, toll für mich, weil mich die Erkenntnis weitergebracht hat. Es hat an der Freundschaft nichts geändert. Warum auch? Alles ist sehr entspannt. Und damit genau richtig." (Bea)

> „Meinen guten Freunden habe ich von der Hochsensibilität erzählt. Sie haben sehr interessiert und verständnisvoll reagiert. Ich glaube schon, dass sich dadurch das gegenseitige Verständnis gebessert hat. Vor allem auch, weil ich mich selbst besser verstehen kann und nicht mehr denke, dass mit mir etwas nicht stimmt. Ich bin wesentlich selbstbewusster geworden und gehe liebevoller mit mir selbst um. Das spiegeln mir auch meine Freunde." (Svenja*)

Da Freunde, wie auch die HSP selbst, die einzelnen Reaktionen und Verhaltensweisen nach dem Erkennen und Benennen der Hochsensibilität besser einordnen können, gibt es vermutlich weniger Irritationen und Missverständnisse im Miteinander. Die Freunde werden zum Beispiel nicht mehr so schnell auf die Idee kommen, dass den HSP nichts an der Freundschaft liegt, wenn sie für einige Vorhaben nicht zu begeistern sind, manche Einladungen nicht annehmen oder zwar kommen, sich aber früher verabschieden.

Trotz ausführlicher Erklärungen zu ihrer Wesensart wird sich wahrscheinlich jedoch der tiefe Wunsch der HSP, umfassend verstanden zu werden, nur teilweise erfüllen. Vor allem die Nicht-HSP-Freunde werden nach wie vor manchen Gedankengängen, -sprüngen und -spielen nicht folgen können und sich auch in die komplexe hochsensible Gefühlswelt nicht wirklich einzufühlen vermögen. Und sie werden immer mal wieder in diverse Fettnäpfchen treten, die für sie einfach nicht als solche erkennbar sind. Die Herausforderung bleibt, sich gegenseitig mit größtmöglicher Toleranz (noch besser: Akzeptanz), Gelassenheit und Nachsicht zu begegnen.

> „Manchmal sind meine Freunde enttäuscht, wenn ich Einladungen nicht annehmen kann, wenn sie mir zu viel sind. Da hilft nur drüber reden und akzeptieren, dass ich meinen Freunden nicht alles recht machen kann." (Rike*)

> „Alle Freunde haben sich meine Erklärung zur Hochsensibilität geduldig angehört, gehen auf meine Wünsche gerne ein, z. B. bezüglich einer ruhigen Umgebung bei Treffen. Einer sagte sehr wohlwollend, ich solle mich nicht zu sehr ‚hineinlegen' in diese Veranlagung, sondern mich immer wieder Herausforderungen aussetzen. Diese Bemerkung bezog sich auf das Thema Verreisen. Und damit hat er ja schon auch recht." (Elsa*)

> „Eine Offenheit für das Thema Hochsensibilität stelle ich vor allem bei meinen weiblichen Freunden fest. Unter meinen männlichen Freunden findet das Thema keine besondere Aufmerksamkeit. Männliche Sensibilität scheint mir unter Männern meiner Generation immer noch ein ungeliebtes Thema zu sein, das instinktiv abgelehnt wird. Dennoch thematisiere ich Hochsensibilität gelegentlich auch bei meinen männlichen Freunden, weil

sie wissen sollen, mit wem sie es zu tun haben und was mir wichtig ist. Ich denke, sie haben das akzeptiert und können damit umgehen." (Ingo, 54)

6.9 In Kürze – ein Dutzend Empfehlungen

Sie tun etwas für eine erfreuliche Freundschaft, wenn Sie …

1. sich für das Thema Hochsensibilität interessieren und dafür, was die Erkenntnis für die HSP persönlich bedeutet.
2. Empfindungen, Gefühle und Bedürfnisse der HSP (ebenso wie Ihre eigenen) immer ernst nehmen und achten – nicht belächeln, nicht ausreden, nicht bagatellisieren, aber auch nicht dramatisieren.
3. sehr zurückhaltend sind mit Kritik, Diagnosen, Urteilen, Ratschlägen …
4. die HSP nicht zu Unternehmungen drängen, die ihr nicht liegen und die sie schnell an den Rand der (oder in die) Übererregung bringen.
5. ihr andererseits auch etwas zutrauen. (HSP sind selbstverständlich auch initiativ, aktiv, unternehmungslustig, durchhaltefähig …)
6. bereit sind, auf Wünsche der HSP bezüglich Ort (eher ruhig), Dauer (eher begrenzt), Häufigkeit (nicht zu oft) und Gestaltung Ihrer Treffen (vielleicht nur zu zweit) ein Stück weit einzugehen.
7. die Schnittmenge Ihrer beider Interessen und Vorlieben suchen.
8. sich gut überlegen, welche Zusagen Sie machen, und diese dann auch einhalten, zu Verabredungen pünktlich kommen, gegebenenfalls mit einer ehrlichen Begründung so frühzeitig wie möglich absagen.
9. signalisieren, dass es für Sie okay ist, wenn die HSP bei Einladungen oder Gruppentreffen früher geht und/oder bestimmte Einladungen nicht annimmt – und sie dennoch bei Einladungen nicht von vornherein ausschließen.
10. um alternative Vorschläge bitten, wenn Sie auf einen Vorschlag/eine Einladung hin eine Absage bekommen.
11. gut darauf achten, dass Sie die Bereitschaft der HSP, mit Ihnen über Ihre Belange zu sprechen und Sie zu unterstützen, nicht überstrapazieren.
12. die HSP darin bestärken, sich selbst ein guter Freund zu sein.

7. Was Sie als Kollege zu einer angenehmen Zusammenarbeit beitragen können

Die Qualität der sozialen Kontakte am Arbeitsplatz ist eine wichtige Säule für die Arbeitszufriedenheit und auch für die gesamte Lebenszufriedenheit, denn mit den Kollegen verbringt man an Arbeitstagen einen großen Teil seiner wachen Zeit. Im Arbeitsumfeld steht man vor der Aufgabe, mit Menschen zurechtzukommen, die man sich im Einzelnen nicht ausgesucht hat, die womöglich ein ganz anderes Naturell und eine andere Arbeits- und Lebensauffassung haben, die einem vielleicht auf persönlicher Ebene gar nicht liegen. Dabei ist hochsensiblen Personen ein gutes, stressfreies Verhältnis zu ihren Kollegen so überaus wichtig.

> „Während der Arbeit verbringt man mit Kollegen zwangsläufig viel Zeit. Deswegen sollte man ein entspanntes Miteinander haben können, sich einigermaßen gut verstehen. Sonst ist das tägliche Arbeitsdasein mit viel Anspannung und Stress verbunden, was langfristig sogar krank machen kann." (Christoph)

> „Ich empfinde Kollegen als sehr wichtig für meine Arbeits- und Lebenszufriedenheit. Ich habe schon erlebt, wie belastend ein schlechtes kollegiales Verhältnis sein kann und wie motivierend und aufheiternd ein gutes." (Lisa*)

HSP geraten im Kollegenkreis leicht in eine Außenseiterrolle. Beide Seiten haben durch ihre Haltung und ihr Verhalten ihren Anteil daran: die HSP, indem sie sich öfter aus dem Gruppengeschehen herausnehmen und sich auch innerlich zurückziehen, weil ihnen manches nicht so entspricht, die anderen, indem sie auf Abstand gehen, weil sie mit der hochsensiblen Art nicht so viel anfangen können und von einigen Reaktionen der HSP befremdet sind. Dabei kann die Unterschiedlichkeit mit mehr Wissen und Bewusstheit – und Toleranz – als eine wertvolle Ergänzung in der Zusammenarbeit im Sinne von Diversität erlebt werden.

> „Mir ist wichtig, dass man gemeinsam an etwas arbeitet, sich ergänzt und unterstützt. Dass man voneinander die Stärken und Schwächen kennt und versucht, gemeinsam das Beste zu erreichen." (Rike*)

Grundlage für ein friedliches, erfreuliches und bereicherndes Miteinander über Wesensunterschiede hinweg ist die Einstellung, dass jeder grundsätzlich okay ist, so wie er ist. Lediglich einzelne Ansichten und Handlungsweisen können unter Umständen zu überdenken und zu verändern sein – auf der einen wie auf der anderen Seite.

Ein gutes kollegiales Verhältnis, das auf gegenseitiger Sympathie beruht, hat viel Ähnlichkeit mit einer Freundschaft. Nicht selten wird eine Freundschaft daraus. Bitte lesen Sie daher auch Kapitel 6 über Freundschaften.

7.1 Worauf es HSP ankommt

„Zusammenkunft ist ein Anfang.
Zusammenhalt ist ein Fortschritt.
Zusammenarbeit ist der Erfolg."

Henry Ford (1863–1947)

Ohne Vertrauen geht es nicht im menschlichen Miteinander. Vertrauen ist auch die Grundlage von kollegialer Zusammenarbeit. Menschen, die sich vertrauen, können sich gegenseitig bestärken, ermutigen und unterstützen. Im Arbeitsalltag ist jeder Einzelne darauf angewiesen, dass alle anderen ihren Aufgaben nachkommen, Informationen weitergeben und Wissen teilen, damit er selbst seine Arbeit optimal erledigen kann und die Qualität der Arbeitsergebnisse im Ganzen stimmt – in unserer heutigen stark vernetzten Welt mehr denn je. Vertrauen auf emotionaler Ebene entsteht, wenn man sich vom jeweils anderen in seiner Einzigartigkeit angenommen und respektiert fühlt. Vertrauen wächst über ein echtes Interesse aneinander und einen achtsamen Umgang miteinander.

> „Ich würde mir wünschen, in meiner Sensibilität angenommen und geschätzt zu werden. Und ich würde mir eine Atmosphäre wünschen, in der nicht nur Leistung zählt, sondern auch das soziale Miteinander. Dass man mal krank oder nicht so leistungsfähig sein darf, ohne dafür gleich verurteilt zu werden. Das heißt nicht, dass ich nichts hinbekomme oder andere für mich arbeiten lasse. Ich bin im Allgemeinen sehr zuverlässig im Erledigen von Aufgaben. Wenn das mal nicht möglich ist, dann brauche ich Verständnis von meinen Kollegen und so eine Art Urvertrauen, dass ich grundsätzlich meine Arbeit erledige (was auch wirklich so ist). In Stresssituationen brauche ich es sogar, dass mir jemand sagt: ‚Stopp, jetzt mach mal weniger, ruh dich mal aus, das kann warten!', weil ich selbst die Neigung habe, mich unter Leistungsdruck zu setzen. Es tut mir unbeschreiblich gut, wenn jemand da ist, der mich bremst." (Paula*)

In aller Regel mögen HSP keinen Konkurrenzkampf. Viel lieber sind ihnen Kooperation und friedliche Koexistenz. Ellenbogenmentalität ist ihnen zuwider, ein hohes

Konfliktpotenzial stresst sie. Eher nehmen sie Rücksicht, als sich hart durchzusetzen. Sie legen Wert auf Ehrlichkeit, Fairness und Gerechtigkeit. Neben funktionierender Zusammenarbeit in der Sache suchen HSP meist auch eine emotionale Verbindung zu ihren Kollegen, in der Wohlwollen, Solidarität, Hilfsbereitschaft und Rücksichtnahme großgeschrieben werden. Vor allem wünschen sie sich Verständnis, Empathie und Akzeptanz. Gerne darf auch Herzlichkeit dazukommen, wenn sie echt ist.

„Neben dem kollegialen Austausch und der gegenseitigen Unterstützung gehört für mich bei einigen Kollegen auch ein freundschaftliches Verhältnis dazu. Für mich ist das Gefühl der Solidarität wichtig. In einem Haifischbecken könnte ich nicht auf die Dauer existieren." (Ingo)

„Mehr Austausch auf der Wahrnehmungs- und auf der emotionalen Ebene wäre mir recht." (Bernd)

„Worauf es mir ankommt? Auf Ehrlichkeit. Fehler zugeben können. Von meiner Seite, aber auch von der Gegenseite. Auch Hintergründe über die Kollegen erfahren, also die familiäre Situation, Hobbys, Werte ... Pokerfaces oder Rollen spielende Kollegen tun mir nicht gut." (Roger*)

„Ich wünsche mir, dass man mir offen, tolerant, ehrlich, wertschätzend und rücksichtsvoll begegnet und versucht, mich so zu sehen und zu akzeptieren, wie ich bin, statt zu bewerten und zu verurteilen. Ich denke, jeder Mensch ist ein Individuum, ob hochsensibel oder nicht. Ich wünsche mir, dass man gegenseitig aneinander die Stärken erkennt und sich damit (ohne Neid) ergänzt. Gemeinsam lachen zu können empfinde ich auch als wichtig." (Lisa*)

„Was ich mir wünsche? Gesehen werden, anerkannt werden, dazugehören. Aber wer wünscht sich das nicht?" (Rike*)

7.2 Mögliche Schwierigkeiten im Miteinander

„Solange uns die Menschlichkeit miteinander verbindet, ist es völlig egal, was uns trennt."

Ernst Ferstl

Wegen ihres ausgeprägten Harmoniebedürfnisses fühlen sich viele HSP sehr unbehaglich, wenn es zu Uneinigkeiten und Auseinandersetzungen kommt. Bereits ein sich vage abzeichnender Konflikt beunruhigt sie. Oft setzen sie alles daran, Konflikte frühzeitig abzufangen und Frieden zu bewahren, was sie aber eine Menge Energie kostet.

> „Ich denke, HSP sorgen für ein gutes Arbeitsklima, weil sie es anders gar nicht aushalten würden – also bei mir ist es jedenfalls so. Ich konnte mich immer gut in meine Kolleginnen hineinversetzen und war immer interessiert, Konflikte zu lösen bzw. zu helfen." (Rike*)

> „Konflikte, die auf emotionaler Ebene ausgetragen werden, belasten mich, vor allem wenn ich selbst involviert bin. Diese Dinge lenken mich leicht von der Arbeit ab, ich werde langsamer, und die Fehlerquote steigt." (Svenja*)

HSP sind äußerst empfänglich für Stimmungen (und Missstimmungen!). Sie leiden mehr noch als andere darunter, wenn im Unternehmen (bzw. in der Organisation oder Institution) generell ein schlechtes Betriebsklima herrscht und wenn es Spannungen zwischen Kollegen und/oder mit dem Vorgesetzten gibt, selbst wenn sie nicht unmittelbar involviert sind. Unsicherheit, Unzufriedenheit und Gereiztheit von anderen übertragen sich im Nu auf sie. Manches Mal sind sie so sehr in Mitleidenschaft gezogen, dass es ihnen noch schlecht geht, wenn andere sich schon wieder gefangen und arrangiert haben.

Unaufmerksamkeiten und Unfreundlichkeiten, auch wenn sie ganz unabsichtlich geschehen (vielleicht weil jemand sehr im Stress ist), machen HSP sehr zu schaffen. Einerseits, weil sie einfach viel Wert auf eine freundliche Atmosphäre legen, andererseits, weil sie leicht unsicher werden, ob eine ablehnende Haltung ihnen gegenüber der Grund ist. Ohnehin neigen sie dazu, Dinge auf sich zu beziehen, zum Beispiel die schlechte Laune eines Kollegen, die gar nichts mit ihnen zu tun hat.

Wenn Sie als Kollege kurz erklären, was Sie gerade beschäftigt oder bedrückt, sollten Sie einmal schlecht drauf sein, ist das auf jeden Fall für die HSP (und für Ihr kollegiales Verhältnis!) sehr hilfreich. Im Übrigen leitet ein freundliches „Guten Morgen, [Name]" mit einem Lächeln und einem kurzen Blickkontakt den Tag bestens positiv ein – nicht nur für die HSP!

Kritik ist ein heikler Punkt, denn jegliche Kritik geht HSP unter die Haut. Mit Kritik gelassen umzugehen fällt ihnen schwer, selbst wenn diese diplomatisch und auf die Sache bezogen geübt wird (und wie oft ist beides nicht der Fall). Sich gegen ungerechtfertigte Kritik zu behaupten, ohne die Fassung zu verlieren, ist für HSP eine wahre Herausforderung.

Ihnen als Kollege kann ich nur die Empfehlung geben, etwaige Kritik in der Sache direkt, ohne Ironie, mit möglichst wenig Schärfe und ganz viel persönlichem Respekt vorzutragen. Gehen Sie davon aus, dass schon leise Töne verstanden werden.

> „Was ich mir von Kollegen wünsche: verstehen, dass nicht jeder dasselbe fühlt, empfindet und denkt und Menschen durchaus unterschiedlich wahrnehmen! Bevor man jemanden

(in diesem Fall mich) kritisiert, bitte erst aktiv versuchen herauszubekommen, warum das Gegenüber so agiert (z. B. über einen Perspektivenwechsel). Sich mehr Zeit fürs Zuhören nehmen." (Roger*)

Nachlässigkeit, Unpünktlichkeit, das Nichteinhalten von Zusagen, das Vergessen oder Nicht-wichtig-Nehmen von Besprochenem – das sind Dinge, die HSP mit ihrem hohen Anspruch bezüglich Zuverlässigkeit öfter an Nicht-HSP bemängeln.

„Mir kommt es auf Verstehen, Verlässlichkeit und Pünktlichkeit an, was leider nicht immer gegeben ist. Ich würde mir oft mehr Mitdenken, Mitmachen und Termine-Einhalten wünschen, ich muss sehr oft erinnern und nochmals erinnern." (Bernd)

Ein allgemeiner Punkt: Oft ist es so, dass wir Kritik aussprechen, Anerkennung aber für uns behalten. Viel zuträglicher für das Miteinander wäre es, öfter auch Worte für das zu finden, was uns bemerkenswert erscheint, was uns gefällt, was wir schätzen oder bewundern, was uns inspiriert oder weiterhilft.

7.3 Störungsquellen in der Arbeitsumgebung

„Jede Zusammenarbeit ist schwierig, solange den Menschen das Glück ihrer Mitmenschen gleichgültig ist."

Dalai Lama

Aufgrund ihrer sensorischen Empfindlichkeit leiden HSP unter etlichen Umgebungsbedingungen, die Nicht-HSP nicht vergleichbar beeinträchtigen (oder für sie sogar wünschenswert sind wie z. B. ein eingeschaltetes Radio). Ein Großraumbüro ist besonders ungünstig für HSP, weil da eine Fülle von Reizen über alle Sinneskanäle zusammenkommt. Durch die vielfältigen Geschehnisse in ihrer Umgebung (insbesondere Gespräche und Telefonate) werden HSP sehr leicht ablenkt und nachhaltig in ihrer Konzentration gestört. Nach Unterbrechungen, zum Beispiel wenn sie angesprochen wurden, finden HSP nicht so schnell zu ihrem eigentlichen Tun zurück. Die meisten HSP arbeiten deshalb deutlich effektiver in einem abgetrennten Büro (und sei es zeitweise für bestimmte Arbeiten) oder wenigstens in einem akustisch und optisch gut abgeschirmten Bereich. Eine gute Lösung können auch Home-Office-Tage sein.

„Da ich nicht der einzige Empfindliche in der Gruppe zu sein scheine, ist es okay, wenn wir bei Kälte die Heizung hochdrehen oder bei schlechter Luft kurz lüften oder bei Blendungen die Jalousien runtermachen. Es wird aber immer vorher im Großraumbüro rumgefragt, ob es Gegenstimmen gibt. Das funktioniert eigentlich ganz gut. Weniger gut geht es mit der Lärmbelästigung. Viele von uns bringen inzwischen sogenannte Noise-Cancelling-Kopfhörer oder Gehörschutz-Stöpsel mit." (Roger*)

„Manchmal suche ich mir ein ruhiges Plätzchen zum Arbeiten, um möglichst keine Störung bei meinen Vor- oder Nachbereitungen zu haben. Prompt kommt jemand und ist redselig. Selbst wenn ich denjenigen darauf hinweise, dass ich dringend was tun muss, hält es ihn oft nicht davon ab, weiterzureden. Da habe ich den Eindruck, dass die Kollegen die Lage ein wenig verkennen." (Michaela)

„Mir ist es sehr wichtig, während der Arbeit nicht zu viele Kollegen um mich zu haben. Ich mag sie zwar überwiegend sehr gerne, aber meine Aufgaben verrichte ich lieber alleine. Deswegen ist in meinem Beruf als Krankenschwester der Nachtdienst genau das Richtige. Auch wenn mein Biorhythmus nicht immer erfreut ist. In der Zusammenarbeit gefällt es mir, wenn ich häufig die gleichen Kollegen in der Schicht habe, sodass keine großartigen Absprachen über Vorgehensweisen nötig sind und man weiß, wie der andere tickt. – Ich erwarte keine besondere Rücksichtnahme auf meine Hochsensibilität, sondern denke, es ist meine eigene Verantwortung, für ein geeignetes Umfeld bzw. den passenden Arbeitsplatz zu sorgen." (Bea)

In gemeinsamen Arbeitsräumen (welcher Größe auch immer) sind HSP sehr auf die Rücksicht der Kollegen angewiesen. An HSP gerichtet lässt sich sagen: Je konkreter und eingegrenzter sie benennen, was ihre Kollegen tun können, um bei Problemen Abhilfe zu schaffen, desto wahrscheinlicher werden sie Verbesserungen erreichen – immer vorausgesetzt, dass die Umsetzung praktikabel ist, überhaupt in der Macht der Kollegen steht und nicht wichtigen Interessen auf deren Seite zuwiderläuft.

„Als Hochsensibler reagiert man schneller auf zu laut, zu warm, zu schlechte Luft usw. im Arbeitsumfeld. Daher ist man oft auch der Erste, der das versucht zu ändern, und fällt damit auch mehr oder weniger auf. Im positiven Fall ruft es Anerkennung für den Einsatz hervor, im negativen Fall Unverständnis, manchmal beides. Die Rücksichtnahme muss man sich ständig neu erkämpfen. Das strengt an." (Christoph)

„Ich möchte keine Sonderbehandlung, aber Toleranz in Bezug darauf, dass ich manchmal das Radio ausschalten, frische Luft reinlassen oder die Mittagspause alleine verbringen möchte oder mich an ‚Kleinigkeiten' störe." (Lisa*)

„Derzeit sitze ich in einem Einzelbüro, aber müsste ich in einem Gemeinschaftsbüro arbeiten, dann wäre für mich Rücksichtnahme in Bezug auf Geräusche und Gerüche sehr wichtig. Geräusche: Musikhören (bitte nur mit Kopfhörern), lautes Telefonieren (bitte etwas leiser), geräuschvolles Verspeisen von Äpfeln und vergleichbaren Nahrungsmitteln (bitte nicht während der Arbeitszeit). Gerüche: Duftkerzen (weglassen) oder sonstige olfaktorische Emissionsquellen wie überdosiertes Parfüm (weniger auftragen) oder Körpergeruch (bitte regelmäßig duschen). Mittlerweile habe ich gelernt, mein Missfallen gegebenenfalls auch verbal auszudrücken.“ (Ingo)

Kennen Kollegen die Begründung für diverse Empfindlichkeiten, mag es ihnen leichter fallen, der HSP zuliebe die eine oder andere Gewohnheit zu verändern und mancher HSP-gerechten Regelung zuzustimmen, aber natürlich haben hochsensible Bedürfnisse nicht per se Vorrang. Das adäquate (vorwurfsfreie!) Sich-Mitteilen der HSP ist lediglich eine gute Voraussetzung dafür, dass sie mit ihren Wünschen und Bedürfnissen gesehen und ernst genommen werden. Der Punkt ist allerdings: Man kann um Verständnis bitten, es aber nicht einfordern. Man kann um Rücksichtnahme bitten, sie aber nicht erzwingen. Sind mehrere Personen von einer Situation bzw. einer Regelung betroffen, darf niemand eine Lösung diktieren. Vielmehr sollten alle Beteiligten gemeinsam nach einer einvernehmlichen Lösung suchen, vielleicht indem sie Verschiedenes ausprobieren und dann erneut miteinander sprechen.

Erfahrungsgemäß ist es für HSP eine Lernaufgabe, eindeutig zu kommunizieren, unnötig lange Erklärungen zu vermeiden und außerdem aufzupassen, dass sie weder auf die Schiene der Rechtfertigung noch auf die der Forderung rutschen und andere auch nicht für ihr mangelndes Verständnis verurteilen.

7.4 Offene, klare und faire Kommunikation

„Freundlichkeit verschönt den Tag.“

Else Pannek (1932–2010)

Damit die Hochsensibilität zu möglichst wenig Irritationen führt, rate ich HSP, angemessen offen damit umzugehen. Vielleicht wollen Sie als wohlwollender, unterstützender Kollege die HSP, mit der Sie zusammenarbeiten, ebenfalls dazu ermuntern? Etliche Missverständnisse können so vermieden bzw. schneller aufgeklärt werden, Wege für neue Lösungsmöglichkeiten können sich eröffnen. Eigentlich bräuchten HSP dafür noch nicht einmal den Terminus ‚Hochsensibilität‘. Sie könnten einfach die betreffenden Empfindlichkeiten ansprechen und konkret sagen, was ihr Wohlbefinden und ihre Leistungsfähigkeit beeinträchtigt und worum sie die anderen bitten. Es kann jedoch nur im Einzelfall beurteilt werden, ob ein allgemeines ‚Coming-out‘ („Ich bin hochsensibel“ oder – vielleicht besser – „Ich gehöre zur Gruppe der hochsensiblen Menschen“) vorteilhaft ist, oder ob eine Erklärung nur gegenüber den engsten Kollegen, verbunden mit einigen Informationen über das Phänomen, vorzuziehen ist.

Durch entsprechende ‚Aufklärung' können die Kollegen vieles besser verstehen, zum Beispiel wie wichtig es für die HSP ist, sich zwischendurch zurückzuziehen, vielleicht in der Mittagspause nach dem Essen noch kurz allein ins Freie zu gehen, statt mit den anderen in der Kantine sitzen zu bleiben – oder auch die gesamte Pause zur Erholung für sich allein zu verbringen. Ohne Erklärung könnte ihr Rückzug dahingehend fehlgedeutet werden, als wollten sie nichts mit den anderen zu tun haben.

Kollegen können eher nachvollziehen, dass manche Handlungsweisen aus der hochsensiblen Wahrnehmung und Denkart hervorgehen. Da HSP so vieles um sich herum mitbekommen, sich auch über vieles ihre Gedanken machen, gibt es beispielsweise die Neigung, sich einzuschalten, Rat und Wissen anzubieten und anderen zu helfen. Im ungünstigen Fall könnte das als Einmischung und/oder Besserwisserei aufgefasst werden. Was auch immer die Motivation der HSP sein mag, können andere natürlich unerbetene Ratschläge und Hilfe ablehnen.

> „Ich neige zwar dazu, vorschnell einzugreifen, wenn ich denke, dass jemand etwas falsch macht oder ihm etwas nicht gelingt. Jedoch habe ich das so weit im Griff, dass ich mich entweder ausbremsen kann oder es direkt merke, nachdem ich mich eingemischt habe, und mich entschuldige. Ich beobachte die Menschen recht aufmerksam, während ich mit ihnen kommuniziere, und nehme automatisch wahr, wie die Reaktion meines Gegenübers auf mich ist, noch bevor derjenige auch nur einen Ton gesagt hat. Das gibt mir die Möglichkeit, meine Kommunikation zu korrigieren. So entstehen keine Spannungen zwischen mir und den anderen." (Andrea)

Die Kollegen können außerdem eher ermessen, wie stark HSP bei vielerlei Anlässen von Emotionen ergriffen werden. Bei rein sachlicher Betrachtung mag das übertrieben erscheinen, aber in der Erlebniswelt von HSP wird nun einmal schnell etwas zu einer hochemotionalen Angelegenheit.

> „Ich habe offen kommuniziert, dass man mir hochemotionale E-Mails mit roter Schrift und vielen Ausrufezeichen nicht übel nehmen soll. Der Projektleiter und die direkten Kollegen um mich herum beruhigen mich in solchen Situationen inzwischen." (Roger*)

> „Aus meiner Sicht ist das Emotional-hochreaktiv-Sein typisch für HSP. Mein Ansatz, damit umzugehen, ist die Beobachtung, wann und unter welchen Umständen sich solche Dinge beruflich wie privat ereignen. Reizsituationen können für mich somit ein Stück weit vorhersehbar werden. Ich lege mir im Vorfeld Plan A, B oder C und Argumentationen zurecht. Das hilft. Oft sieht der Plan lediglich vor, dass ich unter allen Umständen meinen Mund halte und zunächst nichts sage, ggf. mit der Begründung, nach reiflicher Überlegung darauf zurückzukommen. Wenn so ein Reiz durch eine E-Mail entsteht, was bei mir beruflich oft vorkommt, dann ist die Regel Nr. 1: niemals emotional geladen reagieren, und schrift-

lich schon gar nicht. Niemals. Ich warte einen Tag und versuche dann, mit Sachlichkeit und vor allem mit Kompetenz und Gewissenhaftigkeit zu reagieren." (Johannes*)

Es gibt beides: Die HSP, die sich relativ häufig über Störendes und Unzulängliches beschweren (weil ihnen eben häufig etwas auffällt) und sich geradezu kämpferisch für Verbesserungen einsetzen, und die HSP, denen es (noch) schwerfällt, sich so entschieden und ‚lautstark' zu Wort zu melden, dass sie mit ihren Vorschlägen, Einwänden und Bitten gehört werden. Letztere gehen einer stressenden Konfrontation eher aus dem Weg, lassen die Dinge laufen, wie sie laufen, und versäumen es, sich rechtzeitig abzugrenzen. Sie bleiben in ihrenMitteilungen vage, in der stillen Hoffnung, auch mit Andeutungen verstanden zu werden – oder auch in der irrigen Überzeugung, sich klar geäußert zu haben.

„Ich hab früher gedacht, ich sei klar und eindeutig in der Kommunikation und die anderen wollen mich nicht verstehen. Es dauerte, zu verstehen, dass ich alles andere als klar war. Ich war viel zu unsicher, habe mehr so gefragt: ‚Ach, würdest du ganz vielleicht mir dies und das erlauben … mir deinen Segen geben?' Wenn z. B. auf der Arbeit eine Vertretung gesucht wurde, hab ich es früher eher so gesagt: ‚Eigentlich nicht so gerne, nur wenn sich niemand anderes findet.' Und damit war ich schon dran. Heute: ‚Nein, da habe ich keine Zeit.' Ein Nein ohne Wenn und Aber. Läuft deutlich besser." (Bea)

Folgende Einsicht muss von HSP erst gewonnen werden: Gravierende Nachteile für sich selbst und/oder schmerzliche Auseinandersetzungen drohen insbesondere dann, wenn die eigenen Anliegen zu lange nicht zur Sprache gebracht und nicht ausdiskutiert werden. Staut sich eine Menge Frust auf, kann es zu emotionalen Ausbrüchen kommen, die alle Beteiligten erschrecken und rundum zu Verletzungen führen. Konfliktvermeidung bewirkt dann paradoxerweise genau das, was HSP gar nicht haben wollen: eine angespannte zwischenmenschliche Beziehung.

Insgesamt ist es umso einfacher, mit HSP gut auszukommen, je mehr diese selbst im Frieden mit ihrer sensiblen Wesensart leben und je selbstsicherer sie dazu stehen. Elaine Aron, die mit unzähligen HSP therapeutisch gearbeitet hat, schreibt: „Ich habe […] herausgefunden, dass es erheblicher Anstrengung bedarf, bis HSP ihre negativen Auffassungen gegenüber ihrer Sensibilität ablegen und diese wahrhaftig schätzen lernen." (Aus: *Sind Sie hochsensibel?*) HSP könnten jedoch unmöglich andere vom Wert ihres Wesenszugs überzeugen, wenn sie nicht selbst an dessen Vorzüge glauben.

7.5 Wachsende Selbstsicherheit der HSP

„Eigenverantwortung bedeutet Schutz für den Einzelnen und gleichzeitig Stärkung der Gemeinschaft."

Jesper Juul

Wichtige Entwicklungsschritte für HSP, die sich in der Vergangenheit den Umgebungsbedingungen und dem Agieren anderer Menschen des Öfteren hilflos ausgesetzt gefühlt haben, sind das Erkennen der Selbstverantwortlichkeit, das tatsächliche Übernehmen von Selbstverantwortung und das Ergreifen der Initiative bezüglich notwendiger Veränderungen. Dabei haben sie selbstverständlich zu beachten, dass selbstbestimmtes Handeln da an Grenzen stößt, wo es auch Auswirkungen auf andere hat.

Wenn HSP etwas für sich brauchen und es nicht eigenständig bewerkstelligen können, liegt es an ihnen, um Unterstützung zu bitten. Es braucht die Entschlossenheit, sich für das eigene Wohl einzusetzen, und auch den Mut, sich mit entsprechenden Bitten zu exponieren, besteht doch immer das Risiko, belächelt, abgewertet und abgewiesen zu werden. Umso dankbarer wird die HSP sein, wenn Sie ihr Gehör schenken und sie ernst nehmen und dann auch ernsthaft überlegen, wie Sie ihr helfen bzw. entgegenkommen können.

Vernachlässigen Sie dabei jedoch nicht Ihre eigenen Interessen! Würden Sie sich von der HSP zu Zugeständnissen bewegen lassen, die Sie eigentlich gar nicht gerne machen, wäre damit das Unbehagen nur von einer Seite auf die andere verschoben. Und davon hätte auch die HSP nichts, denn ihr würde in der Folge Ihr unterschwelliger oder zutage tretender Unmut zu schaffen machen.

Die wesentliche Erkenntnis ist, dass Beziehungen nur auf der Basis von Machtbalance und gegenseitigem Respekt funktionieren und dass nur fair ausgehandelte Lösungen sozial verträglich und langfristig tragfähig sind.

7.6 Hochsensible Stärken

„Jede Gabe ist eine Aufgabe."

Käthe Kollwitz (1867–1945)

Für HSP rangiert der Wunsch, beruflich etwas Sinnvolles und Bedeutsames zu tun, weit oben. Ferner legen sie viel Wert darauf, sich selbst und ihren Werten treu bleiben zu können. Gerne wirken sie mit, wenn Menschlichkeit, Ganzheitlichkeit und Nachhaltigkeit angestrebt werden.

In HSP steckt viel Power und Zielstrebigkeit, und sie können viel erreichen, wenn sie von der Aufgabe her in ihrem Element sind (was das genau ist, ist sehr individuell), wenn die Umstände für sie stimmen und wenn sie das, was sie tun, in einer ihnen gemäßen Weise tun.

> „In der Zusammenarbeit mit anderen brauche ich Rücksicht darauf, dass ich manchmal Phasen habe, in denen ich nicht so kann, wie ich will. Meine Leistungsfähigkeit ist nicht so hoch wie die von Nicht-HSP. Ich möchte dafür nicht abgewertet werden. Ich wünsche mir, dass meine anderen Fähigkeiten wie Kreativität, Empathie, Harmoniestreben geschätzt werden. Ich liebe es, wenn in einer Gruppe jeder sein Talent einbringen kann und das die Gruppe zu dem macht, was sie ist." (Paula*)

HSP wollen sich mit ihren Begabungen und Fähigkeiten einbringen. Da sie ihre hohe Sensibilität in der Vergangenheit vielfach als Makel eingestuft haben, ist es für sie besonders erfreulich zu erleben, dass sie mit ihrem entfalteten Potenzial einen nützlichen Beitrag für die Gemeinschaft leisten können.

Die Beschäftigung mit dem Konzept der Hochsensibilität hilft HSP sehr, sich ihrer Stärken und Begabungen noch bewusster zu werden und herauszufinden, wie genau sie sie Nutzen stiftend einsetzen können. Das umfasst auch, die in ‚Schwächen' verborgenen Stärken zu entdecken und zu kultivieren. Einige Beispiele: Im Perfektionismus liegt der positive Kern der Genauigkeit, in Katastrophenfantasien das Risikobewusstsein, in der Selbstaufopferung die Hilfsbereitschaft, in der hochgradigen Empfindsamkeit die Berührbarkeit. Ziel ist, ein Zuviel des Guten zu vermeiden.

Qualitäten von HSP, die im Team üblicherweise geschätzt werden, sind Zuverlässigkeit, Sorgfalt, Umsicht, Überblick, Kreativität, Intuition, Einfühlungsvermögen und Vertrauenswürdigkeit. (Das heißt selbstverständlich nicht, dass Nicht-HSP diese Qualitäten nicht besitzen würden!)

> „Viele Kollegen vertrauen sich mir auch privat an. Das finde ich positiv. Ich muss hier allerdings aufpassen, dass ich meine eigenen Grenzen einhalte und z. B. bei gesundheitlichen Problemen nicht zu sehr mitleide." (Roger*)
>
> „Ich bekomme vor allem von sehr viel jüngeren Kollegen positives Feedback. Die sind für einen Rat oder für Hilfe bei Fragestellungen sehr dankbar." (Johannes*, 48)
>
> „Kollegen schätzen meinen Gerechtigkeitssinn, meine große Empathie, meine Aufmerksamkeit für die Bedürfnisse anderer und meine tollen Geschenkideen. Ich habe Spaß am Optimieren von Betriebsabläufen, aber ‚auf dem kleinen Dienstweg' oder über das

Vorschlagswesen oder als Mitinitiatorin eines Qualitätsmanagements. Eine Aufstellung als Betriebsrätin habe ich mehrmals abgelehnt. Ich will mit möglichst wenig Negativem konfrontiert werden, nicht ‚an der Front' kämpfen." (Elsa*)

„Mir werden mein Einfühlungsvermögen, mein Fachwissen und meine fröhlich-optimistische Art als positiv zurückgemeldet." (Bea*)

„Ich denke, wenn man irgendwie ‚anders' ist, hat man es oft schwer und läuft Gefahr, ausgegrenzt und belächelt zu werden. Andererseits werden die Stärken, die mit der Hochsensibilität einhergehen, häufig auch als positiv erkannt. Ich habe gesagt bekommen, ich sei hilfsbereit, zuvorkommend, sehr zuverlässig und gewissenhaft, sehe, wo angepackt werden muss. Und mein Humor wurde positiv erwähnt." (Lisa*)

7.7 In Kürze – ein Dutzend Empfehlungen

Als Kollege tragen Sie zu einer angenehmen Zusammenarbeit mit einer HSP bei, indem Sie …

1. Wesensunterschiede als fruchtbar für die Zusammenarbeit ansehen.
2. sich um Verständnis, Empathie und Akzeptanz für die HSP bemühen und auf jeden Fall ihren Gefühlen und Bedürfnissen Respekt entgegenbringen.
3. ehrlich und authentisch sind (wobei echte Höflichkeit besser ist als aufgesetzte Herzlichkeit), sich, sofern für Sie stimmig, auch auf persönlicher Ebene mitteilen und für Ihr Gegenüber interessieren.
4. auf das Engagement der HSP in den Arbeitsaufgaben vertrauen, so wenig Druck wie möglich ausüben, eher beruhigen und bremsen, wenn die HSP sich selbst unter Druck setzt.
5. sich durchgängig in der vielfältigen Bedeutung des Wortes kollegial verhalten: fair, integer, solidarisch, kooperativ, hilfsbereit.
6. die Hilfsbereitschaft der HSP annehmen, aber nicht ausnutzen.
7. sehr auf Zuverlässigkeit achten, das heißt: Absprachen / Zusagen / Termine einhalten bzw. über Abweichungen / Verzögerungen frühzeitig informieren.
8. in Kleinigkeiten aufmerksam sind und sich ein Stück weit von der HSP für Feinheiten sensibilisieren lassen.
9. den Blick auf Stärken richten und auch in der Übersteigerung manchen Verhaltens den positiven Kern sehen (z. B. die Gründlichkeit im Perfektionismus).
10. immer einen freundlichen Umgangston wahren, öfter das, was Sie schätzen, in Worte fassen, dann fällt auch Kritisches weniger ins Gewicht (wenn Kritik, dann sachte, geradeheraus, sachlich und konstruktiv).

11. sich entgegenkommend zeigen, was die Gestaltung der Umgebungsbedingungen angeht (Radio, Heizen, Lüften ...), aber nicht einfach zustimmen, wenn es für Sie gar nicht passt.
12. Leichtigkeit und Humor im Miteinander nicht zu kurz kommen lassen (nur nie Späße auf Kosten der HSP).

8. Wie Sie als Vorgesetzter Motivation und Leistungsvermögen der HSP fördern können

Eine kurze Vorrede: Sollten Sie direkt in dieses Kapitel gesprungen sein, weil das Ihrem speziellen Interesse entspricht, habe ich folgenden Hinweis für Sie: Das vorliegende Buch ist so konzipiert, dass jedes spezifische Kapitel (Kapitel 4–8) die Lektüre von Kapitel 1–3 voraussetzt und nur in Verbindung damit inhaltlich vollständig wird. Das heißt, ich empfehle Ihnen, die ersten drei Kapitel zumindest zu überfliegen, auf jeden Fall aber die jeweiligen Fazits („In Kürze“) zu lesen.

Da sich auch das Verhältnis zu den Kollegen sehr auf die Arbeitsfreude, die Motivation und das Leistungsvermögen der hochsensiblen Person(en) auswirkt, empfehle ich Ihnen zudem, zum besseren Gesamtverständnis ihrer Arbeitssituation auch das vorangehende Kapitel zu lesen.

Ich finde es so begrüßens- wie anerkennenswert, dass Sie als Vorgesetzter so viel Interesse für Ihre(n) hochsensiblen Mitarbeiter aufbringen, dass Sie sich näher über Hochsensibilität informieren. Ich hoffe sehr, Ihnen brauchbare Informationen liefern und wertvolle Erkenntnisse ermöglichen zu können.

Für mich steht außer Frage, dass Hochsensible vielseitig begabte, engagierte und leistungsfähige Mitarbeiter sind. Allerdings können ungünstige bzw. unpassende Arbeitsumstände und Arbeitsanforderungen dazu führen, dass sie weit hinter ihren Möglichkeiten zurückbleiben und ihr wertvolles Potenzial nicht zur (vollen) Entfaltung bringen. Über das Verstehen der Hintergründe und Zusammenhänge können am besten befriedigende Lösungswege gefunden und beschritten werden – zum Nutzen für alle Seiten.

Zum Sprachgebrauch: Wie eingangs gesagt, steht die Abkürzung HSP für die weibliche oder männliche hochsensible Person, Einzahl wie Mehrzahl. Ich verwende ‚Mitarbeiter‘ für den Mitarbeiter und die Mitarbeiterin, ‚Vorgesetzter‘ für den Vorgesetzten und die Vorgesetzte. Die Aussagen über Unternehmen lassen sich in vielen Punkten übertragen auf Organisationen, Institutionen, Einrichtungen, Praxen … Im sozialen und im medizinischen Bereich sind es statt Kunden dann eben zu Beratende, zu Betreuende, Klienten, Patienten …

8.1 In Bedrängnis durch die Arbeitsverhältnisse

> *„Man verliert die meiste Zeit damit, dass man Zeit gewinnen will."*
>
> John Steinbeck (1902–1968)

Im Ganzen ist unser Leben heute gekennzeichnet durch Multitasking und Multimedia, Technisierung und Tempo, endlose To-do-Listen und unbegrenzte Möglichkeiten der Teilhabe. Im Privaten wie im Beruflichen bringen die Reizflut, die allgemeine Getriebenheit, die extrem hohen Anforderungen der Leistungsgesellschaft und der Trend zur Selbstoptimierung viele Menschen zunehmend in Bedrängnis – allen voran die HSP mit ihrer größeren Reizoffenheit, ihrem intensiveren Empfinden und ihrer niedrigeren Stresstoleranz.

In der modernen Arbeitswelt sind Arbeitnehmer vielerorts gefordert, immer ehrgeizigeren Zielen zu folgen und auch unter Druck unvermindert gute Leistungen zu erbringen. Das Arbeitspensum für den Einzelnen steigt (nicht zuletzt durch Personaleinsparungen), es muss mit größter Effizienz gearbeitet werden, nicht selten fallen Überstunden an. Ständige Erreichbarkeit und Verfügbarkeit sind oft selbstverständlich. Gefragt sind Flexibilität, Robustheit und Belastbarkeit. Das alles sind enorme Ansprüche – für niemanden ein Kinderspiel, für HSP noch weniger leicht erfüllbar.

Was für jeden gilt (der Mensch ist ein zutiefst soziales Wesen), gilt für HSP verstärkt: Die Qualität der Beziehungen zu Kollegen und Vorgesetzten (ggf. auch zu Kunden) ist von sehr großer Bedeutung für die Arbeitszufriedenheit. Schwierigkeiten im zwischenmenschlichen Bereich, schwelende oder offene Konflikte können HSP sehr bedrücken, erst recht wenn sie unmittelbar selbst beteiligt sind. Herrschen allgemein ein schlechtes Arbeitsklima und ein rauer Umgangston, setzt ihnen das mächtig zu.

> „Das gesamte kollegiale Umfeld ist mir sehr wichtig. Ein gutes Klima im Büro und eine gute Beziehung zu den Kollegen sind mir fast wichtiger als die eigentliche Tätigkeit, da ich schlechte Stimmungen stark spüre und bei Ungerechtigkeiten sehr mitleide. Bei fehlender Wertschätzung durch Vorgesetzte und Kollegen sinkt meine Gesamtmotivation rapide, bis hin zur Depression." (Roger*)

Unter ständigem Konkurrenz-, Leistungs- und Zeitdruck, unter kritischer Beobachtung, in einer angespannten zwischenmenschlichen Atmosphäre arbeiten zu müssen belastet hochsensible Mitarbeiter so sehr, dass sie viel weniger leisten können und schlechtere Arbeitsqualität liefern, als es ihnen sonst möglich wäre – und sie am Ende womöglich sogar ausfallen, weil Psyche und Körper die Reißleine ziehen. Dann kommen die Angst vor negativer Beurteilung und letztlich die vor dem Verlust des Arbeitsplatzes hinzu, was die Lage weiter verschärft.

Wenn ich die möglichen Schwierigkeiten der HSP in der Höher-schneller-weiter-Arbeitswelt umreiße, ist mein Ansatz nicht, dass für HSP Sonderlösungen gefunden werden sollen, von Einzelfällen und Einzelaspekten einmal abgesehen. Es wäre nämlich nur bedingt in ihrem Interesse, in den Genuss besonderer Vorteile zu kommen, denn das würde sie einmal mehr in eine Außenseiterrolle manövrieren. Mein Gedanke ist vielmehr, dass insgesamt verträglichere und erfreulichere Arbeitsbedingungen geschaffen werden, die dann automatisch auch HSP-freundlich wären.

Selbstverständlich hat die Unternehmensleitung nicht primär im Sinn, dass sich die Mitarbeiter wohlfühlen, sondern dass sie effektiv arbeiten. Mir erscheint jedoch die Logik offensichtlich, dass Mitarbeiter, denen es am Arbeitsplatz und in ihrer Tätigkeit (überwiegend) gut geht, am produktivsten sind und am besten zum Geschäftserfolg beitragen können.

Die Arbeitsbedingungen, die für HSP geradezu unerlässlich sind, damit sie motiviert und leistungsfähig bleiben, sind für andere Mitarbeiter in den allermeisten Fällen ebenfalls förderlich. So gesehen, können HSP, die früher und stärker auf leistungsmindernde Einflussgrößen reagieren, als ‚Wächter' und ‚Mahner' fungieren – und als idealistische und kreative Visionäre. Machen HSP auf problematische Umstände aufmerksam und liefern sie Verbesserungsschläge, kann die Führung dies – mit entsprechend positiver Einstellung – als eine nützliche Anregung für (möglicherweise) allgemein sinnvolle Veränderungen auffassen.

Das Thema Stressbelastung betrifft nicht nur HSP. Nicht umsonst sind immer mehr Unternehmen bemüht, über Maßnahmen im Rahmen eines strategischen Gesundheitsmanagements die Gesundheit und Arbeitskraft ihrer Mitarbeiter bestmöglich zu erhalten. Aus ethischer wie aus wirtschaftlicher Sicht sind Unternehmen aufgerufen, die häufig gemachte Aussage „Unsere Mitarbeiter sind unser wichtigstes Kapital" so umzusetzen, dass Mitarbeiter nicht vorrangig als Produktionsfaktor gesehen werden, sondern auch als achtenswerte menschliche Individuen. Wünschenswert ist ein lebendiger Dialog zwischen Führungskräften und Mitarbeitern über die gegenseitigen Erwartungen und über die Möglichkeiten (und Grenzen) der Realisierung.

Bei dem, was ich schreibe, ist mir durchaus bewusst, dass Sie als einzelner Vorgesetzter nur begrenzten Einfluss auf die gesamte Arbeitssituation Ihrer Mitarbeiter haben, doch ist jeder positive Beitrag von Ihrer Seite sehr viel wert – auch im Hinblick auf Ihre(n) hochsensiblen Mitarbeiter.

8.2 Reizflut im Arbeitsumfeld

„Ich brauche keine Bücher zu lesen, um zu wissen, dass das Grundthema unseres Lebens Konflikt ist; alle meine Clownereien entspringen dieser Erkenntnis."

Charlie Chaplin (1889–1977)

Da HSP deutlich mehr und intensiver wahrnehmen als Nicht-HSP, sind sie entsprechend schneller von diversen Eindrücken überfordert. Die Reizfülle in ihrer unmittelbaren Arbeitsumgebung stellt demzufolge häufig ein ernstes Problem für sie dar. Eindrücke über alle Sinneskanäle werden relativ wenig gefiltert wahrgenommen und summieren sich zu einer Strapaze für ihr Nervenkostüm auf: Geräusche (Kollegen sprechen miteinander und telefonieren, Telefone klingeln, Tastaturen klappern, technische Geräte rauschen und piepen, Kaffeeautomaten brummen etc.), optische Eindrücke (künstliches Licht, bewegte Bilder auf Bildschirmen aller Art, Bewegungen von im Blickfeld sitzenden und umherlaufenden Menschen etc.), Gerüche (verbrauchte Luft, Ausgasungen von diversen Materialien, Ozon vom Kopierer, Essensgerüche aus der Kaffeeküche, Körpergeruch, Parfüm und Deodorant von Kollegen etc.), Fühlen (Zugluft von Fenstern und Klimaanlage, kratzige Materialien, mit denen sie in Berührung kommen etc.).

Geht es um HSP herum permanent geräuschvoll und betriebsam zu, lenkt sie das sehr von ihrer Arbeit ab und mindert ihr geistiges Leistungsvermögen. Ihre Aufmerksamkeit wendet sich unwillkürlich den verschiedenen Geschehnissen in ihrer Umgebung zu. Speziell Telefonate und Gespräche stören, weil unweigerlich Sprachinhalte gedanklich verfolgt werden. Ein Großraumbüro stellt in jeder Hinsicht eine maximale Herausforderung dar, aber auch schon ein Zweier-, Dreier- oder Viererbüro kann problematisch sein, insbesondere wenn Schreibtische vis-à-vis aufgestellt sind und das Gegenüber andauernd unmittelbar im Blickfeld und sehr nah ist.

Zu den zu verarbeitenden Eindrücken zählen auch die erfühlten Befindlichkeiten der Menschen im Umfeld. Sind andere aus welchen Gründen auch immer unzufrieden oder gestresst, überträgt sich das schnell auf die HSP und beeinträchtigt deren Gemütsverfassung erheblich.

Stark reizüberflutende und von der Anspannung her überfordernde Situationen können HSP nur vorübergehend – im Wechsel mit ruhigen Arbeitsphasen (und Pausen) – problemlos aushalten. Durch die Übererregung leiden sonst schon bald die Konzentration, die Schaffenskraft und die Kreativität. Langfristig drohen Erschöpfungszustände sowie eine allgemeine Krankheitsanfälligkeit, umso mehr, wenn Leistungsdruck und emotional Belastendes hinzukommen.

Wie können praktische und praktikable Lösungen aussehen? Ein Einzelbüro wäre hinsichtlich Störquellen ideal, ist aber nicht immer realisierbar (und anderen Mitarbeitern gegenüber vertretbar). Schon vernünftige Maßnahmen zur Geräuschdämmung und zum Sichtschutz (Schall- und Sichtschutzelemente) können Erleichterung bringen und sind zweifelsohne eine lohnende Investition. Vielleicht nutzen die Mitarbeiter von sich aus Ohrstöpsel und Kopfhörer (evtl. mit Noise-Cancelling-Funktion) und sorgen für Entspannung zwischendurch, indem sie ihre Pausen ruhig gestalten. Das sollte aber kein Ersatz für räumliche Maßnahmen sein.

Es hilft HSP, zumindest für Arbeiten, die hohe Konzentration erfordern, einen abgetrennten Raum aufsuchen zu können, in dem sie allein sind oder mit Kollegen zusammen, die ebenfalls in Ruhe an etwas arbeiten (nicht telefonieren!). Falls es vom Aufgabengebiet her infrage kommt, ist ein teilweises Arbeiten vom Home Office aus eine hervorragende Lösung. Die persönlichen Voraussetzungen dafür – Vertrauenswürdigkeit sowie ein hohes Maß an Zuverlässigkeit und Eigenverantwortlichkeit – sind bei HSP in aller Regel gegeben.

> „Man hat bei uns auf jedem Stockwerk ‚Silent Rooms' eingerichtet, in die man sich gegebenenfalls zurückziehen kann. Das sind kleine Besprechungsräume, die man nicht vorher buchen muss. Da wir alle inzwischen Laptops besitzen, ist das kein Problem mehr. Zusätzlich gibt es die Möglichkeit, per ‚Mobilem Arbeiten' z. B. an einem Tag in der Woche von zu Hause aus zu arbeiten. Man bleibt per LAN-Einwählverbindung direkt mit allen benötigten Infos verbunden und kann per Skype sogar mit Kollegen sprechen, den Bildschirm teilen oder an Besprechungen teilnehmen. Man muss dieses ‚Mobile Arbeiten' im Outlook-Kalender kennzeichnen und allen direkten Kollegen vorher Bescheid geben. Ich empfinde solch ein Arbeiten als 3 x so produktiv wie im Großraumbüro. Ich plane mir diese Termine gezielt im Voraus, um Sachen abzuarbeiten." (Roger*)

> „Leider ist es in meiner Firma nicht möglich, von zu Hause aus zu arbeiten. Wenn ich das könnte, zumindest für bestimmte Zeiten, wäre die Arbeit [als Grafik-Designerin] wesentlich effizienter, da ich mehr Ruhe hätte und mich besser konzentrieren könnte." (Svenja*)

Auch Gleitzeit hilft ein Stück weit. Können HSP ihre Arbeitsstunden innerhalb einer weiten Spanne flexibel wählen, liegt es in ihrer Entscheidung, sehr früh zu kommen und die ruhigen ersten Stunden für Aufgaben zu nutzen, die hohe Konzentration erfordern. Oder sie kommen später und bleiben länger, um in Ruhe noch etwas fertig zu machen, wenn die meisten anderen schon gegangen sind.

Bitte beachten Sie: Die Bereitschaft zu Überstunden mag bei HSP von ihrer Arbeitsauffassung her im Prinzip gegeben sein, nicht aber das Vermögen, sie auf lange Sicht schadlos zu überstehen. HSP brauchen ganz dringend ausreichende Freizeit, in der sie buchstäblich abschalten und regenerieren können.

Eine Teilzeitbeschäftigung ist insofern günstig, als dabei das Verhältnis zwischen Arbeit und Erholung mehr den hochsensiblen Bedürfnissen entspricht – vor allem auf lange Sicht. Sie muss aber natürlich von der HSP gewollt und finanziell machbar sein. Bei einer Reduzierung der Arbeitszeit muss unbedingt auch tatsächlich die Menge der Aufgaben und Zuständigkeiten entsprechend verringert werden, damit nicht etwa dieselbe Arbeit in weniger Zeit zu leisten ist. Zu bedenken ist außerdem, dass reduzierte Arbeitsstunden unter Umständen problemträchtig im kollegialen Miteinander sein können. Dennoch bleibt dies eine erwägenswerte Option.

> „Ich bin Ergotherapeutin und habe als solche drei Jahre lang gearbeitet. 75 % war das, was mir möglich war. Die Arbeitszeit war so geregelt, dass ich einen kompletten Tag freihatte. Mir fiel es immer sehr schwer, dazu zu stehen, dass ich nicht Vollzeit arbeite. Oft kam ich mir wie ein Angestellter zweiter Klasse vor, weil ich mich durch meinen freien Tag rausgezogen habe. Ich hatte auch das Gefühl, dass die Kollegen neidisch waren. Nach meiner Kinderzeit habe ich 25 % als Integrationsfachkraft im Kindergarten gearbeitet. – Was ich ideal fände? Flexible Arbeitszeiten wären toll, sodass ich je nach Tagesform entscheiden kann, wie viel ich arbeite (als Ergotherapeutin wäre das nicht möglich, aber als Integrationsfachkraft)." (Rike*)

> „Ich arbeite derzeit als einzige Aushilfe in einem kleinen Uhren- und Schmuckgeschäft, für 15 Stunden, d. h. vier halbe Tage pro Woche. Zeitlich passt das prima, zumal ich einen kurzen Weg zur Arbeit habe. Auch menschlich passt es. Meine Chefin ist zehn Jahre jünger als ich, vermutlich auch hochsensibel. Wenn ich z. B. an einem bestimmten Tag freihaben möchte, dann macht sie das möglich. Ich mache es umgekehrt genauso. Das Geld reicht natürlich nicht, um davon leben zu können. Ich zahle den Preis, dass ich von meinem Partner finanziell abhängig bin. Schwierig. Ich mache mir aber täglich bewusst, dass ich über das Luxusgut ‚ausreichend Zeit für mich' verfüge." (Elsa*)

8.3 Was für HSP wichtig ist

„Die Fähigkeit der Menschen zu wachsen ist unendlich, wenn sie sich sicher fühlen."

Carl Rogers (1902–1987)

Selbstverständlich wünschen sich alle Menschen eine adäquate und befriedigende Berufstätigkeit. Für HSP wiegt es nur noch etwas schwerer, wenn einerseits wesentliche Potenziale brachliegen (Unterforderung) und andererseits Dinge von ihnen erwartet werden, die sie nicht oder nur unter großen Mühen erbringen können (Überforderung), und/oder wenn der Beruf, den sie ausüben, so gar nicht dem entspricht, was sie als ihre Berufung empfinden und was sie erfüllt.

Jedenfalls sollte es den HSP in ihrem Job möglich sein, ihren Werten und sich selbst weitgehend treu zu bleiben. So ist zum Beispiel der Verkauf für HSP nur dann etwas, wenn sie Kunden ehrlich beraten können und selbst integer und authentisch sein dürfen. (Aufdringliches Verkaufen geht für sie gar nicht.) Unbedingt müssen sie von der Seriosität und Qualität dessen, was sie vertreten, überzeugt sein.

Den meisten HSP geht es nicht vorrangig ums Materielle, selbst wenn sie mit dem Job ihr Auskommen sichern müssen, was nicht etwa heißt, dass sie keinen Wert auf faire Bezahlung legen. Sie streben tendenziell weniger danach, im klassischen Sinne Karriere (mit Personalverantwortung) zu machen. Sie wählen eine Arbeitsstelle mehr nach Entfaltungs- als nach Aufstiegsmöglichkeiten. Sehr wichtig ist ihnen das Gefühl, etwas Sinnhaltiges zu tun, mit ihren Fähigkeiten und Kompetenzen einen sichtbaren Beitrag leisten zu können. Sie wollen mit dem, was sie ausmacht, gesehen, eingesetzt und anerkannt – nicht nur toleriert – werden. Ausbleibende Wertschätzung vermissen sie besonders schmerzlich.

Elaine Aron bringt es auf den Punkt: „Lange Arbeitstage, Stress und zu viele Reize im Arbeitsumfeld hindern uns daran, wirklich erfolgreich zu sein. Dennoch glaube ich, dass viele unserer Schwierigkeiten in Bezug auf unsere Arbeit in der mangelnden Wertschätzung unserer Rolle, unserer Wesensart und dessen, was wir potenziell beisteuern können, begründet liegen." (Aus: *Sind Sie hochsensibel?*)

> „Bislang war ich als Ergotherapeutin in zwei psychosomatischen Rehakliniken sowie als Fachkraft zur Arbeits- und Berufsförderung in einer Werkstatt für Menschen mit Behinderung angestellt. Gern gesehen und zumindest in Teilen genutzt und anerkannt wurden meine Stärken Zuverlässigkeit, Gewissenhaftigkeit, Organisationstalent, Engagement, Hilfsbereitschaft und Empathie. Übersehen und ungenutzt bleiben der Blick für Details, der Idealismus mit Drang nach Verbesserungen und der Wissensdurst. Frustrierend ist für mich, dass ich noch nie das Gefühl hatte, entsprechend meinen Stärken eingesetzt zu sein und etwas bewirken und bewegen zu können. – Mehrfach wurde mir meine stille und zurückhaltende Art vorgehalten. Es hieß, ich müsse ‚lauter' werden, worum ich mich früher sehr bemüht habe, weil ich mir diesen Schuh immer bereitwillig angezogen habe. Diese Art auch als eine gewisse Stärke zu sehen und mich damit zu akzeptieren hat sich erst später entwickelt. Mittlerweile stehe ich auf dem Standpunkt, dass das Charakter ist, den ich nicht verändern kann und der noch dazu auch Vorteile hat. – Richtig anerkannt habe ich mich bislang nur gefühlt, wenn ich gekündigt hatte. Dann kamen auf einmal die Vorgesetzten auf mich zu und lobten mich sehr. Es wäre natürlich schön gewesen – und hätte eventuell auch meine Entscheidungen beeinflusst –, wenn ich vorher so anerkannt worden wäre." (Lisa*)

Erfahren HSP Respekt und Wertschätzung, blühen sie auf und sind sehr loyal, engagiert und leistungsbereit. Die Arbeitsfreude schwindet, wenn sie unangemessen zurechtgewiesen, bevormundet und kontrolliert werden. Sie sind von sich aus überaus bestrebt, die in sie gesetzten Erwartungen zu erfüllen und ihr Bestes zu geben; dazu bedarf es keiner speziellen Aufforderung. Die besten Leistungen erbringen sie, wenn sie mit möglichst viel Freiraum, Eigeninitiative und Eigenverantwortung arbeiten können.

> „Ich bin von jeher aus mir selbst heraus motiviert, für die Patienten mein Bestes zu geben [als Nachtschwester in der psychiatrischen Abteilung eines Krankenhauses]. Da brauche ich wenig Ansporn von außen, obwohl Lob natürlich beflügelt. Kritik (wenn sie unberechtigt ist) demotiviert. Da ich allerdings von Kritik zum Glück überwiegend verschont bin, habe ich nach wie vor einfach nur Spaß an meiner Arbeit." (Bea)

> „Zwei meiner drei bisherigen Chefs haben mich weitgehend ‚in Ruhe gelassen', mich nicht kontrolliert, waren hauptsächlich unsichtbar, und innerhalb der definierten Tätigkeiten hatte ich somit gewissen Gestaltungsspielraum. Das empfand ich als angenehm." (Lisa*)

> „Ich arbeite in der IT eines öffentlichen Arbeitgebers als Senior Anwendungsentwickler. Ich arbeite gern alleine an einem konkreten Projekt und auch gerne im Team. Am wohlsten fühle ich mich, wenn ich ein konkretes Implementierungsprojekt zusammen mit kooperativen Kollegen/-innen bearbeiten kann und es dabei genügend Freiraum und Zeit für kreative Eigeninitiativen gibt." (Ingo)

Schon relativ kleine Störungen auf der Beziehungsebene, wie sie durch mürrische, spitze, sarkastische oder abfällige Bemerkungen (und seien sie noch so nebenbei hingeworfen) geschehen, wirken auf HSP nachhaltig irritierend. Schroffes und ungehaltenes Gesprächsverhalten nehmen sie sich sehr zu Herzen und beschäftigen sich noch lange gedanklich damit. Die Empfehlung an Sie kann daher nur lauten, durchgängig einen achtsamen, freundlichen und bejahenden Kommunikationsstil zu pflegen.

> „Mein Chef ist selbst HSP und sehr impulsiv, leider auch sehr oft im Stress. Seine Energie haut mich manchmal sprichwörtlich aus den Socken. Am liebsten wäre mir eine verlässliche und keine wechselnde Laune. Darauf könnte ich mich besser einstellen. Zum Glück werde ich wenig kritisiert, da ich versuche, alle Arbeitsanweisungen zeitnah zu erledigen." (Michaela)

Damit HSP von vornherein wissen, woran sie sind, ist es wichtig, dass Sie der HSP gegenüber sehr klar Ihre Erwartungen mitteilen.

> „Ich wollte es allen Chefs recht machen und hatte doch oft das Gefühl, dass ich zu wenig tue und noch mehr von mir erwartet wird. Ich habe unausgesprochene Erwartungen

‚gefühlt' und dann versucht, diese zu erfüllen, obwohl ich ja gar nicht wusste, ob diese wirklich an mich gerichtet waren. Genügend Rückmeldungen (auch Kritik!) wären gut statt unausgesprochener Erwartungen, sodass mir nicht so viel Kraft verloren geht durch den Versuch herauszufinden, was von mir wirklich erwartet wird bzw. was ich wohl falsch mache." (Rike*)

Üben Sie notwendige Kritik sachlich, prägnant, auf den aktuellen Kritikpunkt begrenzt, ohne Ironie und Sarkasmus, mit wenig Schärfe und viel persönlichem Respekt. Beziehen Sie sich auf ein bestimmtes Handeln, Vorgehen oder Verhalten, nicht auf das Wesen des Mitarbeiters. Der Kritik muss bei HSP kein Nachdruck verliehen werden, schon leise Töne werden verstanden. Andererseits sind bloße Andeutungen ungeeignet, weil sie zu viel Raum für Interpretation und Spekulation lassen.

Heutzutage ist viel von ‚Feedback' die Rede. Den Führungskräften werden Feedback-Regeln an die Hand gegeben (klar, konkret, in Form von Ich-Botschaften, mit positiver, machbarer Ausrichtung). So weit, so gut. Ich befürchte nur, dass Kritik mitunter lediglich einen anderen Namen bekommt und Mitarbeiter dann auch noch gehalten sind, diese freudig und dankbar zu empfangen. Anderenfalls ernten sie obendrein den Vorwurf, nicht kritikfähig zu sein. Das geht mir zu weit. Sehr wohl kann die Führungskraft erwarten, dass der Mitarbeiter zugänglich ist für Kritik und bereit, sie anzunehmen und umzusetzen. Ich trete aber vehement dafür ein, dass der Kritisierte in dem Moment ein unbehagliches Gefühl haben (und äußern) darf, schließlich berührt Kritik irgendwie immer seine persönliche Integrität.

Es kann meines Erachtens zudem kaum genug betont werden, dass jedes Feedback aus einem bestimmten Blickwinkel, das heißt aus einer subjektiven Sicht, gegeben wird und keinen Anspruch auf absolute Wahrheit hat. Daher sollte auch der Feedbacknehmer die Gelegenheit bekommen, seine Sichtweise darzulegen und eigene konstruktive Lösungsideen beizusteuern. Empfehlenswert ist, den Mitarbeiter außerdem um eine Rückmeldung zu bitten, was bei ihm angekommen ist, um etwaige Missverständnisse sogleich bereinigen zu können. HSP fühlen sich leicht ganz und gar infrage gestellt, sie hören Kritik wie mit einem Verstärker, sodass schon ‚Kleinigkeiten' zu einer großen Sache werden. Es kann also hilfreich sein, wenn das relativiert wird. Erwähnen Sie überhaupt nicht nur Kritisches, sondern auch das, womit Sie zufrieden sind (damit meine ich keine Lobhudelei). Und schließlich noch das: Finden Sie einen zuversichtlichen Ausstieg aus dem Gespräch.

„In Gesprächen mit dem Chef bin ich leider immer furchtbar eingeschüchtert und bange, gerade vor Beurteilungsgesprächen. Erst recht bei Probezeit und befristeten Verträgen, dann fühle ich mich wie auf dem Schleudersitz. Ich glaube, hier würde mir helfen, wenn ich den Chef als authentischen, zugewandten und mitarbeiterorientierten Menschen wahrnehmen könnte." (Lisa*)

„Ich arbeite angestellt in Teilzeit als Grafik-Designerin. Im Moment fühle ich mich richtig an meinem Arbeitsplatz. Ich arbeite in einem kleinen Team und wir pflegen einen sehr netten Umgang miteinander. Ich habe ein sehr gutes, fast freundschaftliches Verhältnis zu meiner Chefin. Herausfordernd empfinde ich Situationen, in denen sie mir Arbeitsanweisungen gibt oder mich kritisiert, auch wenn die Kritik berechtigt ist. Meine Chefin äußert Kritik sehr freundlich und sachlich, dennoch fällt es mir nicht so leicht, zwischen dem freundschaftlichen und dem Chef-Angestellten-Verhältnis hin und her zu switchen. Was meine Chefin niemals tun sollte: heftig kritisieren, Druck machen oder mit Ablehnung reagieren, wenn mal etwas schiefläuft. Denn ich setze mich selbst schon viel zu viel unter Druck. Um die Qualität meiner Arbeit positiv zu beeinflussen, wäre es sogar besser, wenn sie versuchen würde, mich in so einer Situation zu beruhigen. Nach dem Motto ‚alles halb so wild'." (Svenja*)

8.4 Wie HSP ihre Arbeit tun

„In Worten sei wahrhaft und zuverlässig,
im Handeln gewissenhaft und rücksichtsvoll."

Konfuzius (551–479 v. Chr.)

In welchem Beruf und Tätigkeitsbereich auch immer HSP beschäftigt sind, sie tun ihre Arbeit auf ihre Art und Weise. Sie sind von sich aus sehr bemüht, ihre Arbeit gut zu machen. Das liegt in ihrer Arbeitsethik begründet, in ihrer umfangreichen Wahrnehmung, nicht zuletzt vermutlich auch in ihrer Angst vor Kritik. Schließlich wissen sie (mehr oder weniger bewusst), wie sehr Kritik sie trifft.

HSP können als verantwortungsbewusst, pflichtbewusst und gewissenhaft gelten. Vorgesetzte brauchen hochsensible Mitarbeiter an diese Tugenden nicht zu erinnern. Eher könnten sie den HSP nahelegen, das Verantwortungsgefühl nicht ausufern zu lassen und das Pflichtbewusstsein so zu verstehen, dass sie ihre Leistungsgrenzen ausschöpfen, sich aber nicht erschöpfen.

8.4.1 Mit Sorgfalt und Liebe zum Detail

HSP fällt es im Allgemeinen schwer, sich mit einigermaßen guten Arbeitsergebnissen zufriedenzugeben, die vielfach den Anforderungen durchaus genügen würden oder aus Zeitgründen (wegen Abgabeterminen und/oder weiteren Aufgaben) genügen müssen. Im ungünstigsten Fall geraten sie in Stress und werden mit einer Aufgabe nicht in der vorgesehenen Zeit fertig. Man könnte von einem Hang zum Perfektionismus sprechen – oder aber von einem ausgeprägten Qualitätsbewusstsein.

Da HSP von Natur aus Feinheiten bemerken und eine regelrechte Liebe zum Detail mitbringen, bietet es sich an, sie bevorzugt da einzusetzen, wo ein aufmerksamer, kritischer Blick gefragt ist, wo es mehr auf Genauigkeit als auf Geschwindigkeit ankommt, mehr auf Qualität als auf Quantität. HSP sind prädestiniert für Tätigkeiten, in denen es gilt, auf Kleinigkeiten zu achten, fein zu differenzieren, Fehler zu erkennen, unerwünschte Abweichungen und Unstimmigkeiten aufzuspüren – sei es, dass es ihre Aufgabe ist, die Fehler selbst zu beheben, oder andere darauf aufmerksam zu machen.

Bevor jedoch der Eindruck entsteht, HSP seien ideal für jegliche Aufgaben, die genaues, sorgfältiges Arbeiten erfordern, gleich eine wichtige Einschränkung: Mit eintönigen Routinearbeiten haben HSP ihre liebe Not. Dabei schweifen die Gedanken immer wieder ab und es passieren Flüchtigkeitsfehler, weil die geistige Herausforderung fehlt. Für die anhaltende Aufmerksamkeit braucht es ein bestimmtes Maß an Abwechslung und einen gewissen Schwierigkeitsgrad (was sicherlich nicht nur für HSP gilt).

Problematisch ist für HSP außerdem die Druck erzeugende Forderung nach absoluter Fehlerfreiheit. Günstig ist ein möglichst entspannter Umgang mit Fehlern, am besten eine in der Unternehmenskultur verankerte Fehlertoleranz, soweit die Art der Arbeit das zulässt (selbstverständlich nicht z. B. in der Tätigkeit als Fluglotse oder Chirurg!). In vielen Bereichen ist Weiterentwicklung und Innovationsfähigkeit ja geradezu verknüpft mit dem Mut zu Fehlern (aus denen man bekanntlich lernt). Es ist nicht möglich, aktiv, kreativ und experimentierfreudig zu sein und dabei keine Fehler zu machen. Ziel ist nur, Fehler so früh wie möglich zu entdecken und zu korrigieren.

Ich weiß nicht, ob es Mitarbeiter gibt, die man eindringlich auf Fehler hinweisen und zur Sorgfalt ermahnen muss, HSP gehören aber ganz sicher nicht dazu. Oftmals ist es vielmehr sogar angebracht, sie in ihrer eigenen Aufregung über bereits von ihnen selbst bemerkte Fehler zu beschwichtigen.

> „Ich bin Teamleiter Rechnungswesen in einer großen Steuerberatungsgesellschaft. Ich habe klare Strukturen in meiner Arbeit und eine gute Ordnung. Wenn mir Fehler unterlaufen,

> dann belasten die mich nachhaltig sehr und weit mehr, als es die Sache wert ist. Bei Kritik von Kunden oder Vorgesetzten ist es ähnlich." (Johannes*)

Für die HSP kann es hilfreich sein, wenn Sie als Vorgesetzter klar angeben, wie Sie Projekte priorisieren und wie detailliert und umfassend bestimmte Ausarbeitungen werden sollen. Die Produktivität der HSP wird viel eher gefördert, wenn Sie Druck herausnehmen, statt ihn zu erhöhen.

> „Mit Stress konnte ich noch nie gut umgehen. Ein Zuviel an Zeitdruck belastet mich und beeinflusst die Produktivität negativ. Deshalb achte ich darauf, die laufenden Anforderungen zusammen mit meinem Gruppenleiter abzustimmen und Prioritäten zu setzen." (Ingo)

Ferner kann auch angezeigt sein zu prüfen, ob die Menge der Aufgaben realistisch betrachtet überhaupt zu bewältigen ist und der Kapazität einer Arbeitskraft entspricht. Aufgrund zu großer Arbeitsmenge ständig in der Erledigung der Aufgaben hinterherzuhinken oder in der Arbeit mit Menschen von einem zum anderen hetzen zu müssen kann schrecklich frustrierend und demotivierend sein.

8.4.2 Mit einem in die Breite und in die Tiefe gehenden Interesse

HSP sind in der Regel vielseitig interessiert und finden relativ leicht Zugang zu neuen Themenfeldern. Da es ihnen so wichtig ist, Dinge auch wirklich zu verstehen, erschließen sie sich neues Wissen durch Nachforschen und Nachfragen. Meist besteht bei ihnen viel Bereitschaft, sich fortzubilden und weiterzuentwickeln, es sei denn, sie sind durch ihre reguläre Arbeit schon komplett ausgelastet. Manche HSP laufen eher Gefahr, sich mit zu viel Verschiedenem zu beschäftigen, als den Blick zu eng zu stellen.

Lieber vertiefen und differenzieren HSP ein Thema, als es oberflächlich und einseitig zu behandeln. Ein mögliches Problem: Ihre weitreichenden Überlegungen und Ausführungen, die oft auch ziemlich abstrakt werden, sind nicht immer anschlussfähig, das heißt, die anderen im Arbeitsteam können oder mögen manches Mal nicht folgen. Daraus kann allseits Frust erwachsen. Vielleicht haben Sie ab und zu die Möglichkeit, hier moderierend einzugreifen.

Manche Entscheidungsfindung nimmt etwas mehr Zeit in Anspruch, weil alle Optionen hinsichtlich Vor- und Nachteilen durchdacht werden. Hinderlich ist die Tendenz zu Gründlichkeit und Differenziertheit dann, wenn ein zügiges, sehr fokussiertes Arbeiten gefragt ist. HSP sind hingegen gut geeignet für Aufgaben, in denen ausgiebiges

Recherchieren, das Ausarbeiten von komplexen Konzepten und von verschiedenen Alternativen gefragt sind.

Typischerweise ist den HSP mehr die Begrenztheit ihres Wissens und Könnens bewusst als das, was sie schon beherrschen. Daher kann in manchen Fällen eine Ermutigung angezeigt sein, das vorhandene Wissen und Können zur Anwendung zu bringen und dem Prinzip ‚Learning by Doing' zu folgen. Die Zweifel einer HSP, dass sie (noch) nicht gut genug ist, werden Sie oftmals nicht so schnell zerstreuen können. Aber jedes positive Feedback kann der HSP dabei helfen, ihr Selbstbild zurechtzurücken und selbstsicherer zu werden.

8.4.3 Mit Zurückhaltung

HSP liegt es weniger, sich in Wettbewerbssituationen zu begeben, offensiv auf andere zuzugehen, sich und ihre Leistungen in den Vordergrund zu stellen, ihre Arbeitsergebnisse effektvoll zu präsentieren, vor (großem) Publikum zu sprechen. HSP im Allgemeinen und mehr noch die Introvertierten unter ihnen (ca. 70 Prozent) agieren eher aus der zweiten Reihe bzw. im Hintergrund. Oft wird so für das Umfeld bzw. die Vorgesetzten gar nicht deutlich, was und wie viel sie zu einem Gemeinschaftswerk beitragen bzw. beigetragen haben. Ihre Qualitäten und ihre Leistungen werden leicht übersehen. Entsprechend kann es passieren, dass sie zu wenig Beachtung und Würdigung erfahren.

Meine Aufforderung an Sie als Führungskraft lautet daher: Sehen Sie genau hin, um erkennen zu können, welchen Anteil der hochsensible Mitarbeiter an Teamerfolgen und an erzielten Fortschritten hat und wo seine besonderen Stärken liegen. Je genauer Sie diese kennen, desto besser können Sie sie dann auch abrufen und fördern – und davon profitieren.

8.4.4 Mit Umsicht, Vorsicht und Weitsicht

HSP gehen meist mit Bedacht zuwege, eine vorsichtige Haltung ist Teil ihrer Lebensstrategie. Sie können gut vorausschauend planen und auf Nachhaltigkeit achten. Sie wägen Handlungsalternativen sorgfältig gegeneinander ab. Sie behalten Entwicklungen im Auge, spielen verschiedene Zukunftsszenarien gedanklich durch. Durch ihre Verhaltenstendenz, Menschen und Situationen zunächst zu beobachten und einzuschätzen und sich erst dann anzunähern und ins Handeln zu kommen, können sie reserviert oder auch zögerlich wirken. Wohlwollend betrachtet, erscheint dies als Besonnenheit.

Weil HSP sich bei ihrer Einschätzung von Entwicklungen und Vorhaben häufiger auf mögliche Probleme beziehen, kann ihnen das den Ruf eines Bedenkenträgers oder ewigen Pessimisten einbringen, insbesondere dann, wenn andere im Team schnell entschlossen, unbeirrt und unerschrocken voranschreiten möchten. Es wäre jedoch schade, den Nutzen der sensiblen Herangehensweise zu übersehen und auszuschlagen. In beratender Funktion sind HSP bestens geeignet, andere nicht nur auf Chancen und Möglichkeiten, sondern eben auch auf fehlende oder bisher vernachlässigte Gesichtspunkte, mögliche Gefahren und kritische Entwicklungen hinzuweisen, sodass rechtzeitig gegengesteuert und Vorsorge getroffen werden kann. ‚Pessimismus' erweist sich so gesehen als Problembewusstsein. In manchen Entscheidungssituationen könnte für die Führungskraft und das Team die Devise lauten: Zu Risiken und Nebenwirkungen fragen Sie Ihre HSP!

> „Ich bin als Ingenieur in der Softwareentwicklung im Automotive-Bereich tätig. Durch meine schnelle Auffassungsgabe werde ich oft bei sog. GAP-Analysen [ein Planungs- und Controlling-Instrument] oder Risikobetrachtungen eingesetzt. Allerdings empfinden manche Führungskräfte oder Kollegen, die mich nicht so gut kennen, meine (aus meiner Sicht konstruktiven) Verbesserungsvorschläge als Kritik oder Bevormundung. Dabei will ich doch nur sicherstellen, dass z. B. ein Risiko Berücksichtigung findet und das neue Produkt nicht ‚gegen die Wand gefahren' wird, sondern eine Erfolgsstory wird. Aber in Zeiten von manchmal regelrecht aufgezwungenem Optimismus landen Bedenken und Verbesserungsvorschläge leider schnell in der Schublade ‚Zukunftsverweigerer'." (Roger*)

Erkennt das Management, dass es sinnvoll ist, die Macher nicht ungebremst agieren zu lassen, können HSP in Arbeitsteams gut ein Gegengewicht bilden. Im Rahmen einer Kommunikationskultur, die konstruktiven kritischen Austausch begrüßt, kann die gesunde Skepsis von HSP ebenso als Qualität geschätzt werden wie die zielgerichtete Tatkraft von Nicht-HSP.

8.4.5 Mit Beobachtungsgabe und Einfühlungsvermögen

Die aufmerksame Wahrnehmung von HSP bezieht sich auf Dinge, Situationen und Sachverhalte sowie auf Menschen und auf die Verbindung zu ihnen bzw. zwischen ihnen. HSP bringen beste Voraussetzungen mit für alle Kontexte, in denen Beobachtungsgabe, ein feines Gespür für Befindlichkeiten und Bedürfnisse gefragt sind. HSP schauen hin und hören zu, interessieren sich für die Belange anderer und sind empathisch (zumindest solange sie nicht selbst überfordert sind).

Kollegen – und auch Vorgesetzte – schätzen das einfühlsame Verständnis, das ihnen entgegengebracht wird, schenken ganz intuitiv relativ leicht Vertrauen, besprechen Probleme mit ihnen und holen sich Rat. HSP tragen manches Mal auch zur Deeskalation von Konflikten bei, indem sie für mehr gegenseitiges Verständnis werben und vermittelnd wirken.

> „Bisher fanden meine Chefs alle mein genaues Arbeiten toll. Dass ich gerade in administrativen Dingen (Planungssachen/Büro usw.) sehr strukturiert bin, Gesamtzusammenhänge schnell erkenne und wenig Fehler mache. Außerdem wurden mein Einfühlungsvermögen und das ‚Erspüren' von Problemen geschätzt. Bei schwierigen Elterngesprächen [betr. Ergotherapie] hatte man mich gern dabei. Dass ich versucht habe, das Arbeitsklima zu verbessern und bei Schwierigkeiten zwischen Kollegen und Chefin zu vermitteln, hat man mir auch hoch angerechnet." (Rike*)

> „Derzeit arbeite ich als Dozentin in einem Erwachsenenbildungszentrum. Diese Arbeitsstelle gefällt mir sehr gut, weil ich dort mein Wissen weitergeben und meine Kreativität ausleben kann. Seit Kollegen die besondere Empathie bei mir entdeckt haben, ziehen sie mich öfter mal zurate, um meine Einschätzung über manche Schüler zu hören. Das ehrt mich sehr, dass meine Meinung diesbezüglich gefragt ist und auch ernst genommen wird." (Michaela)

Im weiten Feld von Service, Schulung, Beratung und Betreuung können HSP feine Signale ihres Gegenübers auffangen und beantworten. HSP sind diejenigen, die sich besonders gut in die Kunden einfühlen und auf sie eingehen können, und denen es somit relativ leicht gelingt, einen guten Kontakt herzustellen, auch langfristige Kundenbeziehungen aufzubauen und zu pflegen, individuelle Kundenwünsche herauszufinden und zu erfüllen.

> „Meine Spezialität ist die Liebe zu meinen Kunden [in der Netzwerksystem-Beratung] und meine vertrauensvolle Art, mit ihnen umzugehen. Auch mit ‚schwierigen' Kunden komme ich ganz gut klar, vielleicht wegen meiner Feinfühligkeit." (Bernd)

Dank ihrer geradezu seismografischen Wahrnehmung sind HSP gut darin, sich anbahnende Konflikte und aufkommende Unzufriedenheit zu erkennen. Extern wie intern sind (bzw. wären) sie die Richtigen, auf notwendige Konfliktklärungen und Problemlösungen hinzuweisen oder auch hinzuwirken, bevor Konflikte und Missstimmungen sich verschärfen. Oft agieren sie in dieser Weise schon ganz informell. Mir erscheint es gut vorstellbar, dass Unternehmen dieses feine Gespür und das Einfühlungsvermögen gezielt nutzen und bestimmte HSP, die aufgrund ihrer Gesamtpersönlichkeit geeignet erscheinen, ganz offiziell als Vertrauenspersonen, Moderatoren, Impulsgeber, Schlichter oder interne Berater im Unternehmen einsetzen –

je nach den Gegebenheiten und Erfordernissen entweder ausschließlich (eventuell nach einer entsprechenden Zusatzausbildung) oder neben der fachlichen Tätigkeit.

8.4.6 Mit übergreifendem Denken

HSP können gut einen Überblick gewinnen und behalten. Sie haben Organisationstalent, können gut koordinieren und als Schaltstelle fungieren, da es ihnen leichtfällt, eine Vielzahl von Einzelinformationen aufzunehmen, miteinander zu verknüpfen und zu berücksichtigen. Oft sind andere erstaunt, wie viel HSP gedanklich abspeichern und bei Bedarf wieder abrufen können. Der Hemmschuh ist allerdings ihre Übererregbarkeit: Es darf um sie herum nicht auf Dauer zu laut und zu turbulent zugehen (wie z. B. in einer Einsatzzentrale). Zwischendurch müssen sie sich wieder sammeln und in Ruhe ihren Ausarbeitungen widmen können beziehungsweise deutlich weniger aufregende Aufgaben erledigen.

Da HSP leicht Zusammenhänge und Querverbindungen herstellen können und gern über den Tellerrand hinausschauen, haben sie das Zeug dazu, eine ganzheitliche, integrative Sichtweise einzubringen sowie zu einem interdisziplinären oder interkulturellen Zusammenarbeiten über Schnittstellen und Barrieren hinweg beizutragen.

8.4.7 Mit Kreativität und Ideenreichtum

HSP verfügen über ein reiches kreatives Potenzial. Dabei ist nicht nur an verschiedenste Formen künstlerischer Gestaltung und ästhetischer Ausgestaltung zu denken, sondern auch das Entwickeln neuer, verbesserter Strategien, Prozesse und Strukturen. Wer wie sie Situationen und Gegebenheiten umfassend wahrnimmt und übergreifend denkt, besitzt das Talent, Bestehendes zu hinterfragen, Probleme zu identifizieren und zu analysieren, Neuartiges zu ersinnen, das heißt: Ideen und Problemlösungen zu liefern und brauchbare Verbesserungsvorschläge zu machen.

Wichtig ist diesbezüglich, die Mitarbeiter nicht zu demotivieren und zu verprellen, wie es geschehen würde, wenn ihre Vorschläge nicht einmal bedacht werden und sie kein fundiertes Feedback dazu bekommen. Oder wenn sie automatisch sogleich selbst mit der Umsetzung ihrer Vorschläge betraut werden, was ihnen zusätzliche Arbeit aufbürdet.

Voraussetzungen für Kreativität und Innovation sind gewisse Freiheiten und ein Gestaltungsspielraum. Bei HSP zeigt sich mehr noch als bei anderen Mitarbeitern, dass

Zeit- und Erfolgsdruck, zu enge Vorgaben, starre Abläufe, eine nicht stimulierende oder überstimulierende Umgebung kreatives Denken und Wirken behindern oder verunmöglichen. Wie alle Menschen brauchen auch HSP ein gewisses Maß an Stimulation, nur darf es eben nicht zu viel werden (was zu viel ist, ist individuell und situativ verschieden). Und: Niemand kann am Stück kreativ sein. Jeder braucht Pausen zwischen den Schaffensphasen und die Abwechslung mit anders gearteten Tätigkeiten, am besten nach dem individuellen Rhythmus. Schließlich sei auch noch an die Fehlertoleranz erinnert, die zu Versuch und Irrtum im Rahmen eines kontinuierlichen Verbesserungsprozesses gehört.

> „Was meine Motivation und meine Arbeitsfreude stärken würde: Ein freundliches, unterstützendes, humorvolles Miteinander mit Kollegen und Vorgesetzten. Zumindest ein gewisses Maß an Gestaltungsspielraum, eine abwechslungsreiche Tätigkeit. Der Chef könnte Anerkennung ausdrücken, Verbesserungsvorschläge ernst nehmen und begrüßen, Veränderungen zügig in die Wege leiten (wobei ich weiß, dass es oft auch an den Etagen über meinen Chefs hängt)." (Lisa*)

8.4.8 *Mit Idealismus*

Mit viel Idealismus und einem Kanon von Werten gehen HSP an ihre Tätigkeiten heran. Neben Werten wie Authentizität und Integrität haben sie einen ausgeprägten Sinn für Fairness und Gerechtigkeit, nehmen und fordern Rücksicht auf Schwächere, setzen sich für Benachteiligte und Notleidende ein. Sie wünschen sich dringend eine bessere Welt.

> „Für mich ist es oft schwierig, mich mit gegebenen Bedingungen [in Rehakliniken bzw. einer Wertstatt für Menschen mit Behinderung] abzufinden. In meinem Idealismus möchte ich Umstände verändern und verbessern und laufe dabei häufig gegen Wände, was mich dann frustriert und auf Dauer resignieren lässt. In meiner Branche sind die Bedingungen häufig sehr starr, und die Mühlen mahlen langsam, wenn überhaupt mal eine Veränderung angeschoben wird." (Lisa*)

8.5 Potenzialentfaltung

„Jeder gegen jeden, gnadenloser Wettbewerb:
In solchermaßen organisierten Gemeinschaften
kann der Mensch sein Potenzial nicht entfalten.“

Gerald Hüther

Häufig richten HSP selbst den Blick vorwiegend auf das, was sie als Schwächen oder Einschränkungen aufgrund ihrer Hochsensibilität betrachten. Die Stärken, die ebenfalls aus der Hochsensibilität erwachsen, erscheinen ihnen oft als selbstverständlich und nicht der Erwähnung wert. Erst im Zuge einer eingehenderen Beschäftigung mit dem eigenen Hochsensibelsein können sich HSP mehr und mehr dieser Stärken bewusst werden, sie mit ihren übrigen Kompetenzen verbinden, gezielter einsetzen und Vorgesetzte auch darauf hinweisen, wenn sie sich beruflich weiterentwickeln wollen.

Seien Sie gespannt darauf, welche Schätze in Ihrem hochsensiblen Mitarbeiter schlummern. Begeben Sie sich mit ihm gemeinsam auf die Spur der individuellen Fähigkeiten mit dem besonderen Augenmerk auf das in der Sensibilität begründete Potenzial. Geben Sie entsprechende Rückmeldungen und bleiben Sie im regelmäßigen Austausch. Ermutigen Sie den Mitarbeiter, seine hochsensiblen Talente noch mehr einzubringen und mit seinen fachspezifischen Kompetenzen zu verbinden. Begleiten Sie ihn darin, sich über seine Begabungen und Stärken noch bewusster zu werden. Setzen Sie größtmögliches Vertrauen in sein Vermögen, Herausforderungen meistern zu können.

Ich habe viel über die besonderen Stärken und Vorzüge von HSP geschrieben. Mir liegt es jedoch fern, HSP als die ‚besseren‘ Mitarbeiter darzustellen. Das sind sie nicht. Vielmehr gewährleisten HSP und Nicht-HSP in ihrem natürlichen Mischungsverhältnis (ungefähr 20:80), dass die verschiedenartigen Stärken und Fähigkeiten im Unternehmen repräsentiert sind und zum Wohle aller produktiv zum Tragen kommen können. Ich plädiere also für ein Diversity Management, das HSP zum einen als Minderheit vor Diskriminierung schützt und zum anderen als schätzenswerte Mitarbeitergruppe erkennt. Der Gedanke dabei ist, dass individuelle Verschiedenheit nicht nur toleriert, sondern begrüßt und konstruktiv für den Unternehmenserfolg genutzt wird. Im Ansatz des Diversity Managements liegt für HSP die Chance auf eine Würdigung ihrer besonderen Qualitäten. Dabei soll jedoch nicht die Minderheit im Fokus stehen, sondern die Gesamtheit der Mitarbeiter in ihren Unterschieden und Gemeinsamkeiten.

Schließlich noch ein Vorschlag, wie den Erfordernissen von HSP besser Rechnung getragen und damit ihre Potenzialentfaltung gefördert werden kann: Vielleicht kann es unternehmensweit eine allgemeine Aufklärungskampagne darüber geben, dass es die Gruppe der HSP überhaupt gibt, was HSP ausmacht, was sie brauchen und was sie zu bieten haben. Dabei sollte aber sogleich deutlich werden, dass es nicht darum geht, den HSP diverse Sonderrechte einzuräumen und alle anderen zu übermäßigen Zugeständnissen zu bewegen. Es geht lediglich um ein Ernstnehmen und Respektieren sowie eine gewisse Rücksichtnahme. Das oberste Ziel wäre, dass HSP und Nicht-HSP sich möglichst vorurteilsfrei begegnen und allseits die Bereitschaft zur gleichberechtigten Lösungssuche wächst.

8.6 In Kürze – ein Dutzend Empfehlungen

Als Vorgesetzter fördern Sie die Motivation und das Leistungsvermögen der HSP, indem Sie ...

1. sie möglichst typgerecht einsetzen, das heißt zum Beispiel dort, wo es mehr auf Qualität als auf Quantität ankommt, wo eine aufmerksame Wahrnehmung für Feinheiten gefragt ist, wo es einen Wechsel zwischen belebten (reizerfüllten) und ruhigeren Tätigkeiten gibt.
2. berücksichtigen, dass ihre Produktivität in ungewöhnlich hohem Maße von den Umgebungsbedingungen abhängt, und entsprechend geeignete Maßnahmen ergreifen bzw. Regelungen vorsehen (möglichst kein Großraumbüro, Geräuschreduzierung/-dämmung, für Aufgaben, die viel Konzentration erfordern, Zugang zu einem ruhigen Raum anbieten).
3. flexible Arbeitszeiten und eventuell auch Home-Office-Tage ermöglichen, häufige Überstunden ersparen, auf ständige Erreichbarkeit verzichten, auf Wunsch Arbeitszeitreduzierung gewähren.
4. mit ihr – wie im gesamten Team – einen zuverlässig freundlichen und respektvollen Kommunikationsstil pflegen (keine ‚Spielchen', keinen Sarkasmus / Spott, keine Abwertungen, Vorsicht mit Ironie und ‚Späßen').
5. klar über Ihre Erwartungen sprechen, eindeutige Zielvorgaben machen, aber wenig Anweisungen / Vorschriften in den Einzelheiten; wenig Druck und wenig Kontrolle ausüben (kein Über-die-Schulter-Schauen).
6. notwendige Kritik sachlich, konstruktiv und konkret auf den aktuellen Kritikpunkt beziehen (nicht den Charakter zum Vorwurf machen).
7. eine Fehlerkultur etablieren, kein Drama daraus machen, wenn Fehler passieren (das macht die HSP selbst), über Prozessverbesserungen sprechen, die helfen können, Fehler frühzeitig zu erkennen und zu beheben.
8. auf ihre Eigenverantwortlichkeit und Kompetenz vertrauen und ihr viel Freiraum für Eigeninitiative, eigene Arbeitseinteilung und Vorgehensweise lassen.
9. hochsensible Stärken (z. B. Zuverlässigkeit, Genauigkeit, Engagement, Empathie, Hilfsbereitschaft, Anpassungsfähigkeit) nicht als selbstverständlich ansehen, son-

dern beachten und anerkennen; auch das Wirken im Hintergrund, am Rande oder aus der zweiten Reihe würdigen.

10. ihre kritischen Hinweise und Verbesserungsvorschläge ernst nehmen und ernsthaft prüfen und Rückmeldung geben, inwiefern sie umgesetzt werden oder, falls nicht, eine Begründung geben.
11. statt einer Selbstoptimierung, die eine ungesunde Anpassung an Standards bedeuten würde, eine auf Individualität und Authentizität ausgerichtete Potenzialentfaltung unterstützen.
12. sich für den Wunsch nach Weiterbildung und Weiterentwicklung interessieren und mit der HSP nach stimmigen Perspektiven suchen.

Schluss

Vor lauter Fokus auf die Unterschiede sollten wir keinesfalls aus dem Blick verlieren, dass HSP und Nicht-HSP gleichermaßen Menschen sind und ganz viele Gemeinsamkeiten haben. Alle Menschen sehnen sich nach bedingungsloser positiver Beachtung und nach Liebe, alle streben nach Glück und wollen Leid vermeiden. Sie wollen Zugehörigkeit erleben, die eigene Stärke spüren und sich in die Gemeinschaft einbringen.

Versteht man Konflikte als das Aufeinandertreffen von widerstreitenden Meinungen, Interessen, Wünschen und Bestrebungen, dann wird klar, dass Konflikte natürlicherweise zum sozialen Leben gehören. Sie bestehen, ob man sie nun anspricht und austrägt oder nicht. Echte Harmonie entsteht durch das konstruktive Klären von bedeutsamen Konflikten (nicht jede vorübergehende Kleinigkeit muss thematisiert werden). Es geht also um Konfliktfähigkeit, nicht um Konfliktlosigkeit, denn die ist eine Illusion.

Empfehlenswert ist eine authentische und klare Kommunikation, die Gefühle und Bedürfnisse zum Ausdruck bringt, die Anliegen und Absichten transparent macht, auch die eigenen Grenzen aufzeigt, und dabei gleichzeitig die Gefühle, Bedürfnisse und Grenzen des anderen respektiert.

Die Gewaltfreie Kommunikation nach Marshall Rosenberg, die ich Ihnen in diesem Buch vorgestellt habe, ist meiner Überzeugung nach bestens geeignet, Konflikten in allen Lebensbereichen zu begegnen und ein friedliches und bereicherndes Zusammenleben zu ermöglichen. An die Stelle einer trennenden Kommunikation tritt eine verbindende Kommunikation, mit der sich wunderbar die Unterschiedlichkeiten zwischen HSP und Nicht-HSP überbrücken lassen.

So sehr es der Verbindung zugutekommt, wenn ein besserer Umgang mit Konflikten erlernt wird, erhält das allein doch keine Freundschaft oder Partnerschaft. Solche engen Beziehungen leben davon, dass beide Seiten immer wieder den Blick auf das Positive am Gegenüber und in der Beziehung richten und gemeinsam etwas Schönes, Erfreuliches, Spannendes, Inspirierendes unternehmen, Interessen und Wertvorstellungen teilen sowie gemeinsame Projekte, Ziele und Visionen verfolgen.

Der Buchtitel stellt ein besseres Verstehen in Aussicht. Ist das erreicht worden? Wenn ja, freue ich mich. Wie ich schon eingangs geschrieben habe, ist ein vollständiges Verstehen und Einfühlen in einen anderen Menschen gar nicht möglich, erst recht nicht, wenn er ein ganz anderes Naturell hat. Viel wichtiger ist aber ohnehin ein Achten und Annehmen des anderen, wie immer er auch vom Wesen her sein mag. Was zählt, ist, dass Sie der HSP, derentwegen Sie dieses Buch gelesen haben, aufrichtiges

Interesse entgegenbringen, ihr zuhören, sie ernst nehmen und auf ihre Bedürfnisse und Wünsche eingehen, soweit es mit Ihren eigenen Bedürfnissen zu vereinbaren ist.

Wenn Sie mögen, schreiben Sie mir von Ihren Erfahrungen und Ihren Überlegungen. Vielleicht kann dann die nächste Ausgabe dieses Buchs um Statements aus Nicht-HSP-Sicht erweitert werden.

Ulrike Hensel

hensel@coaching-fuer-hsp.de

↗ http://coaching-fuer-hsp.de

Literatur

Aron, Elaine N.: Sind Sie hochsensibel? Wie Sie Ihre Empfindsamkeit erkennen, verstehen und nutzen. München: mvg, 10. Aufl., 2015.

Aron, Elaine N.: Sind Sie hochsensibel? Ein praktisches Handbuch für hochsensible Menschen. Das Arbeitsbuch. München: mvg, 2014.

Aron, Elaine N.: Hochsensibilität in der Liebe. Wie Ihre Empfindsamkeit die Partnerschaft bereichern kann. München: mvg, 2. Aufl., 2010.

Aron, Elaine N.: Hochsensible Menschen in der Psychotherapie. Paderborn: Junfermann, 2014.

Aron, Elaine N.: Author's Note, 2012, ↗ http://hsperson.com/pdf/Authors_note_HSPbk_Preface.pdf.

Böschemeyer, Uwe: Worauf es ankommt. Werte als Wegweiser. München: Piper, 2003.

Gordon, Thomas: Gute Beziehungen. Wie sie entstehen und stärker werden. Stuttgart: Klett-Cotta, 3. Aufl., 2014.

Hensel, Ulrike: Mit viel Feingefühl. Hochsensibilität verstehen und wertschätzen. Paderborn: Junfermann, 2013.

Hensel, Ulrike: Hochsensible Menschen im Coaching. Was sie ausmacht, was sie brauchen und was sie bewegt. Paderborn: Junfermann, 2015.

Huppertz, Michael: Achtsamkeit. Befreiung zur Gegenwart. Paderborn: Junfermann, 2009.

Jack, Michael: Hochbegabt und hochsensibel? In: Intensity, Das Mitgliedermagazin des Informations- und Forschungsverbundes Hochsensibilität e. V., Dez. 2014, ↗ http://www.hochsensibel.org/dokumente/Intensity/Intensity07.pdf.

Jellouschek, Hans: Liebe auf Dauer. Die Kunst, ein Paar zu bleiben. Stuttgart: Kreuz, 2004.

Juul, Jesper: Was Familien trägt. Werte in Erziehung und Partnerschaft. Ein Orientierungsbuch. München: Kösel, 4. Aufl., 2007.

Juul, Jesper: Aggression: Warum sie für uns und unsere Kinder notwendig ist. Frankfurt/Main: Fischer Taschenbuch, 2014.

Juul, Jesper: Beziehung schaffen in meiner Familie. Interview mit Ingeborg Szöllösi. ↗ http://familylab.de/files/artikel_pdfs/familylab-artikel/beziehung_schaffen_interview_jj.pdf.

Mary, Michael: Lebt die Liebe, die ihr habt. Wie Beziehungen halten. Reinbek bei Hamburg: Rowohlt, 2008.

Rogers, Carl: Therapeut und Klient. Grundlagen der Gesprächspsychotherapie. Frankfurt/Main: Fischer, 22. Aufl., 2013.

Rosenberg, Marshall B.: Gewaltfreie Kommunikation. Eine Sprache des Lebens. Paderborn: Junfermann, 10. Aufl., 2012.

Rosenberg, Marshall B.: Konflikte lösen durch Gewaltfreie Kommunikation: Ein Gespräch mit Gabriele Seils. Freiburg i. Br.: Herder, 2004.

Pörksen, Bernhard; Schulz von Thun, Friedemann: Kommunikation als Lebenskunst. Philosophie und Praxis des Miteinander-Redens. Heidelberg: Carl Auer, 2014.

Sher, Barbara: Du musst dich nicht entscheiden, wenn du tausend Träume hast. München: dtv, 2012.

Willi, Jürg: Psychologie der Liebe. Persönliche Entwicklung durch Partnerbeziehungen. Stuttgart: Klett-Cotta, 2002.

Zoller, Karen: Schwierige Menschen. So gehen Sie souverän mit ihnen um. Reinbek bei Hamburg: Rowohlt Taschenbuch, 2016.

Empfehlungen

Bücher betreffend hochsensible Kinder und Jugendliche

Aron, Elaine N.: Das hochsensible Kind. Wie Sie auf die besonderen Schwächen und Bedürfnisse Ihres Kindes eingehen. München: mvg, 2008.

Hensel, Ulrike: Mit viel Feingefühl. Hochsensibilität verstehen und wertschätzen. Paderborn: Junfermann, 2013 (Kapitel 3 „Hochsensibel als Kind in der Familie".)

Juul, Jesper: Was Familien trägt. Werte in Erziehung und Partnerschaft. Ein Orientierungsbuch. München: Kösel, 2006. (Sowie im Grunde alle Bücher von Jesper Juul.)

Marletta-Hart, Susan: Leben mit hochsensiblen Kindern: Einfühlsame Unterstützung für Ihr Kind. Bielefeld: Aurum in J. Kamphausen Verlag, 2013.

Vita, Melanie Santa: Hochsensibilität bei Kindern: Verstehen, begleiten und stärken. Moers: Brendow, 2017.

Bücher betreffend Auswirkungen des Zweiten Weltkriegs

Bode, Sabine: Die vergessene Generation: Die Kriegskinder brechen ihr Schweigen. Stuttgart: Klett-Cotta, 10. Aufl., 2014. (Über Menschen, die als Kinder den Krieg erlebt haben.)

Bode, Sabine: Nachkriegskinder: Die 1950er Jahrgänge und ihre Soldatenväter. Stuttgart: Klett-Cotta, 6. Aufl., 2014. (Über Menschen der Jahrgänge bis 1960, deren Eltern als Erwachsene den Krieg mitgemacht haben, die Väter meist als aktive Kriegsteilnehmer.)

Bode, Sabine: Kriegsenkel: Die Erben der vergessenen Generation. Stuttgart: Klett-Cotta, 11. Aufl., 2013. (Über die Kinder der Kriegskinder, d. h. über die zwischen 1960 und 1975 Geborenen, die als Friedenskinder in den Zeiten des wachsenden Wohlstands aufgewachsen sind und denen doch etwas gefehlt hat.)

Fragenkatalog „Bin ich hochsensibel?"

Aus dem Buch *Hochsensible Menschen im Coaching. Was sie ausmacht, was sie brauchen und was sie bewegt* (Junfermann, 2015).

Einleitende Hinweise

Die Fragen des folgenden Fragenkatalogs sind für die Selbsteinschätzung konzipiert. Dabei beruhen viele Fragen auf einem Vergleich mit anderen Menschen, denn das für Hochsensible (also für ca. 20 Prozent der Menschen) Charakteristische definiert sich ja nicht für sich genommen, sondern eben gerade im Unterschied zu den 80 Prozent Nicht-HSP.

Wie immer das eigene Innenleben geartet ist, es kommt einem normal vor, man kennt ja kein anderes. Man muss überhaupt erst einmal auf den Gedanken kommen, dass andere Menschen (aus HSP-Sicht die Nicht-HSP) grundlegend anders wahrnehmen, denken und empfinden und sich nicht etwa nur unverständlicherweise anders verhalten.

Einzuschätzen, ob man zum Beispiel mehr als andere wahrnimmt oder tiefer nachdenkt oder intensiver fühlt, ist nicht einfach. Man kann ja nicht in andere hineinschauen, kennt deren Gefühltes und Gedachtes nur indirekt über beobachtbares Verhalten und über das, was andere im Gedankenaustausch über sich mitteilen.

In der folgenden Zusammenstellung von Fragen sind keine Ja/Nein-Kästchen vorgesehen, Sie bekommen am Ende auch keine zahlenmäßige Auswertung mit Abstufungen. Der Grund: Es handelt sich hier nicht um einen diagnostischen ‚Fragebogen', sondern einen informativen, zur Selbstreflexion anregenden ‚Fragenkatalog'. Da die Fragen für die Selbsteinschätzung entwickelt sind, können sie nur aus der Innensicht beurteilt werden. Es braucht die Fähigkeit, sich selbst mit etwas Abstand zu beobachten, um wiederkehrende Muster im Denken, Fühlen und Handeln als solche erkennen zu können. Die Beschäftigung mit den Fragen ist womöglich der Beginn einer langen und spannenden Entdeckungsreise!

Der Fragenkatalog zeichnet ein Gesamtbild. Bei jedem Einzelnen liegen die Schwerpunkte anders, kaum jemand ist überall gleichermaßen dabei. Auch als HSP wird man nicht unbedingt immer mit einem eindeutigen ‚Ja' antworten, sondern manchmal nur mit ‚eher ja'. Gerade wenn jemand zu den extrovertierten und/oder den abenteuerlustigen hochsensiblen Menschen gehört, werden häufiger eingeschränkte Ja-Antworten auftauchen. Beide dieser Eigenschaften überdecken teilweise die typisch hochsensiblen Charakteristika.

Ein ‚teilweise ja' ergibt sich an manchen Stellen schon daraus, dass ich nicht aus jeder Einzelfrage einen eigenen Punkt gemacht, sondern inhaltlich nah zusammenliegende Fragen unter einem Punkt zusammengefasst habe. Aber schon die Tendenz ist bedeutsam!

Versuchen Sie, möglichst offen und wertfrei an die Fragen heranzugehen. Es geht hier gar nicht um ‚gut' oder ‚schlecht' oder ‚erfreulich' oder ‚lästig'. Es ist nun mal so, dass Hochsensibilität ein Gesamtpaket mit Licht- und Schattenseiten ist, also wird sicher Angenehmes und Unangenehmes, Willkommenes und Unwillkommenes dabei sein.

Die Fragen

Rückblick

- Haben Sie im Lauf Ihres Lebens unzählige Male Sätze zu hören bekommen wie „Sei doch nicht so empfindlich!", „Stell dich nicht so an", „Du bist überempfindlich", „Du Sensibelchen!", „Jetzt reiß dich mal zusammen", „Was hast du jetzt schon wieder?", „Das bildest du dir nur ein", „Du machst es aber kompliziert", „Mit dir ist es immer so schwierig", „Du denkst zu viel!", „Du überreagierst!", „Du steigerst dich da in etwas hinein!"?
- Haben Sie selbst mehrfach gedacht, dass Sie irgendwie verkehrt sind? Dass etwas mit Ihnen nicht stimmt? Sie nicht in diese Welt passen? Haben Sie sich häufig nicht zugehörig gefühlt? Sondern als Außenseiter? Missverstanden, unverstanden?
- Hielten Eltern, Verwandte und Lehrer Sie für scheu, schüchtern, gehemmt oder (über-)ängstlich, als Sie Kind und Jugendliche/r waren?
- Erinnern Sie sich daran, dass Mitschüler und Freunde Sie aufforderten, bei Aktivitäten mitzumachen, während Sie noch zögerten und erst einmal zuschauen und überlegen wollten?
- Haben Sie schon oft im Leben den Wunsch gehabt, ein dickeres Fell zu haben, um besser gegen die Unbilden des Lebens geschützt zu sein? Robuster und belastbarer, stabiler und weniger verletzlich zu sein?
- Haben Sie selbst nach Erklärungen (Diagnosen) gesucht für Ihr Sosein? Haben Sie vielleicht sogar schon einmal Diagnosen wie AD(H)S, Autismus oder Borderline in Erwägung gezogen? Haben vielleicht andere (eventuell auch Fachpersonen) Vermutungen in Richtung psychischer Erkrankung geäußert?

Wahrnehmen

- Haben Sie ganz generell eine umfangreiche, differenzierte und intensive Wahrnehmung über alle Sinne?
- Bemerken Sie Nuancen und Feinheiten in Ihrer Umgebung (z. B. leise, entfernte Geräusche, feinste Gerüche, leichte Geschmacksnoten, kaum sichtbare Veränderungen), die anderen gar nicht (störend) auffallen?
- Empfinden Sie manche oder viele Reize als sehr störend: manches Kunstlicht (Neon- oder Energiesparlampen), grelles Licht, blendende Sonne, schnelle Bildfolgen, Lärm, bestimmte Geräusche, strenge Gerüche, Zugluft, einengende, kratzige Kleidung (z. B. Etiketten in Pullis, Hemden und T-Shirts!), Menschenansammlungen? Stellen Sie fest, dass Sie dadurch in Ihrem Wohlbefinden schnell beeinträchtigt sind?
- Sind Sie durch Ihre intensive Wahrnehmung in einer reizerfüllten Umgebung (Supermarkt, Kaufhaus, Einkaufszentrum, Großstadt …) von den vielen Eindrücken eher als die meisten anderen überstimuliert?
- Ist starker Lärm (z. B. Martinshorn von Einsatzfahrzeugen, quietschende Bremsen eines einfahrenden Zugs oder ein Presslufthammer …) oder andauernder Lärm (z. B. Straßenlärm, Baustellenlärm, Partylärm aus der Nachbarwohnung …) für Sie quälend? Sind manche leisen Dauergeräusche (z. B. Pfeifen eines Heizkörpers, Ticken einer Uhr …) für Sie nervig?
- Haben Sie Probleme mit Geräuschen, die von Mitmenschen ausgehen: Kau- und Atemgeräusche, Räuspern, Husten, Schnarchen …?
- Fällt es Ihnen in einem geräuschvollen Umfeld schwer, sich zu konzentrieren? Können Sie schlecht Hintergrundgeräusche (zum Beispiel Radio, TV, sich unterhaltende Menschen) ausblenden?
- Sind Sie ziemlich schreckhaft? Leicht zu irritieren? Brauchen Sie lange, um nach einer Störung wieder den Faden zu finden und zur Normalität zurückzukommen?
- Können Sie gut Fehler, Unstimmigkeiten, Widersprüche und Unwahrheiten aufspüren?
- Lesen Sie zwischen den Zeilen und hören Sie Untertöne und Zwischentöne heraus? Haben Sie ein Gespür für Unterschwelliges?
- Haben Sie ein feines Gespür für die Qualität zwischenmenschlicher Beziehungen? Bekommen Sie z. B. bei einer Party schon nach wenigen Minuten mit, wer an wem interessiert ist, wer wen mag oder nicht mag?

Denken

- Machen Sie sich oft viele Gedanken?
- Denken Sie lange und intensiv über vieles nach? Ist es Ihnen wichtig, den Dingen auf den Grund zu gehen? Geraten Sie vielleicht öfter ins Grübeln?
- Fällt es Ihnen relativ leicht, in komplexen Zusammenhängen zu denken? Querverbindungen herzustellen? Über den Tellerrand hinauszuschauen?
- Kommen Sie öfter auf ungewöhnliche Lösungsideen? Haben Sie schneller als andere Lösungen parat?
- Fällt es Ihnen leicht, Analogien zu bilden?
- Haben Sie einen besonderen Sinn für Situationskomik und Skurriles?
- Haben Sie schon öfter die Rückmeldung von anderen bekommen, Sie würden Gedankensprünge machen?
- Beziehen Sie gemachte Erfahrungen stark in Ihr Denken mit ein? Denken Sie vorausschauend?
- Ist es Ihre Gewohnheit, bei Entscheidungen möglichst viele Aspekte in Ihre Überlegungen mit einzubeziehen? Fällt es Ihnen mitunter ziemlich schwer, Entscheidungen zu treffen? Brauchen Sie vielleicht länger für Entscheidungen als andere?
- Neigen Sie zu kritischem Denken? Nehmen Sie nicht so leicht etwas als gegeben hin? Hinterfragen Sie Vorgaben? Stellen Sie gegebenenfalls auch Autoritäten infrage?
- Haben Sie einen Fokus darauf, Gedankengänge, Konzepte und Modelle auf Logik, Richtigkeit und Stimmigkeit zu prüfen (z. B. diesen Fragenkatalog)?
- Denken Sie sehr bildhaft? Sind Sie Tagträumer/in? Haben Sie eine rege Fantasie und eine gute Vorstellungskraft? Ergeben sich daraus sowohl Kreativität und Vorfreude als auch Befürchtungen und Sorgen (schlimmstenfalls Katastrophenfantasien)?
- Finden Sie Philosophie und Geisteswissenschaften spannend? Interessieren Sie sich für das große Ganze? Sind Sie offen für Spiritualität oder Religion?
- Können Sie sich lebhaft an vergangene Begebenheiten und Erlebnisse erinnern?
- Haben Sie ein gutes episodisches Gedächtnis, erinnern sich an Einzelheiten zurückliegender Begebenheiten? Vielleicht an Sätze, die jemand einmal zu Ihnen gesagt hat?
- Haben Sie über Ihre Intuition einen guten Zugang zu Ihrem Wissens- und Erfahrungsschatz?

Fühlen

- Haben Sie einen relativ engen Wohlfühlbereich (z. B. zwischen zu warm und zu kalt, zu langweilig und zu viel los …)?
- Fühlen Sie sich in einer lauten, turbulenten Umgebung und im Zusammensein mit vielen Menschen von den vielen Eindrücken eher als andere überreizt, erschöpft und erholungsbedürftig?
- Haben Sie ein intensives Gefühlsleben? Erleben Sie in starkem Maße gefühlsmäßige Höhen und Tiefen?
- Hallt bei Ihnen emotionales Erleben – egal ob positiv oder negativ – grundsätzlich lange nach? Trauern Sie lange? Dauert es lange, bis Sie sich nach einer Aufregung wieder beruhigt haben? Brauchen Sie Ruhezeiten, um Erlebtes gefühlsmäßig verarbeiten zu können? Zehren Sie lange von einem außergewöhnlich schönen Erlebnis?
- Werden Sie mitunter von Ihren Gefühlen geradezu überwältigt? Erschrecken Sie manchmal angesichts Ihrer heftigen Reaktionen? Finden Sie es gelegentlich schwer, Ihre starken Gefühlsregungen unter Kontrolle zu halten?
- Sind Sie leicht zu Tränen gerührt? Kommen Ihnen leicht die Tränen?
- Erfasst Sie schon mal ein Weltschmerz?
- Träumen Sie lebhaft? Gehen Ihnen Träume öfter lange nach?
- Vermeiden Sie es, Spielfilme und Krimis mit brutalen Gewaltszenen anzusehen?
- Erschüttern Sie Bilder von Kriegen, Hungersnöten, Katastrophen in Nachrichten und Reportagen? Geht Ihnen das Leid von Mensch und Tier, die Zerstörung der Natur sehr nahe?
- Fühlen Sie sich sehr verbunden mit der Natur und allen Kreaturen?
- Haben Sie eine gefühlsmäßig intensive Verbindung zu den Menschen, mit denen Sie in Beziehung stehen?
- Empfinden Sie Konfliktsituationen als sehr belastend? Wirken Streit und Missstimmung bei Ihnen lange nach?
- Haben Sie ein starkes Einfühlungsvermögen? Erspüren Sie leicht Befindlichkeiten und Stimmungen bei anderen?
- Haben Gefühlsäußerungen und Stimmungen anderer einen starken Einfluss auf Ihre eigene Gefühlslage? Haben Sie den Eindruck, dass Sie geradezu die Stimmungen anderer übernehmen? Fühlen Sie häufig so stark mit, dass Sie mitleiden, wenn es Ihrem Gegenüber schlecht geht? Fällt es Ihnen schwer, sich emotional abzugrenzen?
- Empfinden Sie starke Glücksgefühle durch Naturerlebnisse (z. B. Sonnenuntergang, Sternenhimmel, Morgentau, Schmetterlinge auf Blüten, Weitblick von einem Berggipfel, Meeresrauschen)?

- Genießen Sie sinnliche Eindrücke: eine Augenweide, einen Wohlklang, einen Wohlgeruch, einen Wohlgeschmack, ein Wohlgefühl?
- Beglückt Sie Schönes und Schöngeistiges? Erfreuen Sie sich außerordentlich an Kunst (Malerei, Bildhauerei, Musik, Gesang, Theater …)? Sind Sie davon zuweilen sehr angerührt?

Kommunizieren

- Neigen Sie dazu, Ihre Worte mit Bedacht zu wählen? Sich vorsichtig auszudrücken? Sich indirekt mitzuteilen?
- Sind Sie andererseits sehr direkt und unumwunden, wenn Sie sich verletzt fühlen und aufgebracht sind? Sind Sie dann vielleicht nicht gerade zimperlich in der Wortwahl?
- Reagieren Sie schon mal gereizt bis hin zu aggressiv, wenn Sie überlastet sind?
- Genügen Ihnen oftmals Andeutungen, kleine Gesten, Blicke und Nuancen im Ton, um zu verstehen, was andere Ihnen mitteilen wollen?
- Haben Sie sich schon gewundert, warum Andeutungen und körpersprachlicher Ausdruck meist nicht ausreichen, um von anderen verstanden zu werden?
- Finden Sie andere Menschen in ihrer Art zu kommunizieren häufig zu direkt, schroff und unsensibel?
- Wünschen Sie sich oftmals mehr räumliche Distanz zu Ihrem Gesprächsgegenüber, um sich wohlzufühlen?
- Sind Sie sehr harmoniebedürftig? Brauchen Sie im Konfliktfall unbedingt konstruktive, faire Auseinandersetzungen? Nimmt heftiger Streit Sie sehr mit?
- Sind Sie darum bemüht, Konflikte zu klären, weil Ihnen unausgesprochene Differenzen zu schaffen machen?
- Nehmen Sie das, was (zu Ihnen) gesagt wird, schnell sehr persönlich? Fühlen Sie sich leicht angegriffen und gekränkt? Ist Kritik sehr schlimm für Sie? Nehmen Sie sich Zurechtweisungen und Vorwürfe sehr zu Herzen?
- Finden Sie manches, was andere als Spaß ansehen, gar nicht witzig?
- Ist es für Sie unverzichtbar, dass Ihre Gesprächspartner ehrlich und wahrhaftig sind?
- Führen Sie lieber inhaltsreiche, tiefschürfende statt belanglose, oberflächliche Gespräche? Können Sie Small Talk wenig abgewinnen?
- Können Sie gut zuhören (wenn es Ihnen gut geht)? Ist es schon oft vorgekommen, dass andere sich mit Problemen an Sie wenden und Ihnen ihr Herz ausschütten?
- Fällt es Ihnen immer wieder schwer, sich ausreichend abzugrenzen? Anderen ein Nein zuzumuten?

Beziehungs- und Lebensgestaltung

- Orientieren Sie sich stark an Werten? Haben Sie z. B. einen ausgeprägten Gerechtigkeitssinn? Sind Sie idealistisch?
- Haben Sie häufig den Impuls, anderen Menschen und überhaupt anderen Kreaturen helfen zu wollen? Sich für eine bessere Welt einzusetzen?
- Sind Ihnen harmonische und friedliche Beziehungen außerordentlich wichtig – im Privat- und im Arbeitsleben?
- Sind Sie geneigt, viel Rücksicht auf andere zu nehmen? Ist es Ihnen schon öfter passiert, dass Sie eigene Bedürfnisse hintangestellt und sich angepasst haben? Wissen Sie manchmal gar nicht genau, was Sie selbst wirklich wollen?
- Erahnen Sie oftmals, was andere brauchen und wünschen? Haben Sie dann den Impuls, anderen etwas Gutes tun zu wollen?
- Fühlen Sie sich wohler im Zusammensein mit nur einer Person oder in einer kleinen Gruppe? Finden Sie Familienfeiern und Partys leicht anstrengend?
- Haben Sie zwischendurch immer mal wieder das starke Bedürfnis, sich aus der Gemeinschaft zurückzuziehen, um sich zu erholen und wieder zu sich zu finden?
- Brauchen Sie überhaupt verhältnismäßig viel Zeit für sich allein, um sich wohlzufühlen?
- Meiden Sie wenn möglich Menschenansammlungen? Fühlen Sie sich unwohl in vollen Einkaufszentren oder auf Großveranstaltungen? Sind Volksfeste nicht Ihr Ding? Bereiten Ihnen Vergnügungsparks kein Vergnügen?
- Gibt es Ihnen viel, in der Natur zu sein? Sind Sie ausgesprochen gerne am/im Wasser? Finden Sie in der Natur so gut wie sonst nirgends Erholung?
- Finden Sie Urlaubsreisen oft gar nicht wirklich erholsam? Bereiten die Vorbereitungen, die Anreise, die ungewohnte Umgebung, ausgedehnte Unternehmungen am Urlaubsort Ihnen Stress?
- Gehen Sie mit Bedacht, Umsicht und Vorsicht an Neues heran? Sind Sie zunächst abwartend und beobachtend, bevor Sie handeln? Bereiten Sie sich gründlich auf Ihre Vorhaben vor? Sind Sie bestrebt, Risiken zu minimieren?
- Finden Sie es schwer, mit größeren Veränderungen im Leben (z. B. Umzug, Jobwechsel ...) zurechtzukommen? Selbst dann, wenn Sie sie selbst herbeigeführt haben und sie im Grunde erfreulich sind?
- Bedeutet es Ihnen viel, Ihre Kreativität und Ihre künstlerische Ader in irgendeiner Weise auszuleben?
- Gestalten Sie Ihre Umgebung gerne liebevoll und individuell? Mit einem besonderen Sinn für Ästhetik?

Arbeitshaltung und Leistungsfähigkeit

- Ist es Ihnen sehr wichtig, Sinn in Ihrem beruflichen Tun zu finden? Ihre Begabungen einzusetzen? Ihre Berufung zu finden und ihr zu folgen?
- Haben Sie einen sehr hohen Anspruch an die Qualität Ihrer Arbeit? Sind Sie ausgesprochen pflichtbewusst und gewissenhaft? Sind Sie sehr bemüht, Fehler zu vermeiden und nichts zu vergessen?
- Nehmen Sie die Dinge sehr genau? Haben Sie eine große Liebe zum Detail? Geht das manchmal bis hin zum Perfektionismus?
- Kommt bei Ihnen ganz klar Qualität vor Quantität?
- Fühlen Sie sich sehr unwohl, wenn Sie bei der Arbeit beobachtet werden? Werden Ihre Arbeitsergebnisse dann schlechter als sonst?
- Brauchen Sie relativ viel Freiraum bei der Ausführung Ihrer Aufgaben, um motiviert zu bleiben und zu guten Arbeitsergebnissen zu kommen?
- Stehen Sie nicht gern im direkten Wettbewerb?
- Können Sie sehr schlecht unter Zeit-/Leistungs-/Erwartungsdruck arbeiten? Machen Sie sich auch viel (unnötigen) Druck selbst?
- Werden Sie leicht nervös und fahrig, wenn Sie mehrere Dinge in kurzer Zeit zu erledigen haben? Wenn vieles gleichzeitig auf Sie einströmt? Wenn mehrere Personen zugleich etwas von Ihnen wollen?
- Sind Sie in Ihrer Leistungsfähigkeit in hohem Maße abhängig von für Sie geeigneten Umgebungsbedingungen? Stresst es Sie, wenn es um Sie herum laut, hektisch und turbulent zugeht?
- Fühlen Sie sich nach einem Arbeitstag in einer reizerfüllten Umgebung und mit vielen sozialen Kontakten so erschöpft, dass Sie dann ein starkes Rückzugsbedürfnis haben?
- Denken Sie öfter einmal, dass eine Vollzeitbeschäftigung über viele Jahre hinweg für Sie kaum zu schaffen ist?
- Hat es sich schon gezeigt, dass Sie in Ausnahmesituationen einen kühlen Kopf bewahren können, wissen, was zu tun ist, und besonnen handeln?

Körperempfindungen und Körperreaktionen

(Dieser ganze Fragenblock ist nicht für alle HSP gleichermaßen zutreffend)

- Geraten Sie im Vergleich zu anderen deutlich früher in einen Zustand der Überreizung, das heißt der nervlichen und körperlichen Erschöpfung – auch mit entsprechenden Stresssymptomen?

- Beeinträchtigt Sie zu wenig Schlaf am darauffolgenden Tag erheblich in Ihrer Befindlichkeit und Leistungsfähigkeit?
- Reagieren Sie leicht mit körperlichen Symptomen auf seelische Probleme bzw. Überlastung (z. B. Migräne, Magenschmerzen …)? Haben Ärzte schon von psychosomatischen Erkrankungen gesprochen? Haben Sie schon mit Fieber im Bett gelegen ohne weitere Symptome, so, als ob der Körper eine Erholungspause erzwingen würde?
- Haben Sie (eigentlich) ein feines Gespür für Ihren eigenen Körper? Merken Sie z. B. schon leiseste Anzeichen einer beginnenden Erkältung?
- Spüren Sie manchmal in irritierender Weise den eigenen Herzschlag?
- Haben Sie eine niedrige Schmerzschwelle (auffällig z. B. beim Zahnarzt)?
- Beobachten Sie an sich starke Reaktionen auf Koffein und Alkohol? Meiden Sie womöglich Kaffee und/oder Alkohol? Oder trinken nur wenig davon?
- Stellen Sie häufig starke Wirkungen und Nebenwirkungen von Medikamenten fest (auch bei pflanzlichen und homöopathischen Mitteln)?
- Leiden Sie unter Allergien und Nahrungsmittelunverträglichkeiten? Vertragen Sie viele Zusatzstoffe in der Nahrung nicht?
- Haben Sie eine empfindliche Haut? Haben sie (hin und wieder) mit Hautproblemen zu kämpfen?
- Reagieren Sie stark mit verschiedenen Symptomen auf Schadstoffe in der Luft (z. B. Rauch, Staub, Auspuffgase, Chemikalien)?
- Haben Hunger- und Durstgefühle einen erheblichen Einfluss auf Ihre Befindlichkeit?

Auswertung

Wenn Sie ungefähr zwei Drittel der Fragen oder mehr mit Ja bzw. einer deutlichen Tendenz zu Ja beantwortet haben, gehören Sie mit hoher Wahrscheinlichkeit zur Gruppe der hochsensiblen Menschen – vor allem, wenn die betreffenden Aussagen schon immer auf Sie zugetroffen haben. Die Zweidrittelhürde setze ich deshalb, weil sicher auch Nicht-HSP etliche Fragen mit Ja beantworten würden.

Kaum eine HSP findet sich in allen aufgeführten Punkten gleichermaßen wieder, in der Regel jedoch sind die Ja-Antworten über die Bereiche verteilt. Hochsensible Extrovertierte haben vermutlich weniger Ja-Antworten, ebenso hochsensible Sensation Seeker.

Die Lebensgeschichte, die Lebensumstände und die Lebensführung des Einzelnen haben Einfluss darauf, wie die veranlagungsbedingte Hochsensibilität sich ausgeprägt hat und bemerkbar macht. Es ist die Gesamtheit der Einzelaspekte, die Hochsensibilität erkennen lässt. Der letzte Fragenkomplex zu Körperempfindungen und -reaktionen kann als in Klammern gesetzt verstanden werden, da er erfahrungsgemäß für eine Reihe von HSP nicht zutrifft. Für andere wiederum rundet er das Selbstverständnis ab.

Notizen

Notizen

Notizen

Notizen

Notizen

Notizen

Notizen

Tom Falkenstein
Hochsensible Männer
Mit Feingefühl zur eigenen Stärke
Mit einem Vorwort von Elaine Aron
Junfermann

JENNIFER B. KAHNWEILER
Die Stärken der Stillen

MICHAEL HUPPERTZ
Achtsamkeits-übungen
Experimente mit einem anderen Lebensgefühl

Annette Bauer
Vielbegabt, Tausendsassa, Multitalent?